Christiane von Hofmannsthal
Tagebücher 1918–1923
und Briefe des Vaters an die Tochter
1903–1929

Herausgegeben von
Maya Rauch
und Gerhard Schuster

S. Fischer

Redaktion: Claudia Mertz-Rychner

Zweite, durchgesehene Auflage

Satz und Druck: Wagner GmbH, Nördlingen
Einband: G. Lachenmaier, Reutlingen
Printed in Germany
ISBN 3-10-062907-8

Christiane mit ihrem Bruder Franz
vor dem Elternhaus, Rodaun 1907

Christiane Zimmer-von Hofmannsthal
Ein Tag in Rodaun

Rudolf Hirsch
in herzlicher Freundschaft und Dankbarkeit

Das Haus in Rodaun war zu jeder Jahreszeit schön, aber am schönsten im Frühjahr. Es war im achtzehnten Jahrhundert als ein Sommerhaus gebaut, die Hauptfenster gingen nach Norden, im Süden war der schattige, steil ansteigende Garten. Das Haus hatte nach dem Garten zwei Flügel, so daß es hufeisenförmig war, und dort stand ein Tisch, wo bei warmem Wetter Frühstück und Jause eingenommen wurden. Auf diesen Tisch konnte man aus dem Oberstock hinunterschauen, und als Kinder taten wir dies auch, um Gäste beobachten zu können. So erinnere ich mich noch gut, daß wir Rilke dort Tee trinken sahen – das war in den Kriegsjahren, als mein Vater ihn für einige Zeit in Rodaun, in einem gegenüberliegenden Haus, untergebracht hatte. Von diesem Sitzplatz führte eine Steintreppe auf eine Art Terrasse, wo Tulpen, Vergißmeinnicht und andere Frühlingsblumen angepflanzt waren, und dann ging ein Weg hinauf in den obersten Teil des Gartens, durch Obstbäume und Wiese, und auf der obersten flachen Terrasse war das sogenannte »Salettl«, ein kleines zweistöckiges offenes Lusthaus, wo mein Vater bei gutem Wetter arbeitete. Von dort sah man das Haus kaum, und von unten konnte man nicht hinaufsehen. Im Lauf des Vormittags brachte ihm das Hausmädchen ein »Gabelfrühstück«, meist saure Milch und ein Butterbrot. Wenn er zum Mittagessen um 1 Uhr herunterkam, brachte er oft einen Blumenstrauß aus dem Garten mit, den er dann selber sorgfältig in den Vasen arrangierte. Zu diesem Zweck brauchte er sein Taschenmesser, was oft gesucht wurde, mit dem Ausruf: »Le canif, das Taschenmesser, wo bist du schon wieder?«

Während des Schuljahres sahen wir unseren Vater erst zu Mittag, da wir sehr früh aus dem Haus mußten, um einen weiten Schulweg mit der Straßenbahn zu bewältigen. Bei den Mahlzeiten gab es meist ein angeregtes Gespräch, er ließ sich auch von uns unsere Erlebnisse erzählen. Er war gewöhnlich in guter Laune, es sei denn, daß Föhn ihm Migräne machte oder daß irgendwelche unangenehme Post die Stimmung trübte. Bei Tisch wurde auch viel übers Essen gesprochen, besonders in den Kriegsjahren, in denen man ja sehr wenig hatte. Zu schwierige Gespräche wollte er nicht bei Tisch; ich erinnere mich an einen Besuch von Rudolf Pannwitz, der mit hoher Stimme über Nietzsche sprach, bis mein Vater zu ihm sagte: »Herr Pannwitz, können Sie nicht über etwas Gewöhnliches sprechen?«, worauf Pannwitz laut antwortete: »Nein, das kann ich nicht.«

Das Haus wirkte herrschaftlich, obgleich es gar nicht sehr groß war. Es hatte eher zuwenig Zimmer für unsere Familie, dafür eine feierliche, gewundene Freitreppe in den ersten Stock hinauf, den großen Salon mit italienischen Fresken an den Wänden, in dem auch noch die originalen Möbel aus dem 18. Jahrhundert standen. Neben dem Salon war das Arbeitszimmer meines Vaters und daneben das sogenannte »Kammerl«, eigentlich eine Art Ankleidezimmer. Auf der anderen Seite des Salons war das Schlafzimmer der Eltern und nach rückwärts gegen den Garten mein Zimmer. Keinerlei Toilette oder fließendes Wasser, das gab es nur im Parterre, ein Bad aber überhaupt nicht. Im Parterre war das Zimmer meiner Brüder und daneben das Speisezimmer, dann kam eine Art Anrichte und die Küche. In der Anrichte war auch das fast nie von meinem Vater benützte Telephon, das übrigens nach

5 Uhr nachmittag sowieso nicht mehr zu brauchen war, weil das Postfräulein dann nicht mehr Dienst tat. Im Parterre gab es auch noch ein dunkles Zimmer gegen den Garten, von Köchin und Stubenmädchen bewohnt, und in der frühen Kindheit, als wir Gouvernanten hatten, mußten diese mit mir ein Zimmer teilen. Bis zum Ende des ersten Krieges hatten wir keine Elektrizität, nur Gas und Petroleumlampen. Geheizt mußte in jedem Zimmer werden, teils mit Holz, teils mit Koks.

An einem normalen Tag ruhte mein Vater nach Tisch, dann machte er einen Spaziergang, entweder allein oder mit einem von uns oder einem Gast. Um 5 Uhr gab es Tee, und danach ging mein Vater wieder ins Arbeitszimmer, um zu lesen oder seine Korrespondenz zu besorgen; die schöpferische Arbeit war dem Vormittag vorbehalten. Nach dem Abendessen um 8 Uhr saß man gern noch beisammen, oft las mein Vater uns vor, so die ganze ›Odyssee‹ in Schröders Übersetzung, Stücke von Grillparzer und anderes. Er ging relativ früh schlafen, etwa um 10 Uhr 30.

Dieses gleichmäßige Leben wurde oft unterbrochen durch Besuche in Wien, die sich meist über mehrere Tage streckten, besonders, wenn mein Vater ins Theater ging oder Leute sehen wollte. Denn Rodaun war am Abend unerreichbar, die letzte Straßenbahn fuhr früh, und ein Auto hatten wir damals nicht.

Das Sommerleben in Aussee war ganz anders, geselliger, mehr in der Natur und reich an Besuchen. Doch herrschte auch dort die regelmäßige Arbeitszeit, jeden Vormittag.

Christiane von Hofmannsthal
Tagebücher 1918–1923

Hugo von Hofmannsthal und Christiane
an ihrem 15. Geburtstag, Rodaun 1917

1874 – 1929.

1918

2. August 1918. [Aussee]
Heute starb Poldy Passavant-Franckenstein nach 18 Tagen Krankheit. Sophka ist gerade 2 Monate alt.

4. August. [Aussee]
6 h nachmittag Poldy's Einsegnung u. Begräbnis. Die Schulkinder trugen die Kränze, es regnete. Rosemarie war nicht dabei. Clemens und Passavant unbeschreiblich traurig. Georg F.[ranckenstein] ist in Tiflis, weiß nicht einmal von ihrer Erkrankung.

Strauss u. Frau u. Sohn bei Hellmanns zu Gast. Frau Strauss unmöglich, sagt fremden Leuten Grobheiten. Andrian als Intendant ist hier. Bahr wird provisorischer Leiter der Burg, nicht Papa wie alle vermuten. Strauss übernimmt teilweise die Oper.

Max Mell ist plötzlich angekommen. Still u. bescheiden wie immer, leider nur für drei Tage.

11. August. [Aussee]
Nachmittag Tanzerei bei uns mit den Bauern. Papa flüchtete. Abend am Ramgut. Papa las Konrad F. Meyer Gedichte, Musset Prolog zu Rolla u. Stances à la Malibran. Meyer hat einen bizarren Zug sagte Papa. Gespräche über Politik, Czernin, Flieger über Wien.

Schlechte Nachrichten von Pannwitz durch M. Pohl. Braucht ungeheuere Opfer. Brief von Frau Odhner bekommen, u. Dank für Zigaretten von Pannwitz.

13. Abend Ramgut [Aussee]
Hellmanns u. Sibylle Reuß. Papa las 2 Akte Misanthrope wunderschön vor. Gespräch über mögliche Aufführung des Misanthrope (Moissi, L. Konstantin).

Reinhardt u. Else Heims sollen herkommen.

19. Aug. [Aussee]
Jella hat Geburtstag, wir waren alle oben gratulieren. Sonntag [18. August] Tanz auf der Seewiese, habe sehr viel getanzt.

Fertsch Colloredo war bei uns, Weltmann, dabei gescheit und riesig oesterreichisch in allem, Aussehen und Sprache.

Mit Sibylle Reuß Dr. Adler u. Paul Hellmann auf dem Loser gewesen. Sibylle reizend, einfach u. ernst u. tüchtig.

Wassermann bei uns zur Jause. Sehr düster gestimmt weil Julie morgen ankommt.

Lili u. Gabriel sind da! Lili ist fabelhaft! Gescheit u. strahlend. Sie hat Papa etwas aufgemuntert, zum Glück.

Am Abend Ramgut. Papa las die Rede Borchardts, dann die Rede Bodenhausens und Goethe Gedichte (Zueignung u.s.w.). Lili war begeisternd klug u. schön.

25. 26. 27. Aug. [Aussee]
Meine erste Dachsteinpartie. Abend auf die Simonyhütte, dort ein wundervolles Gewitter, am nächsten Morgen zum ersten Mal über den Gletscher gegangen! Dann über die Steinerscharte, bei Regen u. dichtem Nebel auf die Adamekhütte. Am nächsten Tag um 5 h früh bei fabelhaftem Mond *über* den Glet-

scher, wundervoller Sonnenaufgang, etwas Kletterei. 1/2 8 h als die ersten auf der Spitze, wo man ganz allein u. weltentrückt stand! Die Sonne kam gerade über dem Gletscher herauf. Abwärts klettern ein bissl ungemütlich oberhalb der Randkluft rutschte ich aus, einen Augenblick hatte ich Angst, dann riß er mich am Seil wieder in die Höhe. Nachhausekommen leider bei Regen.

29. [August Aussee]
Mit Lili zwei Stunden spazierengegangen. Viel gesprochen über Zukunft. Sie hat mich in allen meinen Absichten bestärkt.

2. Sept. Abend. [Aussee]
Papa las vor, Goethes Fortsetzung zur Zauberflöte, einige Scenen.

3. Sept. [Aussee]
Lili fährt fort. Papa arbeitet Calderon Dame Kobold für Reinhardt.

Ischl, bei Beer-Hofmann. Er sehr nett u. liebenswürdig. Paula sehr schön.

Karte von Max Mell bekommen. Er schreibt sehr lieb. 4 Tage in St. Gilgen bei Tante Mimi. Sollte zu Pannwitz gehen, Mehl für uns holen. Als ich gegen abend hinkam, war nur Ilse dort. Ilse ist hübsch, ganz flachsblondes Haar und große dunkelblaue Augen, wie aus einem deutschen Märchen. Sie war eher vernachlässigt und mit der kleinen Sonja allein. Als ich ihr sagte wer ich sei, sprang sie auf, schüttelte mir die Hand, wobei mir die große Ähnlichkeit mit ihm auffiel und sprach sehr lebhaft. Erinnert an Dostojewsky-Figuren, arm u. rührend. Die Wohnung vernachlässigt u. dunkel, das helle Kind da allein hatte was reizendes. Sie fütterte Sonja, zeigte uns Gedichte von sich u. ihre Bücher. Inmitten von allerhand Kram zog sie Grimms Märchen, die Odyssee, Goethe, 3 Novellen u. Homer heraus. Dabei ist sie 10½ Jahre alt, u. macht alle Hausarbeit. Sie sagte immer sie möchte gerne mit meinen Brüdern spielen, armes Ding, sie sieht nie andere Kinder. Sie wollte mich nicht fortlassen, bis ich versprach am anderen Tag wiederzukommen.

Am nächsten Morgen: ich stehe verlegen vor dem Haus, da springt Mauracher heraus. Ich erschrak ein wenig er ging schnell auf mich zu u. sagte mit wirklicher Freude Frl. v. Hofmannsthal? Ich sagte ja, drauf gaben wir uns die Hand, er war verlegen u. murmelte seinen Namen. Dann zeigte er mit einer reizenden gewinnenden Art auf die Stiege u. wir gingen hinauf. Oben kroch Sonja herum. Erst waren wir beide verlegen, wegen dem Mehl, denn die Angelegenheit klappte nicht. Doch ich hatte Zeit ihn anzusehen. Sehr groß u. wunderschöne blaue, traurige Augen, blonde Haare, schöne ruhige Züge und vor allem eine reizende Art zu reden. Leise, österreichisch, mit gewissen Pannwitzanhängseln. Wir sprachen eine Zeitlang, dann sagte er plötzlich: Ich könnt Ihnen doch was zeigen, nicht? Ich war sehr froh u. er zeigte mir viel Sachen, Landschaftsskizzen, Pflanzen u. auch fertige Bilder, alle sehr seinem Karakter entsprechend, klar u. einfach u. hell. – Frau Pannwitz ist eine Enttäuschung, ich versteh ihn nicht, unsympathisch, Berlin häßlich ungraziös, ganz nett im Sprechen. Oben machte die Wohnung einen besseren Eindruck, netter u. wohnlich. M. schläft allein.

Bei meiner Nachhausekunft erfuhr ich viel Pannwitzdebâkkels, Irene will nichts mehr für ihn tun, er hat Mama einen Brief geschrieben mit so unerhörten Beschimpfungen über die Irene voll u. was noch ärger ist, über Ottonie! Er ist vollkommen unberechenbar u. unbegreiflich. Doch hoffe ich, man läßt ihn nicht sonst ist er u. mit ihm alle anderen verloren. Wenn die Frauen nicht auf den Knien sind vor ihm, dann ist es aus. Und sollte er sie dazu zwingen müssen, er versucht es trotzdem bei jeder. Frau Pohl scheint ein Mistvieh zu sein. – Heute übrigens bekam Papa einen sehr lieben Brief von Pannwitz. Nur geistig, alles gemeine vergessend.

Die Buben sind fort u. ich allein mit Mama u. Papa hier. Prachtvollstes Wetter. Herrliche Ruhe u. Zeit zum Lesen.

Sommerbild (von Friedrich Hebbel).

Ich sah des Sommers letzte Rose stehn
Sie war, als ob sie bluten könne, rot.
Da sprach ich schauernd im Vorübergehn:
Soweit im Leben ist zu nah am Tod.

Es regte sich kein Hauch am heißen Tag,
Nur leise strich ein weißer Schmetterling
Doch ob auch kaum die Luft ein Flügelschlag
Bewegte, sie empfand es, und verging.

Ein Bild aus Reichenau

Auf einer Blume, rot und brennend, saß
Ein Schmetterling, der ihren Honig sog,
Und sich in seiner Wollust so vergaß,
Daß er vor mir nicht einmal weiterflog.

Ich wollte sehn wie süß die Blume war,
Und brach sie ab: er blieb an seinem Ort;
Ich flocht sie der Geliebten in das Haar;
Er sog, wie aufgelöst in Wonne, fort!

Herbstbild.

Dies ist ein Herbsttag, wie ich keinen sah!
Die Luft ist still, als atmete man kaum
Und dennoch fallen raschelnd, fern u. nah,
Die schönsten Früchte ab von jedem Baum.

O stört sie nicht, die Feier der Natur!
Dies ist die Lese, die sie selber hält,
Denn heute löst sich von den Zweigen nur
Was vor dem milden Strahl der Sonne fällt.

---

24. Sept. [Aussee]
Heute zur Irene heruntergezogen. Bin wirklich allein mit ihr u. es ist sehr gemütlich. Reizenden Brief von Frau Odhner bekommen. Erna schreibt, daß Dora sich verlobt hat!

Nicht nur Gott von Gottes Thron
Der Gepeitschte mit der Kron –
Alle seid ihr seine Kinder,
Keiner näher, keiner minder
Keiner dingt vom ganzen Lohn.
Handle: und Du opferst schon
Dich für Brüder, Dich für Kinder,

Sprich: Du bist mit jedem Ton
Überwunden, Überwinder.
Gottes Sohn
Ward es nicht gelinder.
Lebe: und es ist Passion. (R. Borchardt)

---

27. Sept. 1918. [Aussee]
Zum ersten Male hört ich Papa etwas Eigenes vorlesen, abends am Ramgut die ersten zwei Akte seines Lustspiels »der Schwierige«. Es war fabelhaft. Kari reizend und auch die Frauen!! Crescence hat Züge von der armen Poldy P.[assavant-Franckenstein].

Wellesz hat seine neue Oper der Irene vorgespielt. Es gefiel mir sehr gut und ich fand es klangvoll u. zart. Er hat einen reizenden Ausdruck wenn er spielt.

1. Okt. [Aussee]
Papa las am Abend »Dame Kobold« vor. Bulgarien hat sich ergeben. Großer Streit zw. Jella u. Papa über die künftige Weltordnung.

Else Gurlitt erzählt von Pannwitzens Anfängen, die genau mit allem jetzigen übereinstimmen.

Falsche Zungen. (R. Borchardt)

An einem Tische sind wir zusammen gesessen
Aus einer Schüssel haben wir Brot gegessen –
Schüssel im Traum, Tisch im Traum, für alle Zeit.

Da ist kein Haus, für ein das ander zu sehen,
Da ist kein Weg, wo wir uns vorübergehen:
Dies Haus für Dich, der Weg für mich, in Ewigkeit.

Kamst Du gestern meine Straße geschlichen,
War ich stracks aus deinem Weg gewichen,
Beide Augen vor mich, gar ohne Rufen, gar ohne Klagen.

Säßen wir beiden an Tischen wieder zusammen
Wie Kerzen am Mittag würden wir sein, ohne Flammen,
Sehen und uns nicht ansehen, sprechen und uns nichts sagen.

Gesang im Dunkeln.

Diese Nacht, in schattenhaften Wäldern
Lief ich hinter einer dunklen Rehe,
Da sie meinen Atem hörte, floh sie,
Blickte wild aus ihren schiefen Augen.

Wo sind die Rosen die ich brechen wollte?
Diese Hände sind so leer wie gestern,
Meine Sohlen sind bestaubt und blutend,
Meine Haare hangen voller Dornen,

Diese Nacht bei Deinem Rosengarten,
Riß, wie riß ich an den Eisengittern!
Fliederblätter faßt ich mit den Lippen
Kalte Büsche stachen meine Wange.

Diese Nacht war wie die andern alle,
Heute Nacht wird sein wie alle Nächte,
Ich vergehe unter Deinem Atem,
Ich zerreiße unter Deinen Händen.

Zwischen Bäumen, Berg hinan die Felsen
Tanz ich hin, wie eine Fackel brennend,
Sang ein Vogel fern, ich weiß es nimmer.

Meine Ohren sind bedrängt von Schluchzen,
Nichts wie Tränen braust mir vor den Augen,
Ich vergehe unter Deinem Atem,
Ich zerreiße, wiss' es, ich zerreiße.

Anfang Oktober. [Aussee]

Karfreitag II.

Mein Vaterland, mein Österreich
Noch immerdar auf allen meinen Wegen?
Bist Du nicht jenen Frauen gleich
Die zögernd sich zum Schlafen legen
Und doppelt schön, weil müd u. bleich,
Die Seele seltsam uns bewegen?

Wir schwören's Dir Herr Jesus Christ,
Du Österreichs höchster Schirmherr bist,
Wir wollen lieber österreichisch sterben,
Als wie im deutschen Reich verderben,
Beschirm, Herr, dies alte Reich,
Schirm Dein katholisch Österreich!

Dieses Gedicht paßt schon nicht mehr, auch die Volkshymne ist fort ebenso die schwarz-gelben Fahnen u. vieles andere. Oesterreichisch zu sterben sind wir gerade im Begriff aber am Ende steht uns nach unserem Tode noch das deutsche Reich bevor.

1. November [Rodaun]
Der Nationalrat hat sich konstituirt, Dr. Adler hat das Staatsamt des Äußeren. In Oesterreich, das heißt Oesterreich gibt's ja nicht, fängt der Bolschewikismus langsam an. Wir haben heute die wichtigsten Manuskripte gepackt, auch die Silberkiste und Porzellan u. schaffen es in die Stadtwohnung.

4. Nov. [Rodaun]
Wir wissen nicht mehr wo uns der Kopf steht, vor lauter Arbeit u. Schreckensnachrichten. Gestern zogen 10 Italiener durch Rodaun, die durchgegangen waren. Dr. Geiger fragte sie wo sie hinwollten, da lachten sie u. sagten »Sizilia«. Die armen Leute, wissen nicht mit was für Schwierigkeiten das jetzt verbunden ist.

Wir hoffen auf die Engländer und Amerikaner. Wer uns das gesagt hätte, daß wir die brauchen werden! Und vor unseren eigenen Leuten haben wir Angst. Alle Kriegsgefangenen sind ausgebrochen in der Gegend, auch 200 Schwerverbrecher. Heute sind beinahe alle unsere wertvollen Sachen u. Kleider in die Stadt, hoffentlich auch bald wir. Unsere Resi ist krank, so daß wir mitsamt dem Einpacken alles allein machen müssen.

Ob wir genug Bürgergarde bekommen werden? Wir leben in einer so ununterbrochenen Aufregung, daß ein Gedanke an den Sommer mit Ausflügen u. Jausen uns ganz verrückt vorkommt.

Die Italiener haben ungeheuer harte Friedensbedingungen gestellt, die uns aber nichts mehr machen, da wir ja nicht das alte Oesterreich sind. So wollen sie die Flotte, die wir ja garnicht mehr haben u.s.w. Graf Czernin der »Volksdiplomat«, hat solche Angst vor der Revolution, daß er nicht weiß wohin. Graf Tisza ist erschossen, vielleicht der machtvollste Politiker den das alte Reich hatte, aber der Schädlichste.

5. Nov. [Rodaun]
Feuerblasen, großer Alarm in Mauer, die Russen plündern Mauer u. Liesing. Resi und ich mußten aus den Betten, weil wir krank waren, in aller Eile wird ein bissel Brot u. Schmuck u. noch andres in die Rucksäcke gepackt, die wertvollen Sachen waren schon fort oder versteckt und wir gehen auf die Straße. Marie bleibt im Haus u. sperrt alles zu. Papa trägt seine Manu-

scripte in der Hand, alles in allem sah es eher komisch aus, und ich glaub die Rodauner haben uns ausgelacht. Das ganze war auch übertrieben; ein paar Russen hatten *versucht* einen Waggon aufzubrechen. Dazu der ganze Alarm.

7. Nov. [Rodaun]
Die Deutschen besetzen Nordtirol! Das hätten wir uns wohl auch nie geträumt!

In Wien ist Ruhe und wir hoffen auf Lebensmittel von der Entente.

Von unseren Sachen die in die Stadt kamen sind 3 Koffer, ohne Plünderung, ganz einfach gestohlen; das lohnt sich!!

9. Nov. [Rodaun]
Revolution in ganz Deutschland, besonders in Bayern die keinen Krieg an ihrer Grenze für nichts und wieder ... nichts führen wollen. Man kann es ihnen nicht verdenken.

Die Ungarn schließen Frieden, die Tschechen besetzen Preßburg nennen es Wilsonstadt. Aller Respekt vor den Tschechen aber das *ist* geschmacklos. – Hoffentlich hat Kaiser Wilhelm endlich abgedankt, das ist jetzt das einzige Hindernis.

10. Nov. 1918 [Rodaun]
Kaiser Wilhelm und der Kronprinz haben abgedankt, in Berlin wurde die Republik ausgerufen! Ich mach mir immer Vorwürfe, daß Wilhelm mir einmal gefallen hat. Diese verbrecherische Schwäche! Aber mit 13 Jahren zu einer Zeit wo gescheite Leute blind waren, kann man noch nichts von Politik verstehen. Ich wundere mich so, daß wir, die wir doch vollständig besiegt sind und es auch offen eingestehen, gar nicht ein bissl traurig sind. Ich hatte mir besiegt sein so schrecklich vorge-

stellt und nun gibt es so viel andre Sachen die viel ärger sind, daß wir garnicht daran denken. Die Deutschen wohl mehr, aber auch nur kleine Teile. Ein Volk führt keinen Krieg, das tun nur die herrschenden Parteien. Hier freut man sich direkt auf eine ev. Besetzung durch Engländer u. Franzosen, die doch Kulturvölker sind, und die man uns 4 Jahre lang als unerhörte Barbaren u. Feinde geschildert hat. Es gibt keine Völker die sich feindlich sind. Und wir werden hoffentlich die wahre Demokratie bekommen, ohne Kriege und auch ohne Bolschewismus. Denn das ist nicht Demokratie, wenn wie gestern vorgeschlagen wurde, die Palais zu Arbeiterwohnungen gemacht werden.

Ich habe jetzt während meiner Krankheit die Memoires der Marie Bashkirtseff gelesen. Französisch ist doch die einzige Sprache in der man so was schreiben kann. Auf Deutsch klingt alles entweder feierlich und großartig, oder wieder ungeschickt. Ich werd mich bemühen besser zu schreiben, der Anfang ist gräßlich. Hüten muß man sich vor allem daß ein Backfischtagebuch draus wird, das möchte ich vermeiden. Dagegen soll man aufrichtig sein, wie M. Bashkirtseff, die mir übrigens als Karakter sehr zuwider ist, so schrecklich ehrgeizig und eingebildet.

12. Nov. [Rodaun]

Es ist als ob alles mich zu dem Tagebuch drängen würde. Gestern war Lorle Karg da und las mir aus Edgars Tagebuch vor. Es ist traurig wenn man einen Menschen nach seinem Tode erst kennen lernt. Ich kann mich an Edgar garnicht erinnern und doch schreibt er über mich als ob ich damals schon ein ganz großer und wichtiger Mensch gewesen wäre und ich war ganze 3 Jahre alt. Ich wußte bis heute nichts von ihm und jetzt erst kommt durch die Tagebücher sein Wesen so klar u. schön heraus. Armer Edgar.

Lorle las mir auch Papa's Jugendbriefe an sie vor. Ich hab mich ja sehr gefreut aber an ihrer Stelle tät ich es nicht, es ist ja beinahe als ob man sich ausziehen täte. Er hat sehr schön und gescheit geschrieben, sie muß ihn sehr gern haben aber ich hätt es doch nicht vorgelesen, ich glaub nicht. Sie war übrigens sehr lieb und ich muß ihr vieles abbitten denn ich urteile viel zu schnell über Menschen, sofort ist einer scheußlich, oder herrlich, und meistens das erstere. Und sie hat doch viel Unglück gehabt im Leben, mehr als Schönes. Ich hab einen herrlichen, rührenden Dostojewsky gelesen, »Eine dumme Geschichte«, die Hochzeit des armen Beamten bei der die Exzellenz sich populär machen will und wie das ausgeht, und dann noch eine wundervolle Geschichte von einem heruntergekommenen Menschen der beim Abschiedsdiner eines Reichen durchaus dabei sein will und so furchtbar lächerlich wird, daß ich ganz rot geworden bin für ihn, so kann nur Dostojewsky schreiben, so lebenswahr und packend.

Kaiser Karl hat abgedankt, er ist der einzige von Allen, der mir leid tut, er hat immer nur Gutes gewollt, doch ihm fehlten das Genie u. die Ratgeber. Er ist auch der einzige, der mit einem gewissen Anstand, so ziemlich von selbst abgetreten ist. Er hat nicht ganz 2 Jahre regiert, und hat seine Jugend und Frische geopfert. Viktor Adler ist tot, am selben Tag wo er das erreicht hat, was sein Lebensziel war, die »freie Republik Deutschösterreich«. Der Name ist nicht schön, dafür wird es die Sache aber mit Gottes Hilfe werden. Von heute ab gehören wir auch zum deutschen Reich, was sonst weiß Gott nicht unser Wunsch gewesen wäre, aber so wird es vielleicht gut.

Papa hat mir »das Buch Joram« geschenkt, ich bin so froh, denn es ist sehr selten und so wunderschön.

13. Nov. [Rodaun]
Gestern ist in Wien die Republik öffentlich vom Parlament verkündet und die rote Fahne gehisst worden. Dabei kam es zu einer dummen Schießerei und Panik. Daß doch noch immer Menschen umkommen müssen!! Papa ist heute Wache gestanden, es ist natürlich gar nichts geschehen und er kam um 6 h ganz gut nach Hause.

15. Nov. [Rodaun]
Heute hab ich nichts gelernt, das ist dumm. Aber sonst muß ich fleißig sein, bis jetzt war es aber nicht ordentlich. Ich werde Stenographie u. Maschinenschreiben lernen, für den Papa, dann muß ich Lateinstunden nehmen und lesen, viel lesen, ich bin so schrecklich ungebildet, noch, aber werde es nicht bleiben. Gilbert Murray's Ancient Greek Literature gefällt mir sehr gut, aber es ist schwer, tant mieux. Raimund hat auf einmal auch Lust auf Bildung, das freut mich sehr, da kann ich ihm alles geben zum Lesen. Ich möchte so gerne daß aus dem Raimund was Besonderes wird! Papa gab mir Walther Rathenau An die deutsche Jugend, um Rathenau zu rechtfertigen, von dem er nie viel gehalten hatte. Er ist nämlich wirklich gescheit, nur gefällt mir der salbungsvolle, prophetische Ton nicht, das ist doch eben »Pieffke« wogegen er sich so wehrt.

17. November [Rodaun]
Gestern erzählte mir ein Volkswehrsoldat, daß er unlängst auf einem Bahnhof einen Soldaten gesehen habe, der ein Handmaschinengewehr mit 6 Magazinen Ladung zum Verkauf anbot. Ein schäbiger Zivilist kam her, fragt »Was kost der Kramuri, da hast 20 Gulden« und das Geschäft war abgeschlossen, der glückliche Käufer ging mit seinem Einkauf stolz nachhaus. Das

ist die Karakteristik unserer Zeit. Ob der Herr wohl Gebrauch davon machen wird? Bei uns wird von nichts wie von Politik gesprochen. Wenn doch der Krieg schon 20 Jahre hinter uns wäre! Papa ist sehr nervös aber weiß so viel von allem was jetzt vorgeht, daß es riesig interessant ist. Ich hab so ein Interesse für Politik, nämlich für alles was geschieht, geschehen ist und geschehen wird. Ob der Herr Professor Woodrow Wilson die Welt wieder zusammenkriegen wird? Aber jetzt haben alle einen Schrecken gekriegt daß wir ihnen unter der Hand verhungern, so daß wir doch hoffentlich was zu essen kriegen. Gretl ist wieder in Wien und trotz Revolution tanzt sie wieder und trotz Revolution schauen wir ihr zu. Gott, sie bleibt die Gretl, ob sie jetzt den Erwin gern hat oder nicht, ihm »treu bleibt« wie man sagt. Blödsinn! Mir tut nur der Erwin leid weil er der Schönste und Beste von denen allen ist, und die Gretl gewissermassen gesunken ist, nicht weil sie den Erwin nicht mehr mag, sondern weil die andern schlechter sind. Und dann wäre das alles nie gekommen wenn Erwin da gewesen wäre. Aber Gretl glaubt *wir* sind ihr darum böse. Muß man denn immerfort Partei nehmen? Gretl ist Gretl und Erwin Erwin, das geht doch wenn's sein muß auch neben einander, da muß man doch nicht mit dem Schwert in der Hand auf der einen Partei stehen! Aber traurig ist es doch, besonders für Erwin und alle seine Leute und für Martin.

21. Nov. [Rodaun]
Heute vor zwei Jahren ist der Kaiser Franz Josef gestorben. Der hätte sich so was nie gedacht. Mir fiel heute bei der Griechischen Geschichte die merkwürdige Analogie zwischen dem Ende des Peloponnesischen Krieges und 1918 auf. Nur kämpfte damals die unterliegende Partei für die Demokratie, heute die Siegende. Daß es uns nicht gegönnt war für die wahre Sache zu kämpfen ist wohl eine der traurigsten Sachen

an diesem Krieg. Daß wir jetzt sagen müssen: Es ist ein Glück, daß Deutschland nicht gesiegt hat.

Gretl hat wunderschön getanzt, auch neue Sachen. Sah immer reizend aus, der Saal war ziemlich kühl gestimmt.

Von heute ab brennt gar kein Gas und kalt ist es, gräßlich! Wenn nur das alles endlich vorbei wäre!

24. November [Rodaun]

Synnöve's Vater ist gestorben. Ich kannte ihn nicht und kenne auch sie nicht und doch macht es mich traurig.

Mit Papa, Adelgunde und Elisabeth in der »natürlichen Tochter«. Es ist die Revolution, die der Hintergrund dieses Stückes ist, doch Goethe war nicht revolutionär. Wie ganz anders war das Alles damals! Gespielt wurde leidlich, die Dekorationen waren geistvoll und schön. Nur Vorhänge, in schönen Falten und ruhig gefärbt. Nicht eine unwahre Theaterlandschaft, sondern höchstens wie in der Ferne ein Stückchen Himmel, Wald oder Meer, wie durch ein Tor der gerafften Vorhänge sichtbar. Alle Aufmerksamkeit konzentrierte sich auf den Schauspieler, der sich von dem einfachen Hintergrund prachtvoll abhob.

Heut ein sonniges, kluges Buch gelesen. Das Exemplar von der Anette Kolb. Ich habe schon so viel von ihr gehört, sie sogar schon gesehen aber so hatte ich mir das Buch nicht vorgestellt. So kurios wie der Titel das Ganze, und ohne einen häßlichen Ton wirklich schön.

Gestern traf ich Lili, wie immer so klug und hinreissend. Wir sprachen von ihrer Arbeit und noch viel Anderes. Abends »Minna v. Barnhelm«. Hermann Bahr saß einige Reihen vor uns, ich hätte ihn gern angesprochen und gefragt ob er sich an die kleine »Ninane« noch erinnert. Es war aber keine Gelegenheit und dann glaub ich, ist Papa bös mit ihm. Addy Redlich ist doch ein komischer Kerl, unlängst trifft er mich bei der Irene, gibt mir mit viel Getue einen Brief von sich (ganz überflüssig, wenn man sprechen kann). Erzählt eine verworrene Geschichte daß er bis 2 Uhr nacht daran geschrieben hat, im Übrigen ist er ganz nett. Ich war natürlich riesig gespannt was darin stehen könnte, besonders weil er mir gesagt hatte, es ja niemandem zu zeigen. Erst ein Brief, um 2 h nachts geschrieben, was mir unsympathisch ist; ich weiß nicht recht warum! Es kommt mir so geschmacklos vor. Trotz entschiedener »Stimmung« war nicht vergessen, ich danke Dir für Deinen Brief vom 9. d. Taussig! Das kommt mir wieder geschmacklos vor und so schrecklich kindisch. Dann folgen unleserliche Notizen über Philosophie und Religion! Und ich soll drüber urteilen! Wie kann man nur so schrecklich kindisch sein! Das hätte nie ein junger Franzose getan, das ist so typisch jüdischdeutsch. Er ist von Bahr der Proselyten zu machen liebt »bekehrt« worden! Und die Religionsphilosophie ist mir eins der unangenehmsten Themen die ich kenne. Ich *will* einfach nicht. Ich will nicht darüber sprechen und auch nicht denken. Es ist so merkwürdig, ich bin sicher nicht arrogant, aber diese jungen Leute, sie kommen mir alle wie die kleinen Kinder vor. Selbst wenn ich um 5 Jahre jünger bin, komme ich mir (ohne Einbildung) so hoch über ihnen vor, mit den merkwürdig vollgestopften Köpfen, dieser vielen unreifen Rederei, Denkerei und hauptsächlich Schreiberei! Jetzt soll ich ihm antworten, na, Briefe schreiben kann ich ja, Gottlob. Aber das weiß ich, wenn ich einmal jemanden lieben sollte, der muß hoch, hoch über mir stehen, den muß ich bewundern können, nicht beherrschen. Ich bild mir nichts auf mich ein, wirklich nicht, besonders nicht auf mein Aussehen, trotzdem weiß ich, daß ich vielen Leuten gefalle. Aber ich *will* nicht so Zeug anvertraut haben, wie Addy mir es heut tat. Dadurch falle ich auf sein Niveau herunter und ich bin auch *stolz*. Und gerade in geistigen Dingen. Ich kann Geist anbeten und Geistlosigkeit beinahe hassen, nie annehmen. Ich muß ihm gut antworten, so etwas ist mir unangenehm, und ich bild mir weiß Gott nicht ein, daß ich die *erste* und *Einzige* bin, der er es sagt. Lieber soll wer andrer diese Einzige sein. – Ein paar Stellen aus dem »Exemplar« die mich sehr frappierten:

Das intellektuelle Prestige der Deutschen ist in England ebenso enorm wie ihre Unbeliebtheit.

Warum rüsten die Deutschen gegen die Engländer? Weil es nichts Rückständigeres gibt als die Gegenwart.

Aber Wetter, Politik und Sport sind eben die drei brennenden Themen in England.

26. Nov. [Rodaun]

Habe Addy entschieden negativ geantwortet, ich hoffe er ist nicht bös und nimmt es auf wie es gemeint ist. Dafür daß ich seine Probleme nicht habe, kann keiner von uns beiden.

Bei uns ist fabelhafter Winter, ich war heute im tiefen Schnee aus, dabei scheint die Sonne.

Ich möcht schon so schrecklich gern weit, weit fortreisen, ganz gleich wohin nur fort, fort. Es muß doch herrlich sein, ganz fremde Orte und Menschen zu sehen! Ich hab im geheimen Hoffnungen, daß ich nächstes Jahr zur Ottonie komme, an Schweden will ich ja gar nicht denken, das heißt, ich denke natürlich immerfort daran, aber es wird wohl so bald nicht werden. – Wie herrlich, daß es noch immer und immer wieder schöne Bücher gibt. Bücher wo man Alles andre vergißt und nur mit Menschen lebt. »Aglavaine et Sélysette«. Wie wunderhübsch ist der Titel, wie schön und rührend-edel das ganze Buch. In der Dampftramway, eingekeilt zwischen Volkswehrsoldaten, schwätzende, rauchende, lärmende Menschen, las ich das zarte, reizende Leben dieser Menschen. Ma pauvre Sélysette! Wie großartig sind die letzten Zeilen dieses Stückes:

Sélysette: je suis … je suis tombée en me penchant … elle meurt.

Aglavaine: Méléandre …
Méléandre: Sélysette! …
Das ist ein Dichter, und beinahe verzeihe ich ihm daß er uns für »boches« hält und frägt ob es in Oesterreich Eisenbahnen gäbe!

30. November [Rodaun]
Ich hab eine schöne Rosenkavalieraufführung gesehen! Ich bin so stolz auf Papa. Da sitzen 3000 Menschen im Theater und alle hören was *er* sagt. Das ist herrlich.
Ich lese jetzt Ovid, metamorphose. Es gefällt mir sehr gut!!! Gestern in der Schule, das erste Mal seit vorigem Jahr! Sie waren alle sehr nett zu mir! Heut bin ich blöd, ich mache nach jedem Satz ein Rufzeichen.

2. Dezember 1918. [Rodaun]
Das war immer der Regierungsantritt des Kaisers Franz Josef und wir hatten schulfrei. Ja wir werden die alte, schwarz-gelbe Zeit nicht so im Handumdrehen los, beinahe alles erinnert daran. Ich hab schon wieder ein Buch, das ich lese anstatt Latein zu lernen. Gerhard Hauptmanns »Griechischer Frühling«. Und da werf ich dem Franz seine Romane vor. Die Gretl hab ich endlich wieder gesehen und bin gerade so begeistert wie immer. Die Gretl lieb und gescheit und rührend schön, bleibt sich immer gleich, was immer man von ihr sagen mag. Wir haben sie nach Hause begleitet, die Stadt schaut um ½8 h abends jetzt aus wie sonst um Mitternacht. Gestern abend mit Onkel Fritz eigentlich notgedrungen bei Duschnitz in Döbling, wo es aber ganz nett war und ich die Sängerin Gutheil-Schoder kennen lernte, auch Emmy Heim. Beide waren sehr nett. Dann einen Onkel, den ich nicht kannte und »eroberte«. Wieder ein Mensch der von mir sagen wird: Sie ist nett, sie ist

gescheit! Und was hab ich davon! Ich geb mich zu sehr aus, ich hab dann vielleicht nichts mehr für Leute denen ich wirklich etwas geben will. Aber trotzdem hab ich den Ehrgeiz in mir: Ich will gefallen selbst wenn die Leute mittelmäßig sind. Das ist eigentlich dumm, denn mir gefallen doch nur unsere Bekannten und ich sitze in so einer Tischgesellschaft, trotzdem ich rede und mich auch unterhalte, eigentlich ziemlich fremd da. Wir mußten zu Fuß nach Hause gehen, ich mußte fortwährend meine Lieblinge verteidigen, Pannwitz und den guten Josef Redlich. Aber ich glaub ich bin äußerlich von einem sehr redegewandten Jüngling doch besiegt worden. Schadet nichts, innerlich sicher nicht. Die Nacht war wunderschön und es lag ganz hoher Schnee.

5. Dezember. [Rodaun]
Papa hat ganz recht, wir haben ein scheußliches Klima. Im Haus kalt, daß man glaubt man geht durch, im Freien nicht möglich Ski zu laufen. Wenn es doch nur schon einmal von allen diesen blöden Sachen wie Kohle, Petroleum, Zündhölzern und Mehl genug gäbe. Das Gas wird eingestellt aber nicht gefragt womit man beleuchtet. Ebenso Kohle, Elektrische und alles, alles was man braucht. Dabei haben wir Frieden. Und gar schrecklich ist, daß so viele die jetzt zurück kommen an der spanischen Krankheit sterben.

8. Dezember 1918. [Rodaun]
Gestern hatte ich einen hübschen Tag, trotzdem die Elektrischen beinahe eingestellt sind. Ich war schon vorgestern in Hietzing, mit Krzystek, Schwindmädeln und Marianne: Ziehharmonika, Werkel und Tanz, trotz kalter Wohnung recht hübsch. Dann schlief ich improvisiert bei Schwinds, es erinnerte ein bissl an Wachau, besonders bei Kälte. Dann Kirche,

und als obligates Sonntagsvergnügen der Familie Schwind technisches Museum, was mich eher langweilte, da ich nichts von den Maschinen verstehe und sie mich nicht sehr interessieren. Mittagessen bei Lili, erst hatte ich natürlich Angst, besonders als ich mich ansagte, Lili war aber so lieb und höflich mit mir wie sie sehr selten ist. Sprachen sehr viel von allem was jetzt ist und von meiner Zukunft. Lili ist der erste Mensch der mich encouragierte, wirklich nach Schweden zu gehen und zwar schon nächstes oder in zwei Jahren. Ich möchte riesig gerne und werd es schon erreichen. Sie war auch ganz zufrieden mit allem was ich tue und blieb bis 4 Uhr bei ihr, dann begleitete sie mich noch bis ganz hinunter und war sehr lieb. Von Gabriel sah ich ein sehr schönes, farbig leuchtendes Aquarell. –

11. Dezember. [Rodaun]

Gestern hatte ich die erste Böhmischstunde. Es ist sehr schwer auszusprechen, aber ich werde es schon mit der Zeit erlernen. Der Lehrer ist sehr nett. Addy Redlich ist doch zu komisch. Gestern kündigt er mir in einem Expressbrief an: Wenn ich am Freitag zu Ihnen komme, werde ich Onkel Josef in seiner edlen, geistigen Formung kennen lernen. Als ob ich dazu diesen Wink und diese Ankündigung brauche! Und wenn der herrliche Onkel Josef dann am Ende Zigarren raucht und über die Verwaltung schimpft was dann? Ich glaub ich weiß mehr von Onkel Josef als der Bub ahnt.

15. [Dezember Rodaun]

Meine liebe, liebe Synnöve ist gestorben. Ich kanns gar nicht glauben. Tag und Nacht hatte ich gehofft, geträumt, sie zu sehen, in Schweden zu sein, sie wirklich zu kennen, die ich nur aus ihren Briefen kannte, aber da vielleicht besser als viele andre Menschen. Heute hatte ich schon als ich in der Elektrischen fuhr so ein schlechtes Gefühl und dachte immer es werde die Todesnachricht von irgend jemandem da liegen. Dann komm ich ins Zimmer, seh ein offenes Telegramm, kann erst den Namen nicht lesen, dann seh ich: Meine geliebte Frau vorgestern an der Spanischen sanft gestorben; und plötzlich kann ich den Namen lesen: Odhner. Und ich hatte immer eine Ahnung gehabt, hab ihr sogar geschrieben: »krieg nicht die Spanische, das wäre arg«. Aber in letzter Zeit hab ich nur beinahe ununterbrochen an sie gedacht. Wie schrecklich traurig. 27 Jahre alt und so ein wunderschöner guter Mensch. Ihr Bild steht auf meinem Schreibtisch. Und ich kann nicht weinen, wie ich muß, weil immer die Buben im Zimmer sind. Und ihre Briefe hab ich wiedergelesen, die letzten zwei. Wann hätte ich gewußt daß es die letzten sein werden für immer. O meine liebe, liebe Freundin. Ich kann nicht Ovid präparieren, mit dem Gedanken daß nun Synnöve tot ist. Und dann hab ich so Angst es dem Papa zu sagen, aber ich will nicht daß er es von dem kalten, häßlichen Telegramm herunterliest, mit dieser charakterlosen Schrift des Postbeamten. Hab alle ihre wunderschönen Briefe gelesen und auch ihrem Mann geschrieben. Es ist so ein schrecklich trostloser Gedanke jemandem einen Brief geschrieben zu haben und nun nie, nie mehr eine Antwort zu bekommen, weil er tot ist, ganz fortgerückt auf immer und daß ich sie nie, nie sehen werde. Ihr Mann tut mir auch so schrecklich leid.

19. Dezember 1918 [Rodaun]

Ich kann garnicht weiterschreiben über ganz gewöhnliche Dinge, wenn so etwas schreckliches vorher steht. Aber so wie man weiterißt, schläft, lernt und lebt, so darf auch das Tagebuch nicht bei einem Todesfall stecken bleiben, denn auch ich lebe weiter. Also weiter, aber um eine große schöne Hoffnung ärmer. Aber da fällt mir gerade ein, wie Papa der Irene einmal Vorwürfe gemacht hat, man soll kein zweites Traumleben führen, das sei schädlich, so wie es der Romantik geschadet hat, daß ihre Vertreter in das Traumland vor der Wirklichkeit flüchteten, anstatt die Träume fruchtbar zu machen. – Bei Josef Redlich war es sehr hübsch ein reizendes altes Haus, Josef rührend freundlich mit Papa und mir, er ist wirklich ein seelenguter Mensch. Mit den Buben weniger leicht zu verkehren. Addy im »Sturm + Drang« wie Irene sagt, bietet mir immerfort Schriften von Gütersloh, Blei, Bahr an. Hans weitaus bedeutender, dafür sehr von sich eingenommen, gestattet mir seine Stücke zu lesen. Ich bin schon neugierig. Heute ist Max Mell da, erzählte sehr liebe Sachen, was ist nebensächlich, aber das *wie* das ist bei ihm die Hauptsache und immer reizend. Ich hab viel in Pannwitz dionysischen Tragödien gelesen, sie sind wirklich wunderbar schön. Aber der Borchardt ist leider nicht da, nach dem ich mich sehr sehnte, nämlich die Gedichte.

23. Dezember 1918 [Rodaun]
Vorbereitung auf das erste Weihnachten im Frieden, das gar nicht friedensmäßig ist, da es keine Sachen gibt.

Ich half der Lili, im Rathaus bei der Weihnachtsbeteilung von den Armen des Bezirks, die Leute bekamen Zwieback aus den Gefangenenlagern, Zuckerln, Dörrgemüse u. Suppenmasse, aber nicht zu wenig. Sie waren alle ohne Ausnahme so nett, daß es wirklich zu blöd ist einem immer einreden zu wollen, alle armen Leute seien Bolschewiki. Sie sind ja schon zufrieden wenn sie ein 10tel von dem haben, wobei Leute aus unserer Klasse vielleicht Bolschewiki würden. Lili ist fabelhaft tüchtig, sie redet nicht viel, schießt nicht herum, und doch ging die Beteilung von 360 Familien wie am Schnürl, ohne Gedränge beinahe ohne Anstellen. Sie wird auch sehr anerkannt. Der sozialistische Gemeindebeirat, auch eine Neuheit, war inspizieren, und obwohl es ganz gegen der Sozialdemokraten ihr Programm ist, Wohltätigkeit zu üben, dankte er der Lili sichtlich erfreut und sagte: Wo es so geleitet werde habe er, der ja nichts verstehe, nichts zu holen, oder so ähnlich. Lili war ganz Lady im Salon und reichte ihm der eher mittelmäßig aussah kühl die Hand, während die anderen Damen aufgeregt herumrannten.

25. Dezember 1918 [Rodaun]

Wir hatten gestern einen reizenden Weihnachtsabend, einen kleinen Christbaum, jeder viel Geschenke, ich zu meiner großen Freude 1.) Papa's Gedichte + kleine Dramen mit einer Widmung in einer schönen Ausgabe, 2.) die Handschrift des Borchardt Gedichtes und noch viel Andres. Papa bekam von der Irene ein Schachterl Lebkuchen, ½ kg Zucker u. etwas Kaffee, so ist das Geschenk einer hübschen reichen Dame an einen berühmten Dichter anno domini 1918! Nach dem Nachtmahl las der Papa sehr schön Gesang XIX der Odyssee in Schröders Übersetzung es war sehr nett.

Sylvesterabend (31. XII. 1918) [Rodaun]

Ich muß doch am letzten Tag von diesem schrecklichen Jahr noch in das Heft schreiben. Uns ist ja eigentlich nichts geschehen, aber es war alles um uns herum so düster und traurig. 1919 *muß* doch schöner werden. Auch an die drei so lieben Menschen, die das Jahr 1918 gefordert hat, Eberhardt, Poldy P.[assavant-Franckenstein] und meine Synnöve denk ich heute. Allein 6 Millionen Menschen der Erde sind an der Grippe gestorben, es ist doch zu schauderhaft, was mit den armen Menschen geschehen ist. Ich hab heute ausnahmsweise abends die Lampe und es ist schon ½12 h. Ob ich das neue

Jahr erwarte oder einschlafen werde? Papa hat sehr schön Homer XXI. der Bogen vorgelesen – Also ein schönes 1919 wünsch ich mir und allen Menschen.

Ende 1918.

1919

2. Jänner. [Rodaun]
Der arme Pannwitz ist so schwer krank. Ich hab große Angst um ihn. – Heute war ich bei Trude Schönberg. Sie sind auch arme Leute, aber alle ganz nett. Ich lerne jetzt Schneidern, es ist ganz lustig. –

9. Jänner. [Rodaun]
Lächerlich was ich über den Pannwitz schrieb. Es fällt ihm gar nicht ein, krank zu sein, das war nur einer seiner »Schreckschüsse« um Geld, Geld + wieder Geld zu bekommen. Ich glaub doch daß er verrückt ist. Er fängt jetzt mit Baronin Thienen genau dieselbe Geschichte an, wie mit der Irene.

11. Jänner. [Rodaun]
Ich lese jetzt Burckhardt Griech. Kulturgeschichte, es ist sehr schön. Engländer, Franzosen und Schweizer sind hier in Wien. Bui Fr.[anckenstein] muß sie immer überall herumführen, auf den Märkten, in die Kriegsküchen und sogar in die Wohnungen. Nur einmal hatten sie Pech. Da lagen auf dem Tisch 3 Gänse. Unsere Leute erschraken sehr, da fing der dort wohnende Soldat ein sehr bolschewistisches Geschimpf an und sagte daß er sie gestohlen habe. So war wieder allseitige Befriedigung. Die Schweiz ist so rührend gut zu uns, *ein* Land wo die Herzen nicht durch den Krieg so verhärtet sind. Sie gehen in jedes Haus und jeder gibt etwas, für das arme Wien.

Deutschösterreich hat so wenig Geld, daß es den Delegierten auf den Friedenskonferenzen nichts zahlen kann, da man unser Papier selbst zu dem schlechten Kurs nicht nimmt.

14. Jänner. [Rodaun]
Papa hat mit dem Haguenin, einem Franzosen, gesprochen, der sehr viel Schwarzes und Schlechtes für unsere Zukunft gesagt hat.

Jetzt fängt schon die Wahlaufregung an. Ich möchte schrecklich gerne die Leute reden hören. Vielleicht gehe ich zum Dr. Bauer. Schade daß ich noch nicht wählen kann.

Rose Friedmann ist gestorben. Und gerade an dem Tag wo der Louis bei den Eltern in der Stallburggasse war, und so nichts ahnend über alles andre sprach.

In Berlin ist die Revolution so ziemlich aus, ich bin neugierig was mir Fannerl darüber schreibt.

Ich weiß nicht ob es taktlos ist, wenn ich aus Edgar's Tagebuch das herausschreibe was er über die Lili sagt. Aber ich glaube der gute Edgar, wenn er mich kennen würde, hätte nichts dagegen.

»Aber kein Wetter hätte mir heute etwas anhaben können, denn Lili kam zu uns. Sie hat etwas blaß ausgesehen und ein wenig glaube ich Spuren von überstandenen Anstrengungen in ihrem Gesicht gefunden zu haben. Aber nachher war es doch wieder das liebe leuchtende Liligesicht. Bei der Jause saßen wir alle vier vergnügt beisammen und waren froh uns so nah zu haben und unser Lachen klang sehr schön; und dieser schöne Klang ist noch in mir – das wirkte Lili.

Sie steht nur außerhalb aller anderen Menschen, sie schenkt mehr, sie bereichert anders, sie erregt den Wunsch zum reichsten und größten Wiedergeben, sie ist voller Schätze und öffnet das Tor der eigenen Schatzkammer. Ich bin sehr gesegnet daß sie mein Freund ist; und es ist ein seltsam schöner Genuß zu denken, daß das kleine Mäderl ihren Namen trägt und wie uns das alle wie mit einem selben Bande verbindet.« –

Lili kann so wirken! Das ist das Schöne an ihr, und man muß eben im Verkehr mit ihr ihre nicht guten Seiten ganz vergessen, was ja bei ihr nicht schwer ist, und dann nur Schönes und Klares aus ihr herauslesen. Hoch Lili! Herrlicher Mensch!

18. Jänner. [Rodaun]

Hoch Lili ist sehr schön, aber sie könnte mich einmal in die Oper mitnehmen und überhaupt ein bissl freundlicher sein. Auch der Gabriel brauchte mir nicht immer abzusagen wenn ich ihn einlade.

Gestern haben die Berliner den Liebknecht u. die Rosa Luxemburg umgebracht. Pfui Teufel, so eine zügellose Menge, u. ein Pfui auf die die dazu hetzen.

19. Jänner. [Rodaun]

Heute bin ich den ganzen Tag allein zu Haus. Ich glaub das war noch nie da. Es ist aber ganz gemütlich und ich lese sehr viel. Jetzt ruhe ich mich ein bissel aus sonst fangt man an nur die Worte zu lesen ... So ein Studentenleben muß doch ganz lustig sein, ich möchte gerne einmal ein Jahr fort, z. B. nach München und da in einem Zimmerl ganz allein hausen u. unter ein bissel anderen Menschen sein.

Ich denke sehr viel an alle »Freunde« die ich nicht kenne und hab sie mir ganz gut zurechtgelegt und mich mit ihnen befreundet. Rudi, Borchardt, und viele andere. Jetzt möchte ich sie bloß einmal sehen.

Ich sollte nicht so hochmütig sein, aber es tritt ein, was man mir immer vorausgesagt hat, ich drehe mich von meinen ehemaligen Freundinnen ab, ich kann meinen früher so angeschwärmten Lehrerinnen sehr, sehr wenig mehr abgewinnen, ich bin verwöhnt durch alles was bei uns verkehrt (obwohl das sehr wenig an Masse ist). Dora kam mir recht kleinbürgerlich vor, ebenso die beiden Schwinds, auch Gundi begeistert mich nicht mehr halb so, und zu Susi, die ich wirklich gescheit finde, finde ich keinen rechten Weg.

21. Jänner 1919. [Rodaun]
Gestern war ich in einer sozialdemokratischen Wahlversammlung. Ich war aber sehr enttäuscht. Erstens droschen sie immer die selben Phrasen die schon die Arbeiterzeitung drischt und es war garnicht ein bissl hinreissend. Das Publikum trug auch dazu bei, beinahe nur Kleinbürger aus der Josefstadt die erst »gewonnen« werden mußten, viel Geschimpf auf Kapitalismus, Militarismus, Bolschewismus, ismus, ismus ad infinitum. Das Publikum das heißt hauptsächlich ein älterer Spießer mit Frau + Tochter, rief bei jeder persönl. Anspielung »richtig« ...»bravo«, ausgezeichnet, und jubelte als der Redner sagte: »die Zita hat ...« Alles Gescheitere, das besonders die Rednerin sagte, wurde schweigend und ohne besonderes Verstehen hingenommen, jeder wienerische Witz des viel klügeren und auch demagogischeren Redners mit Begeisterung. Ich glaub beim Reden werden doch die Frauen den kürzeren ziehen. Es ist klüger, durchdachter, ja auch sicher *logischer* gewesen, was die Frau sagte, und doch hatte die berechnende, anscheinend absichtslose und einfache Rede des Mannes den größeren Erfolg.

28. Jänner. [Rodaun]
Ich fahre Sonntag [2. Februar] mit der Irene nach Aussee! Das ist herrlich!

4. Februar. [Aussee]
Aussee ist ein wunderbar verschneites Wintermärchen. Gleich am Tage der Ankunft besuchte ich Poldy A.[ndrian], der hier ein nettes Einsiedlerleben führt, er hackt Holz, geht spazieren und zeichnet. Er ist ein lieber Mensch und ich sprach eigentlich zum ersten Male allein längere Zeit mit ihm. Auch seine wirkliche, innerliche Frömmigkeit berührt sehr angenehm. Die Hiesigen sind reizend, grüßen alle, und freuen sich, daß wir hier sind. Kein Bolschewismus, obwohl viele der Leute sozialistisch wählen werden.

Ich besuche alle schönen Orte, gestern war ich mit den Bretteln beim Beerenmoos und dann wild durch den Wald nach Altaussee herunter. Heute war strahlende Sonne, wir waren bei der Seewiese, alle Berge waren klar und der See fest zugefroren. Schön ist unser Österreich!

8. Februar. [Aussee]
Paul Hellmann ist weggefahren. Ich bin ganz froh, diese Doppelheit der Brüder langweilt. Otto ist mir sehr unangenehm, nicht weil er mir so schlecht gefiele sondern weil er so was Gewisses hat, unsere Resi hat mit sicherem Instinkt gesagt »roh«, also so was seelisch Rohes, daß man ganz gut begreift daß ihm seine Frau davongelaufen ist, obwohl die speziell vielleicht andere Gründe hatte. Gestern war Poldy A.[ndrian] hier wetterte über den Anschluß an »Bochien« wie er es nennt. Das ist u. bleibt halt ein Österreicher. Heute war ich mit den Bretteln gegen den Wasserfall u. Nachmittag beim Lenauhügel. Wunderbar schön u. kalt.

9. Februar. [Aussee]
In der Früh Messe, sehr hübsch und stimmungsvoll, alle Frauen mit weißen Kopftüchern, dann bei dem Grab von der Poldy, das sehr arm aussieht, ich hab einen Tannenzweig drauf gelegt. Nachmittag gegen die Blaalm.

10. Februar! [Aussee]
Das schönste, sonnige Winterwetter, heute war ich 7 Stunden im Freien, vormittag Moosberg wo es zauberhaft war, nachmittag Obertressen, herrlicher Sonnenuntergang und Mondnacht.

11. [Februar Aussee]
Auf dem Sattel und in 5 Minuten mit dem Rodel herunter. Oben die alten Kauntzleute, er 85 Jahre sie 84½ ganz munter und klug spricht über alles was jetzt vorgeht, wenn man denkt, daß die im Jahre 48 ein ganz großes Mädl war!

15. Feb. 1919. [Bad Ischl]
Noch einige wunderschöne Ausseer Tage, meistens auf dem Eis verbracht, seit heute in dem turbulenten Ischl wo ich mich vor lauter Herumgeschlepptwerden schon todmüde fühle. Jella besucht, auch Cle und Gertrud Franckenstein, sehr nett, er schimpft wie es sein Geschäft ist auf alle anderen Intendanten und Direktoren. 's war immer so und wird so bleiben.

Sonst mäßige Gesellschaft. Heute abend Theater.

27. Februar. [Rodaun]
Schon seit einer Woche wieder hier, nach einer beinahe 24 Stündigen Reise. Von Salzburg bis Wien allein 15 Stunden. In Ischl war es nicht mehr besonders, bin froh wieder hier zu

sein. In Bayern ist wilde Revolution, Eisner ermordet, kurz, schrecklich, und doch kommt es einem so fern vor. Jetzt verstehe ich erst daß während der französischen Revolution auch getanzt wurde. Getanzt wird auch hier, nur ladet mich leider niemand ein. Es ist so schade, daß wir keine tanzlustigen Bekannten haben.

10. März. [Rodaun]
Ich komm nie dazu, zu schreiben, weil ich nicht eine Sekunde allein im Zimmer bin. Es geschieht auch (für mich persönlich) nichts besonderes. Sonst geschieht allerdings ganz genug auf der Welt. Lili war vorgestern da und sehr lieb.

12. März 1919! [Rodaun]
Heute beim Nachhausekommen war alles Häßliche fort, denn es lag ein Brief *für mich* von Borchardt da! Und was für ein reizender Brief. Ich freu mich riesig, daß jetzt zwischen mir und ihm Fäden gespannt sind und er auch mal an mich denkt nicht nur ich an ihn! Kurz, herrlich!

14. März. [Rodaun]
Abend sehr gemütlich, allein mit den Eltern, langes Gespräch mit Papa, der sehr viel mit Claudel beschäftigt ist. Claudel kreuzte den Neokatholizismus auf wunderbare Art mit dem Buddhismus. Nie mystische Erfassung des Katholizismus, nicht die Vereinigung mit Gott als Hauptidee, sondern das sich Opfern und das Ausleben der Sakramente. Reinheit der Form, wie bei Passionsspielen. – Gibt es in Deutschland etwas Junges, anderes als die Generation Hauptmann, Dehmel, Mann? Goering u. Unruh? Sternheim (als unerfreulicher Typus) vor der Weltkatastrophe, weil keine Genies mehr sondern

nur Mittelmäßigkeit? *Kein* Schauspieler, Niedergang der deutschen Musik, der französ. Malerei, niemand der die Welt in Bann hält seit Dostojewsky, Tolstoi und Ibsen (den Papa nur entre Parenthèse dazustellt). Das Geniale Maeterlincks in seinen Stücken aber die Unmöglichkeit, draus ein System zu machen.

20. März. [Rodaun]
Kalter Frühling aber doch schön. Habe an Borchardt geschrieben weiß aber nicht ob ich es abschicken soll. Er wird hoffentlich nicht böse sein. Samstag ist der Ball bei der Tante Mimi, ich freue mich sehr und habe fest vor, so hübsch als möglich zu sein, wenn mir das nur gelänge!

Endlich wieder einmal allein zu Hause. Ich sollte lernen, will aber Fannerl schreiben. Man muß doch die Ruhe ausnützen. – Ich freu mich auf den Sommer!

31. März! [Rodaun]
Zwei Bälle hinter mir wo ich mich sehr gut unterhalten habe. Es ist ja alles schrecklich und man muß sich leider genieren, aber es war sehr nett, bei Karplus dauerte es bis 5 Uhr, und ich habe mich besonders mit einem Burschen sehr gut unterhalten.

Gestern las mir Hans Redlich sein Stück »Die Erfüllung des Besessenen« vor. Er war zu wenig bescheiden für einen jungen Dichter, aber es muß doch etwas mit ihm los sein. Obwohl sehr in den Fußstapfen v. Pannwitz, ist das Stück sehr merkwürdig. Nur kommt es mir so *unerlebt* vor. In der Sprache sehr modern, aber ich glaube gut. Das Ganze sehr neblich, modern und düster, und Probleme behandelnd bei denen man sich an den Kopf greift und frägt, wie kommt der Hans mit seinen 16 Jahren *dazu*. Er nahm sich sehr wichtig, par conséquent ich ihn auch. Er las mir auch einen interessanten Brief v. P[annwitz] über das Stück vor.

Martha Stross läßt sich scheiden.

Alle Leute haben maßlose Angst vor dem Bolschewismus. Ich kann nicht glauben daß es so arg werden wird.

Die arme Lili tut mir so leid, unlängst haben die Frauen die beteilt werden sollten so einen Krawall gemacht, weil nicht genug da war, daß sie die Polizei rufen mußte. Und dafür hat Lili 5 Jahre hergegeben, ihre Gesundheit ruiniert und so an ihr Werk geglaubt. Ich möchte ihr so gern was Nettes tun, vielleicht Blumen suchen für sie.

Hier war zwei Tage Eisenbahnerstreik, und man dachte schon es sei der Anfang vom Ende. Aber es ist wieder gut.

Borchardt hat geschrieben, daß seine gesammelten Werke herauskommen, Papa glaubt es ihm nicht. Das ist doch schrecklich, daß man so einem ernst zu nehmenden Menschen nicht immer glauben kann.

9. April.

Der kleine Robert von der Tante Mimi ist so schwer krank, daß er wahrscheinlich sterben wird. Armes Kind, der hat wirklich nichts vom Leben gehabt.

Gestern war der Mell da, er war sehr still und nett.

In Wien wartet man mit Spannung und Neugier auf den Bolschewismus, inzwischen ist er in Ungarn + Bayern. Aber es wird sehr viel getanzt. Strauss soll nicht an die Oper kommen und alle Leute regen sich sehr auf. Das wäre schade. Ob ich zur Ottonie kommen kann im Sommer?

23. April! [Rodaun]

Wie schnell die Zeit vergeht, beinahe einen Monat nichts eingeschrieben. Zu Ostern [20. April] drei Tage in Dürnstein gewesen, wo es sehr lustig war, allein mit 6 Mädeln. Am Nachmittag spielten wir mit herrlichen Kostümen die wir in einer Kommode fanden Theater: Mozart auf der Reise nach Prag, und noch allerhand Tanzsachen. An dem selben Tag war in Wien eine Kommunistendemonstration, wo das Parlament mit Bomben beworfen wurde! ... Onkel Fritz hat sich verlobt, worüber Großmama sehr ungehalten ist. Sie ist aber recht nett. Der kleine Robert von der Tante Mimi ist gestorben. Armer kleiner Kerl!

Heute ist alles tief verschneit obwohl darunter alles blüht und grün ist!

6. Mai 1919. [Rodaun]

In München ist nach einem tollen kommunistischen Regime die Regierung eingezogen. Morgen sollen die armen Deutschen in Versailles die Friedensverträge vorgelegt kriegen. Sie stehen jetzt anders dort als vor 50 Jahren!

Mit Lili stehe ich jetzt wieder sehr gut, Gott sei dank, ich hatte schon so Angst, daß sie mich fallen lassen wird. Gabriel hat mich gezeichnet, was recht gut wurde. Ob etwas aus ihm wird? Onkel Hans war hier, aus dem Kloster, er sah jammervoll schlecht aus, und war eher niedergedrückt. Papa ist noch immer nicht ganz gesund es dauert alles jetzt so schrecklich lang.

Es regnet beinahe immerfort, heute ist der 6. Mai und wir hatten noch keinen wolkenlosen Tag. In einer Regenpause hab ich die ersten Narzissen u. Vergißmeinnicht gepflückt mußte an Borchardt u. sein Gedicht »Ihr Blumen der lockeren Frühlingserde« denken. Man hat doch schon das Gefühl von einer Art von Frieden, obwohl es einen Krieg in Kärnten, in Ungarn, in Polen u. in Dalmatien gibt! Die höllische und dumme Angst aller reichen Leute vor dem Bolschewismus hat ein bissel nachgelassen. Es kommen auch schon Lebensmittel, und manchmal leuchten aus Auslagefenstern traumhafte Orangen und Zitronen, die man kauft, auch wenn sie *2 K* kosten!

Ich hab das Gefühl daß ich ein paar interessante Lebensmittelpreise notieren soll! Zur Erbauung für meine Nachkommen, denn hoffentlich vergißt man sie bis dahin. Ein Ei *3 K*, (gegen 8–10 h im Frieden) ein kg. Fett 130 K, ein kg. Schweinefleisch 80 K, aus Amerika 30 K, ein kg. Butter 130 K, ein kg. Erdäpfel 7–8 K, ein kg. Mehl 24–30 K, ein Paar Schuhe 2300 K. Da soll man leben! Die Kronländer sperren sich dermaßen ab, daß mein Onkel Arnold der in Salzburg war, und keine Erlaubnis hatte nur unter einer Erlegung von 500 K Kaution den Bahnhof verlassen durfte! So ist es im eigenen Land! Ohne Erlaubnis, die sehr schwierig zu bekommen ist, darf man Niederösterreich nicht verlassen! Nette Aussichten für den Sommer!

Die Franzosen diktieren den armen Deutschen einen Frieden, so gräßlich und schmachvoll wie kein Ludendorff es je getan hätte. Graf Rantzau hat aber eine sehr gute Haltung und hoffentlich erreicht er, daß verhandelt wird! Und das scheußlichste ist, daß man so stumpf geworden ist, wenigstens wir Jungen heute, daß wir keine Entrüstung ja keine Wut, gar nichts mehr aufbringen nur eine schreckliche Wurstigkeit gegen alles, dann denkt man ruhig an seine Frühjahrskleider, an Ausflüge und Theater, wie wenn nichts wäre.

17. Mai [Rodaun]

Am 14. hatte ich einen sehr netten Geburtstag mit vielen lieben Sachen. Von Papa ein sehr hübsches Exemplar Schröder Gedichte. Heute ist großer Ball bei Schwinds worauf ich mich sehr freue. Frau Bertha Zuckerkandl ist hier u. Oskar Fried, ein Dirigent u. Bolschewik.

20. Mai 1919 [Rodaun]
Bei Schwinds ganz gut unterhalten, aber eher fade Menschen. Es dauerte bis 7 Uhr in der Früh!

Gestern eine fabelhafte Theateraufführung »Und das Licht scheint in der Finsternis« v. Tolstoi, mit Moissi. Es war, so schrecklich das Stück ist, wundervoll wie Moissi es spielte. Man hat nachher das Gefühl totgeschlagen zu sein. – Trotzdem ging ich zur Irene, die mich eingeladen hatte. Strauss samt Frau, Adolf Busch, Nostitz und Stolbergs, Sibylle Reuß und der Dr. Burckhardt, außerdem noch viele uninteressante Leute. Strauss bekam in einem extra Zimmer zu essen, damit er es mehr genießen könne. Frau Strauss tat nichts wesentlich Unmögliches, mit Dr. Burckhardt hab ich mich sehr gut unterhalten, er glaubte nach Papas Beschreibung, daß wir ganz kleine Kinder seien und war naturgemäß erstaunt über mich. Er kommt mir gescheit vor, und ich möchte ihn gern wieder einmal sehen.

24. Mai 1919 [Rodaun]
Moissi war heraußen. Ich hatte ein bissl Angst, er werde nach den wundervollen Rollen enttäuschend wirken. Doch nichts davon. Seine Stimme hat trotzdem sie bezaubernd und ungeheuer klangvoll ist, ein bissel den heiseren Unterton der Italiener. Er ist sehr klug und lieb und hat den Papa dazu gebracht, ein Stück Cristina aufführen zu lassen, jetzt in Wien. Ich freue mich wahnsinnig. Er spielt jede Rolle mit so einer Freude, daß es schön werden muß. Einige sehr nette Züge von ihm: Er ist reizend mit Untergebenen, hat von der Resi auf so bezaubernde Weise ein Glas Wasser verlangt, wie man es sich besser gar nicht denken kann. Der Kutscher kam mit einem unendlich listigen Gesicht zu Moissi u. sagte, er habe kein gestempeltes Geld, ob Moissi ihm nicht einstweilen einen gestempelten Hunderter geben könne, »das Essen kost' eh nur 90 Kr.«

Moissi gab nun so reizend die 100 K. und freute sich dermaßen über die Schlauheit des Mannes, der natürlich nie den Rest zurückgab. Ich freue mich so daß er den Florindo spielen wird!

3. Juni. [Rodaun]
Der Mai ist vorbei, ohne mehr als drei Tage schönes Wetter gebracht zu haben. In den letzten Tagen war die berühmte lang erwartete Wachaupartie mit Irene, Paul u. Sibylle Reuß. Leider hatten wir schlechtes Wetter. P. Hellmann war vollkommen unmöglich kam in Nachthemd, Morgenanzug, Pantoffeln und ungewaschen zum Frühstück und ließ sich von mir und Sibylle bedienen! Pfui!

Dann kamen drei wundervolle Tage in Ernstbrunn, das Schloß ist ganz ungeheuer groß und wunderschön, Toni Reuß ist sehr lieb, und auch er ist ein herziger Kerl, wenn er nicht gar zu viel in seinen Kopf stopfen täte.

Ich hatte sehr viel Schreibmaschine zu schreiben, weil Moissi etwas spielen will, von Papa.

21. Juni. [Rodaun]
Sonnwendtag. Immer noch strahlendes Wetter und wahnsinnig heiß. Leider nichts mit Neubeuern.

Josef Redlich hat sich verlobt, und das Seltsamste ist, daß Borchardt heiraten will, eine Nichte von Rudi Schroeder. Heute war Gretl heraußen. Sie ist seit einiger Zeit begeistert für den Kommunismus, kennt alle diese jungen Leute und glaubt an das Ganze. Papa ist nicht so sicher. Diese Leute sind doch alle, nicht nur daß sie Idealisten sind, auch alle sehr kindisch. So gab es unlängst folgende sehr komische Geschichte: Eines Tages stand in der Zeitung folgendes Telegr.: »Wir protestieren im Interesse der Menschlichkeit gegen die beabsichtigte Erschießung Tollers.« Gerichtet an die Regierung Hofmann München unterzeichnet von Bauer, Seitz, Adler, Werfel, Blei, Gütersloh, Schnitzler, Beer-Hofmann, Moissi, Papa u.s.w. Am nächsten Tag telegraphierten alle Unterzeichneten entrüstet, ihnen hätte man nichts vorgelegt, sie hätten keine Ahnung u.s.f. Die Sache schlief ein. Einige Zeit später kommt der Mell zu uns: »Haben Sie schon gehört was der Moissi für eine Geschichte gemacht hat?« Wir sind gespannt und nun kommt es heraus. »Moissi ist im Kaffeehaus gesessen und sagt plötzlich: ›Man lügt doch so viel, warum soll man nicht auch einmal lügen wenn man einem Menschen das Leben damit retten kann‹ und verfertigt dieses kindische Schriftstück, als ob die Obersten eines Staates keine andre Möglichkeit hätten bei dem Nachbarstaat etwas zu erreichen, als durch ein grobes Anschreiben dieser Regierung in Gemeinschaft mit Kaffeehausliteraten und Schauspielern.« –

Müller-Hofmann ist hier in Wien, bei Roller an der Kunstgewerbeschule. Er ist noch ziemlich der Alte, aber doch auch ernster und durchgeistigter. Mit mir war er sehr lieb und kameradschaftlich, sagte mir gleich Du und man kam sich sekundenlang vor wie vor dem Krieg, aber wenn man dann in Willis Augen schaute, sah man doch daß viel, viel Schrecken zwischen früher und jetzt liegt.

3. Juli. [Rodaun]

Am 28. VI. wurde der Friede unterzeichnet, und eigentlich kann man, wenn man *sehr* optimistisch ist, so tun, als ob man den Frieden spürte. Und eigentlich ist doch das Einzige die paar Feigen und Zitronen die man sieht, denn sonst ist ja bis jetzt alles gleich geblieben. Die vielgeliebte Räterepublik à la Bela Kun haben wir zum Glück noch nicht. Am Dienstag waren wir im Schönbrunner Schloßtheater, es ist so entzückend, und Barock im schönsten, prächtigsten [Sinn] ist zu sehen.

Das Schöne aber war das Herauskommen auf den mondbeschienenen Schönbrunner Schloßhof, mit dem Schloß, in dem 300 Jahre schlafen, daß man das noch im Jahre des Materialismus u. des Schreckens 1919 so nahe hat!

23. Juli 19. [Aussee]
Schon eine Woche in Aussee. Wie schnell alles geht. Hier ist es sehr gemütlich regnet aber sehr viel. Wir kochen allein es geht aber sehr gut. Papa ist ja fort in Ferleiten.

Es ist doch hübsch wenn man von Zeit zu Zeit einen Menschen findet der einen entzückt. So einer ist der Egon Wellesz. Er hat so etwas Kindliches und Sonniges an sich und einen großen Charme im Verkehr mit Menschen. Auch die Emmy W. gefällt mir gut. Rheinhardt ist arg, aber vielleicht nicht so arg, wie ich mir eingeredet habe. Er scheint nämlich eine schöne Eigenschaft zu haben. Er ist gut. Aber seine süßlichen, sentimentalen Augen mag ich deshalb doch nicht. Martha Stross sagt in der Minute fünfzig Geschmacklosigkeiten. Es ist unbeschreiblich. Ich stehe nur immer da und schüttle innerlich den Kopf »nein, wie kann man nur«. Unlängst spielte sie junge Dichterin mit einem Kreis junger Leute. Gerty Landesberger, Lieder zur Laute, Rheinhardt mit Rührung, Bruder Karlweis u. ich. Martha auf einem Diwan, hinten zur Erhöhung der Herrlichkeit ein Dirndltuch an der Wand. Dann wieder »die Mutter im Kreis ihrer Kinder«, dann »die Freundin des Dichters« u.s.w. Wie im Theater. Es war aber doch lustig und gescheit ist sie auch. Ich lese Burckhardt Kultur der Renaissance und freue mich an der Kraft und Unbekümmertheit dieser Menschen. Lorenzo Medici, Cesare Borgia und vor allem der strahlende Simonelio, der im Kampf mit Verwandten fällt.

24. Juli. [Aussee]
Ein netter Nachmittag auf der Seeterrasse bei Landesbergers, die beiden Mädeln sind ganz nett, dann Rheinhardt der auch bei näherer Bekanntschaft besser wird und Wellesz. Der war wieder strahlend und vergnügt, erzählte mir mit Begeisterung von seiner Musik und seinen sonstigen Tätigkeiten, Universität u.s.w. bis auf der Alt-Ausseer Straße mit Unvermeidlichkeit Mitzerl Strakosch samt Gemahl, der zur Verschönerung einen Halsumschlag trug, Irene und Paul kamen. Und da hab ich glaub ich was sehr Unartiges getan. Ich bin mit ganz leichtem Gruß vor ihnen vorbei um mit W. fertig zu sprechen. Doch leider glückte es nicht und Irene rief mich so daß wir umkehren mußten und aus war es. Es kam ein eher spießbürgerlicher Streit über moderne Musik, Fried etc. heraus, der den Wellesz von seiner strahlenden Freude in eine eher verlegene Stimmung brachte. Ich hatte eine große Wut, obwohl ich ja garnichts verstehe von der Musik, aber man darf doch nicht das Neue Junge niedertreten; bloß weil es eben neu u. jung ist. – Dann bei Martha die inzwischen der Mama eingeredet hat daß sie das Opfer und Walter Stross der Henker ist, und Mama hat es auch schon beinahe geglaubt. Es ist zu merkwürdig mit dieser Frau. Sie ist nicht hübsch und suggeriert es einem, sie lügt und bewirkt daß man es beinahe glaubt u.s.w. Aber ich verstehe jetzt schon ein bissl was der Jakob an ihr hat.

28. Juli. [Aussee]
Rheinhardt war bei uns. Ich hab eigentlich einen guten Eindruck von ihm gehabt. Man *soll* nicht immer auf ersten Eindruck urteilen.

29. Juli 1919. [Aussee]
Ich war in Ischl die Schwarzwaldkolonie besuchen. Es war sehr nett, Krzystek, Bertha Korlik u. noch ein paar Mädeln. Die berühmte Hilde Zissermann gesehen. Sie gefällt mir gut, sie hat wunderschöne Augen und eine große Güte in ihrem Ausdruck. Die Mädeln haben sie auch sehr gerne. Auf der Rückfahrt viel mit Emmy Wellesz gesprochen, die mir sehr gut gefällt. Sie ist so entzückend ernst und gescheit und ruhig. Ich hab sie dann noch bis nach Hause begleitet weil es ihr im Dunkeln unangenehm war allein zu gehen.

Rheinhardt hat mir seine Übersetzung von Francis Jammes »das Paradies« gegeben. Es ist schön, wirklich wunderschön.

5. August. [Aussee]
Die Zeit vergeht schnell. Ich war viel mit Wellesz. Sie ist so unerhört reif und klar. Zum ersten Mal hab ich seine Musik gehört. Etwas gefiel mir sehr gut, das geistliche Lied mit einem Text von Jammes. Vieles verstehe ich auch garnicht. Ich bin sehr neugierig auf die Oper.

11. Aug. [Aussee]
Endlich einmal schönes Wetter und am Abend herrlicher Mondschein. Wir lagen schon in den Betten da hörte man plötzlich Stimmen die uns riefen, es waren Wellesz, Rheinhardt und noch ein paar Mädeln, wir standen schnell auf und machten einen sehr netten Mondscheinspaziergang. Gestern war Rheinhardt, an den wir alle uns schon sehr gewöhnt haben bei uns zu Mittag, dann im Gras herumgekugelt und mit dem Rheinhardt eine Ekloge von Vergil gelesen. Es war sehr nett. Nachmittag machten Emmy u. Egon W. einen Staatsbesuch bei uns, und abends gingen wir bei herrlichem Mondschein mit Wellesz, Rheinhardt u. den Landesberger Mädeln in die

Bachmühle. Die Gerty hat viel gesungen und es war wunderschön.

Am Rückweg viel mit Wellesz gesprochen, über Musik, sein Musikertum, sein Verhältnis zu Papa und Strauss und noch viel anderes. Er gefällt mir riesig gut.

12. Aug. [Aussee]

Gestern abend Musik bei Landesbergers. Erst war sehr schlechte, ungemütliche Stimmung; dann aber das geistliche Lied von Wellesz wunderschön. Auch etwas von Gerty mit Text von Rheinhardt war sehr schön.

18. August. [Aussee]

Eine ganze Woche lang schönes Wetter und täglich im See gebadet. Herrlich, daß doch endlich Sommer ist. Heute kommt der Papa. Ich fahr nach Ischl. Die Woche war tollstes Sommerleben, ich war überhaupt nur zu den Mahlzeiten zu Hause. Sehr viel mit Wellesz u. Rheinhardt beisammen gewesen. Gestern mit Rheinhardt Latein, Cicero u. Vergil gelesen, es war sehr hübsch. Leider Gottes spielt der Rheinhardt, es ist schrecklich, er hat bei diesem gräulichen Geiringer 1900 K. verspielt. Ich hab mit ihm darüber gesprochen aber ich glaub es hilft da gar nichts.

Er hat mir seine Gedichte mit einer Widmung geschenkt. Ich weiß nicht recht ob sie schön sind.

25. August [Aussee]

Papa ist da und es ist sehr hübsch, leider regnet es. Ich war an einem wunderschönen Tag auf dem Loser, mit der Emmy W. wir haben einen märchenhaften Alpenbuschen gebracht und es war herrlich. Jakob u. Martha sind zurück, Martha in angeregtem Zustand noch ärger als sonst. Wellesz' sind furchtbar lieb u. ich hoffe daß wir recht gut mit ihnen werden. – Ich komm mir heuer so erwachsen vor und die Menschen nehmen mich auch als ganz groß und sprechen mit mir. Und der Papa nimmt mich auch mit zu den Leuten.

2. September [Aussee]

Vor einigen Tagen eine märchenhaft schöne Bergtour gemacht, im toten Gebirge, beinahe ohne Weg, und in einer Gegend wo nicht eine Spitze bekannt war. Herrlicher Sonnenuntergang auf einer wilden Alm und ebensolchen Morgen. Es war ein herrlicher Tag. Emmy u. Egon Wellesz waren mit und waren furchtbar nett. Leider war ich unten zwei Tage krank weil ich zu viel Milch getrunken hab. –

Papas »Märchen« ist fertig u. ich glaub sehr schön. Ich muß viel abschreiben, komm aber dabei nicht auf den Genuß. Mit Jakob hatte ich unlängst ein sehr nettes Gespräch u. er war für Jakob-Verhältnisse sehr lieb zu mir und nahm mich erwachsen.

Papa liest jetzt immer aus den »Connaissance de l'est« von Claudel vor. Es ist wunderbar schön und ganz anders als alles was wir gewöhnlich lesen.

17. Sept. [Neubeuern]

Bahnhof Salzburg. Meine erste Reise! Es ist doch wunderhübsch obwohl ich so ungern von Aussee weggegangen bin. Ich hab auch viel erlebt. In einer wundervollen Mondnacht (d. h. um 3 Uhr früh) von Aussee weg, dann den ganzen herrlichen nebligen Herbstmorgen, bei wunderbarstem, hellem Wetter in Salzburg angekommen und hinausgegangen nach Leopoldskron. Das Schloß sah so verzaubert und unerhört schön aus, daß man kaum glauben kann daß da wirkliche Menschen drin wohnen. Reinhardt war sehr freundlich mit mir und ich besprach alles von Papa mit ihm. Als er mich zum Gitter begleitete, hatte ich eine reizende Überraschung. In einem Wagen saß Gertrudt Eysoldt, die mich dann mit nach Salzburg nahm und mit der ich dann lang beisammen war. Ich hab selten so wunderbare Augen aus denen alles spricht und ein so ausdrucksvolles Gesicht gesehen. Sie hätte mich mitgenommen auf eine Hochtour in Berchtesgaden, aber ich konnte doch nicht. Sehr nett war auch, daß wie ich sagte, ich fahr nach Neubeuern, sie von allem wußte und die Julie kennt. Es war wirklich hübsch daß ich sie kenne!

Freilassing. Ein unbeschreibliches Gespräch zwischen einem Preußen und Bayern.

18. [September Hinterhör]

Also jetzt bin ich wirklich hier, und es ist alles reizend und Ottonie ist furchtbar lieb. Sie hat mir von Pannwitz erzählt und viel anderes.

Es ist doch nett daß ich jetzt so einen richtigen Freund hab, der nur mir gehört, nämlich, er gehört schon noch anderen Leuten, aber halt doch auch mir. Und er ist so lieb u. arm und hat so was wie eine Blume an sich und wie ein hübsches Mädel und ich hab ihn sehr gerne. Es war wirklich schön. [Spätere Randbemerkung:] Blödsinn sentimentaler. Ich bin schon ein Jahr älter!

20. Sept. [Hinterhör]

Hier sind alle wirklich entzückend und Ottonie hat eine unbeschreibliche Kraft und Frische an sich. Gestern abend waren sie vom Schloß herüben, eine reizende junge Schwedin, Julie, Feri Hügel, der ein eher übler Kerl ist. Hans Wilke ist ein lieber Junge und hat eine wirklich herzerfreuende natürliche Ritterlichkeit.

25. September. [Hinterhör]
2 Tage in München gewesen. Ich war ein bissl enttäuscht. Aber ich war auch mordsdumm fragte niemanden um einen Weg und lief immer im Kreis herum. Dafür hab ich den wundervollen Isenheimer Altar gesehen. Es ist das unvergeßlichste Licht auf diesem Bild, das man sich denken kann.

29. [September Hinterhör]
Am Abend in der Oper in Palestrina, das ganz wundervolle Teile hat. Ich möchte gerne noch längere Zeit hier bleiben, Ottonie ist so herrlich wohltuend und man kann wirklich viel lernen. Eine herrliche Bergtour gemacht auf den Brünnstein, hier in der Nähe, mit einem zauberhaften Blick auf die ganzen Tiroler Alpen, die tief verschneit waren. Die Almen hier sind üppig und schauen reich und gepflegt aus, daß es eine Freude ist.

Am Abend nach der Tour tanzten wir noch bis $^1/_2$ 2 h und Sif und Ottonie tanzten zusammen furchtbar nett erfundene Tänze.

Heute ist Christa weggefahren.

4. Oktober [Hinterhör]
Es ist doch herrlich wie viele nette Menschen man im Lauf seines Lebens kennen lernt. Sif Hellgren ist entzückend. Eine wundervolle Gestalt, ein sehr ausdrucksvolles Gesicht, mit feinen Zügen, wundervolle blaue ein bissl verträumte Augen und herrliche dicke goldblonde Zöpfe. Sie ist unbeschreiblich natürlich und selbstverständlich in ihren Bewegungen u. ihren Reden. Sie hat ein sehr merkwürdiges Leben gehabt. Ihr Vater ist Offizier in Wisby bei Stockholm. Ihre Mutter ist früh gestorben und ihr Vater heiratete eine Hausdame, die Sif u. ihren Bruder sehr schlecht behandelte und Sif einredete, daß sie so

häßlich und unangenehm sei, daß niemand sie möchte. Dann ging sie von zu Hause fort nach Stockholm, lernte schwedisch Turnen u. Massage und machte ihre Prüfung darin. Mit 18 Jahren verlobte sie sich mit einem Burschen, den sie nicht liebte, aus Mitleid, war vier Jahre verlobt und löste die Verlobung wieder. Dann kam sie als Heilgymnastin nach Deutschland. Und vor einem Jahr verlobte sie sich mit einem Balten, einem Mann von 50 Jahren und der sich erst von seiner Frau ihretwillen trennen mußte. Jetzt wartet sie darauf zu heiraten.

11. Oktober. [Wien]

Nach einer langen und beschwerlichen Reise endlich in Wien. Gestern war Premiere. Es ist doch ganz fabelhaft schön, die Bühnenbilder sind wundervoll, besonders das Färberhaus. Ich hatte solche Angst ob die dummen Leute klatschen werden, es war aber schließlich ein sehr ordentlicher Beifall. – Es ist aber doch zu merkwürdig, warum dem jetzigen Menschen das rein sinnliche Auffassen einer schönen Sache nicht genug ist, sie wollen Symbol, Deutungen u.s.w. anstatt sich zu freuen wenn etwas schön ist.

Ich weiß leider noch gar nicht wie ich meinen Winter heuer einteilen soll. Ich möchte so schrecklich gerne ins Ausland, irgend etwas verdienen und tun, und einmal mich selbst fortbringen. Und unter neuen, fremden Menschen einmal versuchen mich durchzusetzen. Papa ist ja auch dafür. Ich bin also sehr neugierig.

19. Oktober. [Wien]

Heute hatte ich eine große Freude. Ich war bei der Gerty Landesberger, da war plötzlich der Isepp auch da und zog aus seiner Tasche die heiligen 3 Könige heraus und schenkte sie mir. Es war zu nett von ihm. Er hat sie angemalt, mit viel Gold und einen schönen blauen Himmel gemacht und es ist entzükkend. Dann hatte ich ein langes Telephongespräch mit Egon Wellesz, der auch reizend war, und sehr viel Durcheinander und Kummer bei sich zu Hause hat. So ist das ganze Aussee wieder beisammen. Julie will Martha vergiften aber Martha geht in die Frau ohne Schatten.

22. XII. 1919. [Rodaun]
Zwei Monate nichts geschrieben! Warum nicht? Weil das Tagebuchschreiben nur einen Sinn hat wenn man es eben anders macht als ich. Aber bis ich die richtige Form gefunden hab, sollt ich vielleicht doch so weiter machen. Und dabei ist so viel geschehen.

Vor allem was Trauriges: aus Borchardts Heirat wird wieder nichts. Es ist doch zu Schade! [Spätere Randbemerkung:] 4. Sept. 1920 B. heiratet doch! Fein!

Müller Hofmann und Isepp viel gesehen, auch Egon Wellesz der mich oft in Konzerte mitnimmt. Dann Isepps Atelier mit den zwanzig Lauten, und den Holzfiguren, es ist wie aus einer ganz anderen Welt da oben, so ruhig und einsam, ein Spinett hat er auch, und eine Orgel und eine Flöte.

Lili Landesberger hat geheiratet, eigentlich tut sie mir leid. [Spätere Randbemerkung:] gest. 21. März 1920! Lili Schalk war unlängst so rührend und lieb, daß ich ihr am Liebsten um den Hals gefallen wäre – es aber natürlich nicht getan hab.

Mit meinem Arbeiten bin ich ganz zufrieden, ich hab beim Papa ziemlich viel zu tun und dann auch meine Stunden, hab aber trotzdem Zeit für mich.

Thomas Mann hat mir gut gefallen, nur sind die Menschen eigentlich alle erstaunlich haltlos und leicht in ihrer Meinung umzuschmeißen.

Mann sagte:	Und der Spengler, das war doch ein großer Eindruck!
Papa:	Nein wissen Sie, wenn einer weiß, die Welt geht unter und er hängt sich nicht auf sondern schreibt ein Buch für 7 M. 50 darüber, so ist er eigentlich ein Schurke.
Mann:	(verwirrt) glauben Sie, nun ja, es mag ja sein, ja es ist ja rein negativ ...

Mann:	Ich habe eigentlich kein Verhältnis zur Lyrik.
Papa:	Und George?
Mann:	Ach, da lese ich Platen, der ersetzt mir George!
Mann:	Wie sind Sie über meine Hexameter hinweggekommen?
Papa:	Es ist gut, daß sie nicht besser sind.

Bücher Sommer 1918–1919

Curtius:	Griechische Geschichte
Goethe:	Wilhelm Meisters Lehrjahre
Goethe:	Gedichte
Dostojewsky:	Arme Leute
Papa:	Cristina's Heimreise
	Prosaschriften: 3
Musset:	La nuit d'Oktobre
	Trois marches en marbre rose
Burckhardt:	Kultur der Renaissance

Bibel:	Das Buch Ruth
	Esther
	Das Hohelied Salomo
Dostojewsky:	Helle Nächte
	Der Doppelgänger
	Das schwache Herz
	Das junge Weib
Bettina Brentano:	Briefwechsel mit Goethe
Gogol:	Der König der Erdgeister
Taine:	Englische Literaturgesch.
Conrad F. Meyer:	Gedichte
Molière:	Misanthrope
Daudet:	Fromont jeune et Risler ainé
Balzac:	La cousine Bette
Strindberg:	Der bewußte Wille in der Weltgeschichte
Tolstoi:	Zwei Generationen
Turgeniew:	Klara Militsch
Die chinesische Flöte	
Balzac:	La maison du chat qui pelote etc.
Andrian:	Der Garten der Erkenntnis
Borchardt:	Das Buch Joram
Shakespeare:	Macbeth (engl.)
Swinburne:	Gedichte (engl.)
Gilbert Murray:	Ancient Greek Lit.
Journal de Marie Bashkirtseff	
Knut Hamsun:	Mysterien
Emil Strauß:	Freund Hein
Dostojewsky:	Aus dem Dunkel der Großstadt
Keats:	Gedichte (engl.)
Walther Rathenau:	An die deutsche Jugend
Annette Kolb:	Das Exemplar
Gerhart Hauptmann:	Griechischer Frühling
Maurice Maeterlinck:	Aglavaine et Sélysette

Maurice Maeterlinck:	Alladine et Palomides
	La mort de Tintagiles
	u. L'interieur
Plato:	Apologie u. Kriton
Plato:	Lysis, Ion + Charmides
Pannwitz:	Der Tod des Empedokles
Papa:	Das gerettete Venedig
Georg Kaiser:	Gas
Shakespeare:	Midsummernights-dream engl + deutsch
Pannwitz:	Der glückliche König Kroisos
Pierre Loti:	Madame Chrysanthème
Balzac:	Illusions perdues
Burckhardt:	Griech. Kulturgeschichte
Pannwitz:	Iphigenia mit dem Gotte
H. G. Wells:	The Time Machine
	The Island of Dr. Moreau
Erwin Rohde:	Psyche
Mackail:	Lectures on Greek Poetry
A. de Musset:	On ne badine pas avec l'amour
Goethe:	Faust II
Stifter:	Studien
Turgeniew:	Fumée
Ellis Bell:	Der Sturmheidehof
Coulanges:	La cité antique
Balzac:	Splendeurs et misères des courtisanes
	Les dernières incarnations de Vautrin
Goethe:	Wahlverwandtschaften
Gustav Landauer:	Aufruf zum Sozialismus
Stifter:	Feldblumen
Goering:	Die Seeschlacht
Goethe:	Dichtung u. Wahrheit

The woman with the fan

Tolstoi:	Volkserzählungen
	»Und das Licht leuchtet in der Finsternis«
Gerhart Hauptmann:	Der Narr in Christo Emanuel Quint
Ricarda Huch:	Michael Unger
Tolstoi:	Herr und Knecht
G. Keller:	Züricher Novellen
Balzac:	La fille aux yeux d'or
Tolstoi:	Der Tod d. Iwan Iljitsch
Stifter:	Nachkommenschaften
Borchardt:	Villa
Mell:	Lateinische Erzählungen
Marguerite Andoux:	Marie-Claire
Burckhardt:	Renaissance
F. Jammes:	Das Paradies
Rheinhardt:	Der Prophet und die Liebe
Fontane:	Effi Briest

1920

Italienreise

4. Mai 1920. [Vicenza]
Abfahrt in Wien, lange Fahrt eher bewölkt. In Arnoldstein, an der österreichischen Grenze steigt Isepp ein. In Tarvis italienische Grenze. Schon dunkel. Trüb und regnerisch. Man sieht nichts von Italien. In Mestre ist kein Licht am Bahnhof, alles überfüllt mit Urlaubern, der Regen klatscht so stark auf das Glasdach, daß man kein Wort versteht. Halb 9 Uhr früh Vicenza. Regen, keine Idee von Italien. Nachmittag wunderbar schön, die Piazza mit dem herrlichen Palast des Palladio, zum ersten Mal italienischer Himmel, Luft, Campanile, Löwe und Menschen. Ein wunderbares Bild im Museum, eine Grablegung Christi, mit einer schönen Landschaft und einer wunderbaren Magdalene in einem grünen Kleid. Der Maler ist Vicentiner heißt Buonsignori(?). Nachmittags Villa Valmarana, ein himmlisches Haus ganz u. gar von Tiepolo ausgemalt, Aeneid, Tasso etc. Mit einer scheußlichen Contessa, die uns alles zeigte. Den ersten italienischen Garten gesehen, mit Lorbeer, Rosen und Cypressen, und eine herrliche Aussicht auf die Alpen einerseits und die Ebene. Abends mit Isepp auf der Piazza. Rotonda gesehen. Lage u. Bau wunderbar.

Freitag, 7. v. Verona
Gleich starker Eindruck von der Lage der Stadt auf der Etschbrücke. Reizender Markt mit Blumen und Obst. Nach S. Zeno

gegangen, hatte große Freude an der ersten romanischen Basilika die ich sah. Herrlich streng u. ernst. Eine wunderbare in Metall getriebene Eingangstür. Im Museum eine schöne Himmelfahrt von Tizian gesehen. Dann eine Madonna von Mantegna. Nachmittag mit Isepp noch einmal S. Zeno.

Samstag: [8. Mai Verona]
S. Maria in Organo mit schönen Holzintarsien. Dann den Giardino Giusti mit schönem Blick auf die Stadt, die sehr groß ist. Nachmittag mit Isepp in der Arena. 30.000 Menschen haben Platz, aber es macht einen vollkommen angenehmen und nicht zu großen Eindruck. Besonders gut erhalten. Am obersten Rand am Schönsten und Großartigsten mit herrlicher Aussicht. Es wird auch jetzt manchmal geboxt oder gerungen drin. Sehr schön die Burg die sich Can Grande della Scala da gebaut hat.

Sonntag. [9. Mai Verona]
Abfahrt nach Mailand.

Montag 10. v. 20 Mailand.
Kellnerstreik, schlechte Unterkunft. Wunderbarer Eindruck vom Inneren des Doms. Furchtbar viele Menschen auf den Straßen, wie Wien.

Dienstag 12. v. 20
Auf das Domdach, dann mit Isepp u. Finetti ganz auf die Spitze. Das Dach unter einem wie eine ganze Stadt. Aussicht ganz in die Ebene. Dann S. Maria delle Grazie. Abendmahl von Leonardo. Erst ein bissl erschrocken, aber dann hab ich

mich so hineingeschaut, daß es schwer war fortzugehen. Es ist eine der unbegreiflichsten Sachen, weil es garnicht wie etwas Gemachtes sondern nur wie etwas Entstandenes wirkt.

Dann schöne romanische Kirche S. Ambrogio gesehen, wo der hl. Augustinus bekehrt wurde. Nachmittag Abfahrt nach Genua. Schönes Licht bei der Ankunft, noch mehr Treiben wie in Mailand. Sauber untergebracht.

Mittwoch früh die herrlichen Paläste in der via Garibaldi angeschaut, palazzo bianco mit Bildern, dann den königl. Palast. In ein paar Schritten durch die engsten Gasserln in den Hafen, lustiges Gewimmel von Matrosen u. Leuten aller Länder. Nachm. mit Isepp eine hochgelegene Straße gegangen, plötzlich über dem tiefblauen Meer, hinten die Stadt an vielen Hügeln hinaufgebaut, die Häuser blendend weiß, die Sonne schon tief. Am Ufer spazieren gegangen, dann noch in die engen Hafengasserln.

Donnerstag. [13. Mai Genua]
Kirche S. Laurenzo gesehen, auch früh romanisch. Nachtisch mit Isepp im Freihafen, unerhört bunt und lustig, ein Schiff aus Südafrika kam an, englische, russische u. italienische standen im Hafen.

Freitag, 14. v. [Genua]
Mein Geburtstag.

Nach S. Margherita an der Riviera di Levante gefahren. Ort ist fad, aber das Meer!

Samstag. [15. Mai Genua]
Mit Isepp nach Rapallo gegangen, immer das Meer gesehen! Nachmittag am Strand herumgekugelt. Mit den Füßen ins Meer gestiegen. In der Nacht plötzlich große Wellen, denen man immer zuschauen kann. Am Abend noch mit Isepp spazieren.

Sonntag. [16. Mai Genua]
In Portofino, einem reizenden Hafen, verhältnismäßig wenig durch Hotels verdorben.

Montag. [17. Mai Genua]
Fahrt nach Mailand. Sehr heiß. In Mailand hatte ich ein sehr komisches Zimmer mit einem Fenster auf den Gang hinaus.

Dienstag 18. v. $^{3}/_{4}$5 h früh. [Mailand]
Isepp fährt fort u. sagt mir bei meinem komischen Fensterl sehr lieb adieu. Ich war sehr traurig. Fahrt nach Stresa. Lago Maggiore wundervoll, wie ein Garten. Leider nicht mehr so schönes Wetter. Nachmittag isola bella.

Mittwoch [19. Mai Stresa]
Spaziergänge, wunderschön. Donnerstag u. Freitag auch Dampferfahrt.

Samstag d. 22. v. 20 Sion, Valais.
Nach ziemlich ekelhafter Grenze die Schweiz betreten. Sion, wo auch Goethe war, ein reizend gelegener Ort mit Wein u. zugleich beschneiten Bergen.

Pfingstsonntag. [23. Mai Sion]
Spaziergang in ein hoch gelegenes Dorf, wo gerade die Messe war. Die Kirche ist so klein, daß die Männer draußen sein müssen.

Montag 24. v. [Fribourg]
Fahrt über Lausanne wo wir Mittag aßen, nach Fribourg.

Dienstag. [25. Mai Fribourg]
Fribourg das ganz in eine Schlucht eingebettet ist, und sehr altertümlich ausschaut.

Mittwoch 26. v. [Fribourg]
Ausflug nach Murten. Die Gegend ganz schön, aber nicht aufregend.

Donnerstag 27. v. 20 [Basel]
Fahrt nach Basel. Nachmittags Thee getrunken bei Burckhardts. Ein reizendes Bürgerhaus, alles voll Blumen u. Sonne. Dora Von der Mühll über Erwarten entzückend. Auch alle andern sehr nett. Am nächsten Tag das Münster angesehen und den Rhein.

Freitag mittag. [28. Mai Schönenberg bei Pratteln]
Auf den Schönenberg gefahren, Rilke stand an der Bahn ganz unverändert u. lieb. Abends bei Frau Burckhardt, sehr elegant aber verdorben durch eine bochige Frau Klets.

Samstag 29. v. [Basel]
Nachmittags Thee in einem entzückenden Garten, der auf den Rhein hinaussieht. Basel ist überhaupt sehr stilvoll, vornehm u. unberührt.

Sonntag 30. v. [Schönenberg bei Pratteln]
Bei Regen auf den Schönenberg, das Haus wieder reizend, nachmittag spazieren, ich ging mit Rilke wir haben sehr nett und angeregt gesprochen. Er hat doch einen großen Charme. Ein bissel wie Isepp.

Montag 31. v. [Basel]
Museum wunderbar ein Porträt von Holbein, seine Frau mit zwei Kindern. Viel Schönes. Nachmittag mit Dori v. d. M. u. Rilke im histor. Museum. Ein paar sehr schöne Teppiche gesehen.

Dienstag früh. [1. Juni Ulm]
Abfahrt aus der Schweiz. Karlsruhe zu Mittag gegessen. Häßlich und deutsch. Abends Ulm, mit dem traumhaft schönen Münster.

Mittwoch 2. Juni 20 [Neubeuern]
Mittag München, ein bissl durch die Stadt gegangen und die Anlagen angeschaut, es ist doch schöner als ich dachte. Im Zug Mädi getroffen, sie ist doch furchtbar arm u. sehr lieb.

Donnerstag 3. Juni Fronleichnam. [Neubeuern]
Vom Schloß aus die Prozession gesehen, nachmittag Hinterhör.

Freitag 4. Juni [Neubeuern]
Regen u. sehr gemütlich.

---

28. Juni 1920 [Rodaun]
Ein ganzer Winter liegt dazwischen. Es war nicht schön, viel Unangenehmes, Äußerliches, Lästiges. Gewinn? Geleistet hab ich nichts, aber ich find immer mehr ein gutes Gleichgewicht. Das ist ja doch die Hauptsache.

Gestern war Karl Burckhardt da. Merkwürdiges Gespräch über Lili S.[chalk] Sie drängt das Weibliche, das sehr stark in ihr ist absichtlich zurück, nur der Intellekt soll sprechen. Dadurch schwieriger Verkehr von Männern mit ihr. B. spürt ihre Anwesenheit physisch. Ich war sehr erstaunt begreife es aber vollkommen.

Unlängst träumte mir, Carl B. hätte einen Mord begangen und bei der Gerichtsverhandlung hätte ich mich als Mörder gemeldet.

Um es ein bissel auszuführen, bot ich mich an, zu sagen daß ich den Kolt in das Herrenzimmer getragen hätte u. nicht er. Aber er sagte: warum wollen Sie mir ein Opfer bringen? u. sagte es Papa. Schade.

Die Sache mit Franz und dem Geld kann ich nicht vergessen. Ich komm mir wie der Verbrecher vor, wenn ich mit ihm so sprech wie gewöhnlich. –

Ich kann mir sehr gut vorstellen, daß die Erinnerung an eine eigene Liebesgeschichte einem furchtbar unangenehm sein kann, selbst wenn die Sache ganz harmlos war.

4. September. [Aussee]
Ich hab es eigentlich nie gewußt, daß Zeit so schrecklich schnell vergeht. Der Sommer ist schon wieder vorbei. So schnell. Viel gebadet und Musik gehört. Und dann die herrliche Salzburger Zeit. Am 21. [August] zu mittag komme ich in Salzburg an. Isepp holt mich bei der Bahn ab. Wir gehen zusammen essen, treffen Mengen von Bekannten. Um drei ist Probe am Platz, um 5 h Generalprobe in der Aula academica. Ich treffe Hilda v. Zissermann die Reinhardt gut gekannt hat. Auf dem Domplatz sind Estraden und es wird gehämmert. Wir setzen uns. Irene findet es desillusionierend. Ich nicht! Die Probe beginnt, langsam, ohne Tempo, Reinhardt erscheint. Sofort alles verändert obwohl er regungslos dasteht. Wie ein Feldherr. Um 5 gehen wir in die Aula. Er ist unpünktlich. Reinhardt begrüßt Hilda Z. sie sagt ihm wer sie ist, und er: »Das sind Sie!« Seine Augen sind strahlend, er ist doch wirklich häßlich und ich verstehe jede Frau, die sich in ihn verliebt. Probe ist unerhört ergreifend, Helene Thimig als Werke wundervoll. Abends gehen wir spazieren mit Hilda, Walther Stross, Isepp und Wellesz. Dann um 10 ins Hotel und bis zwölf mit R. Beerhofmann, Moissi, etc. Alle sitzen herum, reden wenig und sind furchtbar gemütlich. Sonntag heillose Wetterangst. Zu Mittag regnet es schon. Reinhardt beschwört Gott und das Wetter: Es gelingt. Um fünf strahlende Sonne, der Platz sieht unerhört festlich aus. Die Klosterfenster sind angefüllt. Kirchen und Hausdächer voll Menschen. Trompetenstöße von den Galerien. Es beginnt. Die Stimme Gottes, mit Orgeltönen, dann der Tod, dann die weltlichen Scenen, unerhört farbig u. schön, mit der grauen Kirche als Hintergrund. Dann das Jedermannrufen von den Kirchtürmen u. der Festung, dann Jedermann der gereinigt aus der Kirche kommt, mit den Werken ins Grab steigt, Engel legen das Leichentuch darauf, es dämmert schon und alle Kirchenglocken läuten. Es war unerhört schön, wie ich nie geträumt habe, daß Theater

sein könne. Auch Reinhardt sagte, es sei das Schönste was er bis jetzt gemacht habe.

Abend mit Reinhardt, Nostitz etc. an einem großen Tisch. Es war aber nicht so hübsch, weil zu viel Leute waren. Seitz hielt eine Ansprache, und nie werde ich Reinhardts Ausdruck vergessen, unterwürfig in der Haltung und zugleich unerhört spöttisch und hochmütig.

Montag [23. August]

Salzburg angeschaut, die schönste Stadt die es gibt! Leider bei der Aufführung Regen.

Abends wieder zu R.'s Tisch, ohne die Eltern. Es war sehr hübsch, und wurde über den Theaterbau gesprochen.

Dienstag [24. August] soll ich fahren. Gehe mit Isepp u. Beer-Hofmann den ganzen Tag in Antiquitätengeschäften herum. Nachmittag mit Walter Stross Kapuzinerberg, abends mit ihm und Isepp ins Hotel nachtmahlen, dann noch um elf in den oesterr. Hof, Thimig sprach über den Schwierigen. Mittwoch [25. August] fahr ich fort.

In der Aschau ausgestiegen u. bis Samstag [28. August] geblieben. Mit Frau Hilde Zissermann 4 wunderschöne Tage verbracht.

27. Sept. 1920. [Aussee]

Jetzt ist der Sommer bestimmt aus. September war noch sehr hübsch. Mit Rudi Bing hab ich mich sehr befreundet. Es ist bis jetzt der einzige junge Bursch, der mir Freude macht und ich hab mich gefreut, daß am Schluß der ganze äußerliche Hochmut etc. weg war und ein wirklich lieber Mensch herauskam.

Gestern Musik bei Hellmanns, Rothschild auf einen Tag, Dr. Kaufmann.

Gestern u. vorgestern Vollmöller da, mit einem kleinen Auto, sehr nett, abenteuerlich und anders wie die meisten Menschen. Führt ein unerhört interessantes unstetes Leben. Bald fliegen, autofahren, in der Fabrik arbeiten, dichten, Theater regissieren und alles mit Begabung. Jetzt geht der Winter an und ich bin sehr neugierig.

2. Oktober 1920. [Wien]
Fahrt nach Wien, ziemlich arge Reise.

3. [bis 7.] Oktober. [Schloß Ernstbrunn]
Ein ausgefüllter Tag in Wien. In der Früh zu Müller-Hofmann, habe von Eva einen eigentlich sehr netten Eindruck, nur ein bissl schwerlebig. Abend in der Stallburggasse, Rudi und Rothschild, es war sehr nett. Montag [4. Oktober] um 5 h auf die Bahn und Ankunft in Ernstbrunn. Es war gleich Frühstück und trotz der vielen fremden Menschen eigentlich sehr nett. Dann Probe für den Polterabend, Diner, ich hatte einen sehr netten Tischherren, Graf Max Solms. Dann um 5 h umziehen, Theateraufführung und um 8 h Souper. Es war erstaunlich viel Theatertalent unter den Leuten, ein Erbprinz Reuß glänzend und auch die Brüder von Toni Reuß. Die Comtessen nicht sehr hervorragend, reizend wie immer Fertsch Colloredo u. auch sein Bruder Rudi. Die Deutschen gewinnen sehr bei näherer Bekanntschaft, die Oesterreicher alle eher fad. Prinz Cyrill von Bulgarien, ein komischer Kerl, der in jeder Bewegung den Serenissismus ironisiert, es aber doch irgendwo ein bissl ist. Furchtbar nett ist die ganze Familie Reuß und auch die Castells. Am Dienstag um 10 wird von allen unverheirateten Frauen zusammen der Brautkranz gewunden. Dann wird die Braut, die entzückend aussah von den Brautjungfrauen geholt, ebenso der Bräutigam. Der Zug ging von der Platzwohnung

durch den ganzen Hof in den Steinsaal wo die Trauung war. Dann Diner im großen Saal, das war wirklich sehr festlich und sah schön aus, wie früher. Reizend war Prinzessin Erczébeth Erbach, dann doch auch Nora Colloredo, und von den Mädeln Dissy Collalto. Es wurden unzählige Tischreden gehalten, und man mußte immer anstoßen wandern. Dann war in der Bildergalerie das Austanzen des Brautkranzes sehr nett. Die unverheirateten Herren schliessen einen Kreis um die Braut und singen den Jungfernkranz, und sie reicht mit verbundenen Augen einem einen Myrthenzweig und der wird dann als nächster heiraten. Und ebenso machten es die Mädeln mit ihm. Es kam zur größten Freude Cari Wilczek und Isy Colloredo heraus, beide sehr unwahrscheinlich. Nachmittag Abfahrt des Brautpaares, dann Abend Ball im Salon, es dauerte bis ½4 Uhr, die Burschen machten furchtbaren Unsinn, vor allem die beiden Castells und der Bulgare, der wirklich komisch ist.

Mittwoch [6. Oktober] allgemeine Müdigkeit, mittags hatte der arme Graf Stolberg, der furchtbar nett zu sein scheint, einen seiner Anfälle und fiel unter den Tisch. Es ist furchtbar traurig und ich werd nie vergessen mit welcher Ruhe und Güte seine Frau zu ihm ging, ohne das [Gesicht] zu verziehen.

Heute früh war Jagd, es war wirklich wunderhübsch, geschossen wurde nichts und der Wald ist hier fabelhaft schön. Um ½4 h kamen wir erst zu Tisch.

13. Okt. [Rodaun]

Erwin Lang ist zurück. Es war einer der schönsten Augenblicke meines Lebens ihn wiederzusehen. Ich glaub er ist viel besser und geistiger geworden, äußerlich hat er sich nicht verändert und sein Sprechen war mir sehr lieb und bekannt. Sechs Jahre! Und die Menschen ändern sich wahrscheinlich doch nicht. Er will sich von Gretl trennen.

17. Oktober [Rodaun]
Ich bin seit ich Erwin gesehen hab, vollkommen überzeugt, daß das der Mensch ist, den ich heiraten werd. Ich wundere mich, aber ich glaub es unerschütterlich und bin ganz klar und glücklich.

20. Oktober. [Rodaun]
Ich hab die Bibel aufgeschlagen um Antwort zu finden auf meine eine immerwährende Frage.

Wer da Gutes sucht, dem widerfährt Gutes; Wer aber nach Unglück ringt, dem wird es begegnen.

Soll ich das als Antwort nehmen?

Gestern war ich den ganzen Abend bei Langs. Erwin war lustig und reizend lieb.

Ich bin wirklich anders geworden in diesen paar Tagen und kann es garnicht begreifen. Ich versteh alles besser und bin so glücklich und froh, daß ich allen Menschen Freude machen möchte. Wenn es nur wirklich das Glück für uns wird. Ich möchte so gerne etwas für Erwin tun, etwas Wirkliches. Wenn ich in meinem ganzen Leben etwas von dem gutmachen könnte, was die Menschen an ihm Schlechtes getan haben?

Es ist doch merkwürdig, ich hab mir oft gedacht, wie kann man erkennen ob man jemanden wirklich lieb hat oder ob es nur so obenhin ist. Und ich habe in den ersten Minuten gefühlt, diesmal ist es ...

Und es ist doch merkwürdig, er hat ja gar keine Ahnung von dem allen und ich bin so sicher. Aber ich hab plötzlich das Gefühl der Eile, das ich sonst gehabt hab, verloren, mir ist gleich wann etwas geschieht, es soll nur geschehen u. ganz geschehen. Ich hoffe zum ersten Mal in meinem Leben auf Gott oder das Schicksal. Ich weiß, daß ich da bin Erwin zu helfen, wie ich es machen muß, das weiß ich nicht, doch das wird kommen.

Sonntag. [23. Oktober Wien]
Heute sind Mama und Papa gekommen, es war sehr hübsch und wir haben sehr viel zu sprechen gehabt. Es ist doch herrlich solche Eltern zu haben.

Gestern hab ich etwas sehr Schönes erlebt. Ich bin an der Kirche Maria am Gestade vorbeigegangen. Es war schon dunkel, da hörte ich plötzlich die Orgel spielen. Also endlich einmal war meine Kirche offen. Ich ging hinein, sie war wunderschön und hell, Orgel u. Menschen zum ersten Mal seit vielen Jahren fühlte ich wieder, daß ich dazugehörte, hatte kein schlechtes Gewissen und konnte auch das geniessen. Warum mir Gott so viel Schönes schenkt?

27. x. 1920. [Rodaun]
Gestern Tanzabend von der Gretl. Ich hatte zu meiner größten Freude den Sitz neben Martin, Erwin wechselte dann und saß neben mir. Er tut mir so leid, einmal hatte er eine große Träne im Aug und dabei nimmt er sich unerhört zusammen. Es war auch für mich furchtbar schwer anzusehen, denn ein Irgendetwas fehlte plötzlich: der Zauber der Person oder irgend ein Schleier war weggerissen und es war plötzlich alles grell und ein bissl gewöhnlich. Ich hab sehr viel über alles nachgedacht aber es ist das erste Mal in meinem Leben, daß ich nicht eine Sekunde das gewisse »Vielleicht doch nicht« gefühlt habe. Ich bin so froh, daß ich Erwin auch ein bissel Freude mache und ich hab das sichere Gefühl, ich wäre eine gute Frau gerade für ihn. Ich versteh nicht, wie ich überhaupt je auf den Gedanken gekommen bin, aber so ist es einmal und wenn es wirklich etwas wird, dann bin ich zu glücklich. Ich glaub daß ich zu den Menschen gehöre die für *eine* Sache geschaffen sind, und daß diese eine Sache jetzt da ist, das spür ich genau.

Bis ein Uhr mit Erwin u. Försters in seinem Zimmer, viel gesprochen auch von Gretl. Um zehn eine komische Unterbrechung durch Marianne Mendl die quasi melden kam, daß Gretl mit Gutmann im Weingartl nachtmahlt. Wozu das alles? Gretl tat mir sehr leid, denn sie war furchtbar aufgeregt. Aber es hilft nichts der Schleier ist weg, das fühlte ich schon wie ich unlängst dort war.

Heute Maurice Ravel u. Vollmöller da, viel geredet und Projekte gemacht. V. gefällt mir gut, er ist ein Mensch, der durchführt was er will.

31. x. 1920. [Rodaun]

Ich will nie mehr ungeduldig sein, aber ich möchte doch wissen ob der Oktober 1920 der Monat war in dem sich mein Leben entschieden hat.

Erwin war gestern den ganzen Tag heraussen und es war sehr schön. Ich sehe alles so genau, wie es werden könnte und fürchte mich nicht vor der Enttäuschung, die doch kommen kann.

1. Nov. 1920 [Rodaun]

Ich bin so froh und dankbar, daß ich endlich Ordnung in meinem Innern habe. Ich hab es doch nie geglaubt, daß es die Liebe und immer nur die Liebe ist die in einem Menschen etwas bewirkt. Fort ist der ganze intellektuelle Durcheinander, die Unentschlossenheit, das Gefühl, man tut nichts.

Wenn es mir gelingt Erwin und meinen Eltern Freude zu machen, so habe ich einen Lebensberuf und dazu einen so schönen, daß ich Gott danken kann, der mir das geschenkt hat. Ich weiß, daß es vielleicht nicht ganz das Richtige ist, an Gott gerade im Glück zu denken, aber es ist doch ein Anfang. Ich sehe jetzt einen Weg, wenn ich die Kraft in mir habe, ihn zu gehen bis ans Ende, dann hat mein Leben seinen Sinn bekommen. Gretl sagte mir unlängst obenhin: »Könntest Du Dich in den Erwin verlieben?« Ich bin wirklich erschrocken über die Frage. Es ist merkwürdig ich hatte doch gewisse »Prinzipien«. Ich will nie jemanden heiraten, der eine Kunst betreibt, die nicht gut ist! Und Erwin? Es wäre mir leid, wenn ich seine Bilder schlecht finden müßte, aber ich könnte es trotzdem. Ich müßte einen Menschen lange vorher kennen? Ich war am ersten Tag so sicher wie heute und wie immer. Und die Gretl? Ich wäre vollkommen zufrieden wenn ich ihm mit der Zeit einen kleinen Teil der Gretl ersetzen könnte, denn Gretl ist für mich, das sag ich jetzt absichtlich »die vollkommenste Frau, die reizvollste und entzückendste Frau«.

Und wenn ich das Glück hätte Martin zu haben, das Kind von Erwin u. Gretl, dann verspreche ich hier, daß ich ihn so lieb haben werde wie ein eigenes Kind, ja mehr, wegen Vater und wegen dieser Mutter. Und ich verspreche mir selbst, daß ich der Gretl nie etwas übelnehmen werde, und immer versuchen werde sie dem Erwin gegenüber zu verteidigen und so hinzustellen, wie ich sie empfinde.

4. Nov. [Rodaun]
Was ist leichter, Geliebte oder Ehefrau zu sein? Man wird sagen, Geliebte. Ich sage nein. Das muß das unerhört schwerste auf der Erde sein. Ich hätte jetzt nicht den Mut dazu und ich glaub auch nicht, daß ich dazu paßte. Ich sehe immer mehr: Gretl war doch nicht Erwins Frau, sie war und blieb seine Geliebte und das ist vielleicht anziehend. Aber ich bewundere jetzt doch die Frauen, die es können. Mir fällt die Geschichte von Max Reinhardt ein, die mir Hilda Z.[issermann] erzählte. Ich glaub, sie hat gespürt, daß mir gerade diese Geschichte einmal wichtig sein kann. Ich habe die ganzen Tage nur über ein und dieselbe Sache nachgedacht: warum können andere und warum kann ich nicht? Erziehung? nein. Daß ich häßlich bin, oder mir jedenfalls zeitweise so vor-

komme, spielt eine Rolle, was noch? Warum kann ich in Erwins Gegenwart nicht sagen was ich doch ganz klar denke? Warum konnte ich ihm beim guten Tag sagen den Kuß nicht geben, den ich doch geben *wollte*, warum konnte ich noch Donnerstag es nicht tun, und mußte wie versteinert sitzen, wie wenn es gar nicht ich wäre, sondern nur eine Hülle und ich schaue zu? Rudi sagte mir einmal: die sogenannten anständigen Mädchen haben es viel schwerer, sie können nicht was sie wollen, und wollen doch alle dasselbe. Damals gab ich ihm Unrecht auf Kosten der »anständigen« Mädchen, heute sag ich: er hat doch recht gehabt.

Erwin ist doch sehr verbittert, und ich bete und bitte eine höhere Macht, mir die Kraft zu geben ihm zu helfen. Es muß gelingen, denn diesmal ist die Sache es wert.

Ich glaube das was Hilda von R.[einhardt] sagt, er hat nur irgendwie minderwertige Frauen gekannt, ist auch ein bissl bei E.[rwin] der Fall. Das was wir in dem Fall »minderwertig« nennen, ist ja sicher bisweilen unerhört viel und schön, nur anders.

Beim Abschreiben seiner Sache kam mir aber wenigstens eine kleine Hilfe. Er sagt: man muß jedes Material so behandeln, wie es das Material verlangt, man muß es kennen lernen, bevor man damit arbeitet. Auch ich, wir alle, sind Material so lange bis einer kommt, der aus uns sein Kunstwerk schafft, und es ist traurig wenn er das Material nicht erkennt und falsch bearbeitet. Wenn es auch nicht zu Grunde geht, kann ihm und den anderen nicht geholfen sein und es ist ein Unglück geschehen, das nie mehr gut gemacht werden kann. Erwin, erkenne mich!

Erwin hat mir von seiner Freundin Elisabeth erzählt, die ihn mit Liebe, Zartheit und Frauenhaftigkeit unerhört beglückt hat. Es war ein Vorwurf in der Geschichte und ich habe ihn gefühlt: aber ich konnte mich nicht schämen, denn wir sind alle verschieden, sie hat es leichter gehabt wie ich, oder auch schwerer, jedenfalls anders. Aber sie muß sehr lieb gewesen sein.

9. Nov. [Rodaun]

Gestern zu mittag Rothschild und Isepp gesehen, seit ich Erwin kenne sind mir alle anderen Menschen wie unter einem Schleier. Dann war ich bei Langs, Erwin kam etwas später und ich hab mit der Mutter über ihn gesprochen. Ich spür so genau, daß ich nicht mehr von ihm loskomme. Wenn nur alles gut wird. Ich muß mich ziemlich verändert haben, denn alle die mich etwas besser kennen bemerken etwas. Ich bin aber noch immer froh: nur etwas wundert mich von mir: daß ich in der anderen Beziehung nicht so gut mitkommen kann, habe ich eigentlich immer gewußt. Nicht gedacht hätte ich aber, daß ich mit dem reinen Verstand so furchtbar tief unten stehen werde, denn ich habe gedacht, gerade das ginge. Ich habe gestern versucht mich zu überwinden, mir das nicht ansehen zu lassen, immer »ja« auf alles zu sagen und es damit gut sein lassen. Aber es ist schwer.

20. November [Rodaun]

Sehr viel mit Erwin beisammen gewesen. Ich lerne sehr viel, in jeder Beziehung. Erwin ist der erste »Mensch« den ich kenne. Ich kann es mir nicht ganz erklären, wieso mir das erscheint, weil er ja furchtbar schwer zu kennen ist. Aber ich glaube, es spielt nicht nur das eine Rolle daß er das erste männliche Wesen ist, der mich als Frau gerne hat und verlangt, sondern noch irgend etwas Anderes, Geistiges, Menschliches, das ich spüre aber mir noch nicht erklären kann. Ich hatte geglaubt daß ich, wie man es medicinisch nennt: sinnlich veranlagt bin und kenne mich jetzt nicht ganz aus. Ist es so lange zurückgehalten, daß ich es jetzt wirklich nicht herausholen *kann*, ist es gar nicht da, ich weiß nicht. Ich *lasse* mich küssen, aber nur ihm zu lieb, ich kann es nicht im leisesten erwidern, selbst wenn ich es, um mich zu überwinden, möchte, ich bin wie ein starres Stückl Holz und es muß Erwin ein bissl komisch vorkommen, und dabei brenne ich ja nach dem: Etwas hergeben können, danken können, für die schönsten Stunden meines Lebens bis jetzt. So bitte ich ihn um Geduld, mich um Geduld, Gott um Geduld, und vielleicht werd ich alles können was ich soll.

Wenn ich jetzt sage: ich will so lange bei Erwin bleiben, bis er jemanden Richtigen findet, so ist das eine Unwahrheit. Ich will, daß er in mir die Richtige findet. Ich weiß aber auch, daß ich verzichten muß und werde, auf Vieles, und ich will es tun und mit Freude und Dank. Wenn ich ihm nur irgend etwas Liebes sein könnte.

Auch Carl Burckhardt ist wie wenn er weit, weit weg wäre, trotzdem sein Dasein etwas Beruhigendes und Schönes hat.

27. XI. [Rodaun]

Borchardt ist hier. Der Mensch, auf den ich am Neugierigsten war, von dem ich so unendlich viel hoffte, er ist da, und hat mich eigentlich *nicht* enttäuscht. Er ist sehr menschlich, voll Liebe und hat etwas Ritterliches und Festes an sich. Von dem Dämonischen, wovon man so viel redete, ist nichts zu merken. Er geht unendlich lieb und schonend mit Papa um, antwortet ihm nicht, wenn er erregt ist, obwohl es immer Dinge sind, die für beide sehr wichtig sind. Hauptthema: Zeitschrift. Borchardt, der doch etwas vom Moment in dem wir leben, hineinbringen möchte, Papa der sagt: ihm bedeutet die Zeit (nämlich was in der Zeit außen geschieht), für seine persönliche Entwicklung nichts, er hat sich weder durch den Krieg, noch durch irgend etwas Äußeres geändert, etc. Borchardt vertritt den anderen Standpunkt. Er fühlt sehr deutsch, im schönsten

Sinn, nicht Boche. Abends hat Borchardt wundervolle Gedichte an Marel vorgelesen.

Ich versuche jetzt, nicht so oft zu Erwin zu gehen. Ich war schon beinahe eine Woche (halt! Lüge! Dienstag vorm. – Samstg. [23.–27. November]) nicht dort, aber ich denk doch immerfort an ihn, und ich werde doch wieder hingehen, vielleicht braucht er mich, denn rufen wird er ja nie. Ich möchte mir so gerne darüber klar werden, was er von mir denkt. Ich bin ziemlich ungeschickt, hab eine Nervosität ihn anzuschauen wenn er mich ansieht, und sag lauter dumme, ungeschickte Sachen.

Die eine Frage von Erwin: was würdest Du malen, wenn Du ein Maler wärst? habe ich noch immer nicht beantwortet. Ich glaube: das, worin ich das Leben sehe, das Leben in jeder Gestalt, dem ich heraushelfen muß aus dem Gefängnis der Form in die es eingesperrt ist, so daß auch die andern es sehen.

1. Dez. [Rodaun]

Borchardt war doch das, was ich erwartet und gewünscht hatte. Er war menschlich außerordentlich helfend und schön, und er hat wundervolle Sachen vorgelesen. Einen Abend viele Gedichte an Marel, und dann die Verkündigung. Beim Hören ist mir erst Vieles klar geworden, und er erklärte auch was er mit der Gestalt des falschen Boten gemeint hatte, etwas was jedem Menschen begegnet und begegnen wird, jenes teuflische, halbe, begehrliche und unbefriedigbare Wesen, ein Wesen gerade unserer Zeit. Am nächsten Tag bin ich mit ihm hineingefahren und wir haben noch viel davon gesprochen, und er hat viel von den jetzigen Mädchen u. ihren Gefahren und Möglichkeiten gesprochen, wie in Berlin alles zu Grunde gehe, die Familie, die Anständigkeit, u.s.w.

Abend bei Erwin. Gestern Borchardt u. Ottonie letzter Abend, auch Erwin bei uns. Heute früh im Atelier, zwei sehr schöne Bilder von Chinesen gesehen. Jetzt malt er den Billinger, der mir recht gut gefällt. Er ist ein Mordskerl, dem man diese Gedichte nicht anmerkt.

12. XII. [Rodaun]

Ich sehe, daß ich eigentlich ein ziemlich nüchterner Mensch bin, sonst müßte ich maßlos enttäuscht sein. Unlängst hab ich wirklich etwas erlebt woran ich nie nur gedacht hätte. Ich ging mit Willi [Müller-Hofmann] zusammen und begleitete ihn ins Atelier aus diesem Gemisch von Gernhaben, Mitleid etc. das ich so leicht W. gegenüber habe. Er bemühte sich den ganzen Weg mir gegenüber Erwin zu demolieren, als Künstler, Mensch u.s.w. was mich im Grunde nur traurig, müde und ein bissl ungeduldig machte. Es war wahrscheinlich ohne ein bissl Eifersucht, oder wahrscheinlich doch auch mit, denn es spüren ja wahrscheinlich alle Männer ein bissl wenn man einen gern hat, und komischerweise ist man dann für sie irgendwie reizvoller. Jakob begrüßte mich mit den bei ihm wirklich aufrichtig gemeinten Worten: »ein reizvolles Mädchen« und Willi gab in der Stallburggasse von sich daß ich noch nie so hübsch gewesen sei. Da ich wirklich nicht eitel bin, und auch ganz genau weiß wie weit so was zu glauben ist, kann ich es ruhig schreiben. Ich kam also ins Atelier, mußte mir wieder die doch zum Mindesten sehr problematischen Compositionen anschauen, kann ja im Moment auch immer alles irgendwie, wahrscheinlich durch das Medium der Person begreifen –, und hatte vor allem das Bedürfnis, ihn ein bissl zu entspannen. Ich lief also im Atelier auf und ab und redete auf ihn ein, erwartete aber natürlich um Gottes Willen nicht das, was kam. Er machte mir nämlich ganz plötzlich eine Art von Liebeserklärung, sagte, mit mir wäre es anders, ich wäre eine richtige Frau für ihn etc. wollte mich natürlich küssen, weil ich das schon so gerne habe, und ich war vollkommen verzweifelt. Ich war nämlich so klar und nüchtern wie kaum je, ja beinahe lustig, und er meinte es ja irgendwo doch ernst, und ich wollte nicht grob sein, mich andrerseits auch nicht kindisch benehmen, und weglaufen, weil ich mich gar nicht die Spur fürchtete sondern nur ihm begreiflich machen, wie unsinnig das Ganze ist. Vor allem, warum kann ein Mann nicht begreifen, daß man eben nicht geküßt werden *will*, und warum muß man erst einen Fußtritt geben, bevor er endlich versteht. Ich weiß wirklich nicht was für Art Mädeln die Leute gewöhnt sind. Nachher war er ein bissl begossen und ich zermarterte mir den Kopf um ihm was Liebes zu sagen und mir fiel nichts ein und er merkte das, fand sich lächerlich, ich tröstete ihn und am Schluß machten wir wieder harmlose Freundschaft. Ist das nicht die blödeste Situation von der Welt? Dabei kam mir das Ganze so endlos weit weg vor gar nicht wie wenn es mich anginge, ich sah alles andere, dachte an tausend Dinge und hatte nur den Wunsch: was wollen denn alle von mir, man muß doch warten, ob ich was hergeben will. Er tut mir ja natürlich leid, aber man kann selbst wenn man wollte, nur einem Menschen im Moment helfen. Ich dachte ja immer an die Mittelwege, aber ich weiß: Ganz oder garnicht, ist doch das Einzige. Jetzt wird Willi glauben, er hat mir die Unbefangenheit genommen, dabei wird er ängstlich sein, und mir ist es doch schon wieder so fern und unwirklich wie möglich. Abends hab ich Erwin wieder gesehen, und es kam mir ein bissl wie in einem Wassermannroman vor, als ich mir an demselben Abend von ihm einen Kuß geben ließ und mich sogar darüber freute.

21. XII. [Rodaun]

Ich lieg seit drei Tagen im Bett und hab Zeit nachzudenken. Gott, wie schwierig ist das Leben und wie schön! Ich möchte so gerne dem Erwin etwas erklären, weiß aber nicht wie ich es machen soll. Unlängst sagte er, er hätte Angst wegen mir, worauf mir auch keine gescheitere Antwort einfiel, als: ich hab doch die Verantwortung. Was ich damit meine möchte ich ihm gern erklären: So lange er Freude an mir haben kann, soll er sich nehmen, was er kann, ich *will* nichts dafür, ich erwarte nichts, als daß er glücklich ist, ich bin es ja so. Er sagte: »ich störe nicht gerne die Ruhe von anderen Menschen«. Aber wenn sie gestört werden wollen? Es ist halt schwer. Unlängst abends kam er mir so traurig und enerviert von zu Hause vor, daß ich so gerne etwas getan hätte, ihm Freude zu machen.

Ich habe auch so ein schlechtes Gewissen, denn mein Entschluß nicht zur Hilda [Zissermann] zu fahren, kam doch nur daher, daß ich ihn nicht allein lassen wollte. Aber zum Glück haben mir äußere Umstände bei dieser Lüge geholfen. Am Donnerstag [23. Dezember] darf ich bei der Mutter Lang den Christbaum aufsetzen, ich freue mich sehr darauf obwohl es ja nur indirekt mit Erwin zu tun hat. Manchmal kommt mir die ganze Sache vor, als ob es sich garnicht um mich handeln täte.

Ich mache jetzt diesem Heft ein Ende, und wünsche mir Glück für später.

Christiane 21. XII. 1920

Bücher von Okt. 1919 – [Dezember 1920]

Balzac:	le père Goriot
Kassner:	der Tod u. die Maske
Mommsen:	röm. Geschichte Bd. I
Coulanges:	La cité antique
Balzac:	Le médecin de campagne
Claudel:	L'annonce faite à Marie
Goethe:	Wahlverwandtschaften
	Wilhelm Meisters Wanderjahre

Thackeray:	Pendennis
Tolstoi:	Auferstehung
Pannwitz:	Deutsche Lehre
Goethe:	Italienische Reise
Lermontow:	Ein Held unserer Zeit
Dostojewsky:	Das Gut Stepantschikowo
Nadler:	Literaturgeschichte Bd. 1
Knut Hamsun:	Stadt Segelfoss
	Unter Herbststernen
Borchardt:	Prosaschriften
Turgeniew:	Erzählungen
Dostojewsky:	Der Idiot
Walter Pater:	Renaissance
Papa:	Prosaschriften
Bibel:	Offenbarung Johannes
Balzac:	César Birotteau
Nadler:	Bd. 2
Rudolf Borchardt:	Der Durant
Claudel:	L'échange
	La connaissance de l'est
Brentano:	die Geschichte vom braven Kasperl u. schönen Annerl
Rudolf Borchardt:	Verkündigung
Dostojewsky:	Der Spieler
Dickens:	Little Dorrit
Strindberg:	Die Kronbraut
	Schwanenweiß
	Ein Traumspiel
[Mabel Cook:]	The Idyl of the white Lothus.

1921

Vale, anima candida, vita incipit!

21. II. 1921 [Rodaun]
Das rein mechanische Zuendegehen des anderen Heftes hat mir ein Hindernis aufgebaut, das nicht leicht zu überwinden war. Denn es ist ein »Wieder-Anfang«, und da zeigen sich einem die ganzen Schwierigkeiten auf einmal. – Ich dachte gerade an Borchardts Grabrede auf E. B. wo es heißt »ave anima candida, sei gegrüßt Du reine Seele, nicht lebe wohl...« um das etwas komische Sprüchel vorne hinzuschreiben. Ich habe in den letzten Monaten *eine* wichtige Sache gelernt und das will ich aufschreiben, ohne die vielen Erlebnisse aufzuzählen, was im Nachhinein einem ja noch unwahrscheinlicher vorkommt, als wenn man es unter der momentanen Impression tut. Ich habe gelernt, daß man nichts erfahren und zu keiner Erkenntnis durch Zuschauen kommen kann. Auch nicht durch Reden und nicht durch Denken sondern durch *Selbst-Erleben*. Und wenn es auch nicht immer leicht oder angenehm ist, so muß ich durch, und mutig, denn ich bin von Natur aus bestimmt nicht sehr mutig, aber ich glaube daß man auf dem Gebiet mit Wollen sehr viel erreichen kann –

Hilda [Zissermann] ist jetzt seit einigen Wochen hier, ich habe doch wieder einen ausgezeichneten Eindruck von ihrer Kraft und Lebensbejahung; persönliches habe ich kaum mit ihr besprochen.

Erwin hat mir einen Plan für eine Reihe von Holzschnitten, Tag und Nacht, erzählt: Sonnenaufgang: der Mann steigt erlöst nach der Nacht in die Höhe, zu seinen Füßen liegt die Frau!! Die er nicht mehr braucht. Sonnenuntergang: Frau mit Kindern, und der Mann, dann erste Hälfte der Nacht, und die zweite wo ein weißes Pferd Mann und Frau davon trägt. Dann als Schluß die Erlösung des Menschen: Christus am Kreuz. Es kann ja schön werden, ich wünsche ihm so von Herzen, daß er Talent hat, wirkliches, echtes, aber das kann niemand entscheiden.

27. 11. [Rodaun]
Ich schreibe jetzt Papas »Das Leben ein Traum« ab. Wir hatten unlängst ein langes Gespräch darüber. Über die Analogie des Stoffes mit dem Kaspar Hauser. Ödipusmotiv. Ewige, immer lebendige Stoffe. Keine individuelle Sprechweise der Personen, sondern das Eigentliche *hinter* ihre Reden gelegt. Unbestimmtes der Zeit, keine historische Genauigkeit. Der Diener Anton, als eine Art von komischer Figur, beinahe wie sonst Hans Wurst, durch das ganze Stück geführt. Darstellung der schweren, drückenden Macht die in den Händen des Gouverneurs, des Königs etc. liegt.

Heute ein schöner Sonntag, Burckhardt ist heraußen. Wir haben jetzt unbeschreiblich schöne, kühle Frühjahrstage, alles leuchtet wie rein gewaschen und sieht wundervoll gegen den Himmel aus. Ich glaub man darf sein momentanes Schicksal oder Befinden nicht zu wichtig nehmen, daran scheitert dann Lebens- und Arbeitsfähigkeit und es kommt so was Trauriges heraus, wie beim Willi, wo es immer zum Letzten fehlt, und der sich selbst durch Krankheit etc. etwas vormacht, obwohl er ja weiß, daß das kein Grund ist. Er ist jetzt wieder so elend beisammen und tut mir riesig leid.

6. III. [Rodaun]

Unlängst am Abend hatte ich eine wirkliche, allerdings mit Grausen gemischte Unterhaltung: ich las der Großmama die prägnantesten Stellen aus dem Stück »Platz« von Unruh vor. Daß jemand sich traut so etwas zu schreiben und daß es Leute gibt, die das eine Offenbarung nennen, kann ich nicht begreifen. Diese Kraftlosigkeit, die glaubt um sich zu verbergen müsse sie immer fort die unmöglichsten Worte gebrauchen, dieses von Grund auf degenerierte Zeug, schließlich grauste mir und ich legte das Buch weit weg. Das soll auch ein Prophet sein? Aber bestimmt ist er wenn nicht ein Betrüger, so doch ein Betrogener, und wird weder sich noch uns retten. Es ist eigentlich traurig und entmutigend so etwas zu sehen. Mir wurde ganz ängstlich bei dem Gedanken daß das diese zarte kleine Marie Luise gelesen hat. So etwas kann doch unerhört schaden.

Unlängst hatte ich ein Erlebnis. Und ich will ja doch aufrichtig sein, so schreib ich es nieder. Ich war ziemlich traurig, hatte eigentlich doch nur einen Wunsch, Erwin zu sehen und wollte mir nicht nachgeben. Aber ich ging auf der Straße doch nur mit dem Gefühl, ich *muß* ihn treffen, meinetwegen mit der Poldi. So kam ich auf die Favoritenstraße wo dieses kleine Kaffeehaus ist ging aber auf der anderen Seite. Plötzlich kam mir der Gedanke: »Da muß er drin sein« und ich ging hinüber und langsam vorbei. Plötzlich krieg ich wirklich einen Stoß innerlich, denn am zweiten Fenster sitzt der Erwin in seinem hellen Überzieher mit der Poldi. Da war ich natürlich schon vorbei, ging aber nochmals hinüber und wartete dort ein bissl. Ich schaute in ein Blumengeschäft und seh in einem Spiegel, daß ich ganz blaß geworden bin, so was Dummes. Ich ging dann noch einmal vorüber und ganz langsam vorbei, hatte aber nicht den Mut, im richtigen Moment wieder hinzuschauen. Ich weiß nicht ob er mich gesehen hat. – Aber ich habe etwas gesehen, was ich ja in der letzten Zeit geahnt hatte. Ich bin einfach nur verliebt in den Erwin, je öfter ich ihn sehe, desto mehr, und wenn ich ihn länger nicht sehe dann kommt mir alles absurd vor, und ich weiß wenn er mich anschaut und »Christiandl« sagt, so ist mir alles übrige wurscht. Das ist natürlich seine Schuld auch, denn ich habe es nicht *so* gemeint, und er hat vieles Falsche gemacht, und doch. Jetzt hab ich ihn schon vierzehn Tage nicht gesehen, zu lange und vielleicht gut? Qui sait.

8. III. [Rodaun]
Ich hab heute früh den Erwin auf der Straße getroffen, es war sofort genau wie immer und es ist halt schon einmal so. Er war unerhört geplagt und gequält und ich bin dann ein bissl bei ihm sitzen geblieben, er will allein aufs Land und entschließt sich dann natürlich doch nicht, es ist schon alles grenzenlos kompliciert. Gott o Gott warum hast Du die Menschen so gemacht! Alles Schwere der menschlichen Beziehungen etc. hängt so an ihm, er tut mir so leid u. ich war gerade so unter seinem Charme wie immer. Was hilft da das Theoretische?

13. III. [Rodaun]
Ich glaube ich habe eine bessere Form des Verkehrs mit Erwin gefunden. Ich gehe nicht zu oft hin, denn wenn ich denken müßte, daß auch nur eine halbe Stunde die er mit mir zusammen war ihm belastend und schwierig war, dann wäre es mir zu unangenehm. Vorgestern abend war ich oben, eigentlich nur um die Mutter zu sehen, Erwin war aber da, er kam mir viel besser gestimmt vor, als damals auf der Straße. Er war sehr lustig, ich hatte aber garnichts von ihm, weil sehr viel Menschen oben waren. Reizend war er beim Gute Nachtsagen beim Martin, wo er mich hineinschauen ließ. –

Gestern war ein lustiger Nachmittag bei Bertha Zuckerkandl wo der Dichter Theodor Däubler Gedichte vorlas. Ein bunter Haufen von komischen, unterhaltenden Leuten, Grafen, Bolschewiken, Dichter und Dichterinnen, Mell, Schnitzler, Beer-Hofmann und viele kleine Leute. Was er vorlas konnte man nur mittelgut verstehen, komisch war, wie er beim ersten Gedicht sagte: Bitte stellen Sie sich alle den schiefen Turm v. Pisa vor, worauf alle in ihrem Innern krampfhaft einen schiefen Turm aufbauten was sehr anstrengend war und nicht dafürstand, da das Gedicht nicht sehr schön war. Dort lernte ich die berühmte Käte Rappaport kennen, die zum Ansehen entzückend ist ganz schlank und schwarz mit schönen, orientalischen Augen. Sie sprach sofort von ihrer Wandlung durch Unruh es ist ja ein bissl deutsch und geschmacklos, aber da sie sehr hübsch ist, geht es an, auf kurz.

20. III. Palmsonntag [Rodaun]

Heute ein stiller Sonntag in Rodaun. Die letzten Tage waren so, wie ich es mir eigentlich nicht mehr wünsche. Am Freitag traf ich die Martha Stross in der Stadt, war den ganzen Vormittag mit ihr zusammen, natürlich viel zu intim, nachher tat mirs leid, aber das ist auch so etwas Dummes, wenn ich bei ihr bin unterhalt ich mich dann doch und geb nach. Nachmittag hatte ich so eine Sehnsucht Erwin zu treffen, ging auf die unvermeidliche Favoritenstraße, wartete lange vor dem Atelier, es war sonnig und schön, und ich war viel zu aufgeregt, denn eigentlich wollte ich doch garnichts. Dann ging ich noch als Letztes vor dem Kaffeehaus vorbei – und wer saß drin? Der Erwin. Es wiederholte sich natürlich dasselbe wie unlängst, ich stand verzweifelt am anderen Ufer, da kommt noch zum Überfluß die Martha, ich erklär ihr alles eher verwirrt, sie ist begeistert über die seelische Confusion, und war aber ganz nett. Mein Ziel erreichte ich natürlich nicht. Dann ging ich noch Martin besuchen, war abends bei der Martha wo sie für ihre

Verhältnisse sehr nett war, ich war todmüd ging noch zu Langs, Erwin war nicht da, aber es war nett. Nachher hatte ich ein sehr schlechtes Gewissen, daß ich mich doch nicht enthalten kann – aber was soll ich machen? Erst am nächsten Tag hab ich ihn dann einen Moment gesprochen, beim Caffée Museum, wo ich (natürlich absichtlich) vorbeiging. Und wenn er mir nur guten Tag sagt, bin ich entzückt. Jetzt will ich wieder brav sein. Wenn es nur gut ginge dann wäre ja alles gut, aber das ist ja eben auch nicht so leicht und er sagt nichts oder nur sehr schwer.

3. April [Rodaun]
Ostersonntag war Burckhardt und Von der Mühll heraussen, es war zum ersten Mal daß ich mit Burckhardt etwas näher und menschlicher beisammen war, ich war mit ihm auf dem Berg es war ein starker Sturm aber es sah alles wunderschön aus und er sprach sehr klar und hübsch über Dinge im Leben, besonders etwas merkte ich mir, daß er sagte man solle sich nicht bei den kleinen Gelegenheiten vergeuden, es sei so wichtig sich für eine Sache im Leben ganz aufzuheben. Und ich bin noch ungeheuer leicht zu beeinflussen, sofort hatte *er* Recht, ich dachte natürlich immer an meinen Fall, und hatte die besten Vorsätze, aber es ist schon aus. Wir knüpften daran an daß Willi eine Geschichte mit einem kleinen Mädl angefangen hatte, es sehr ungeschickt viel zu weit gebracht hatte und nun das Mädl, die übrigens ziemlich hysterisch sein muß, es ihrer Mutter erzählt hat und daraus eine ganze ziemlich skandalöse Geschichte wurde, wo er doch recht dumm dasteht. Es hat mir übrigens sehr gefallen, wie ernst Burckhardt über solche Art Sachen denkt und wie nett er sprach. Ich beschimpfte das Mädel und redete viel von Verantwortung etc., aber was ist eigentlich der Unterschied zwischen ihr und mir? Höchstens daß ich von Natur aus mehr aushalte. Aber sonst auch nichts. Ich hätte

gern Willi was Nettes getan, aber ich wußte nicht wie. Er ist doch ein rührender, armer kämpfender Mensch. Ob er einmal durchkommen wird? Am Mittwoch [30. März] war Erwin heraußen, ich wollte eigentlich so viel mit ihm reden, aber mir fällt rein garnichts ein wenn er da ist, ich hab immer gemeint man wird gescheiter, aber es ist komisch, ich muß mich unendlich zusammennehmen um mit ihm ordentlich zu reden. Und auch ihm fällt ja jede Art von Mitteilung so unendlich schwer daß es manchmal beinahe komisch ist.

Ich ging mit ihm nach Mauer es war beschwerend und unbeflügelt und ich wünschte mir wenigstens für Minuten das Temperament von der Gretl. Aber was ich ihm sagen wollte, das war weg, es war der Erwin da, der Mensch mit seinen Irrtümern und auch seiner Herrlichkeit, es war der den ich so unendlich lieb habe, daß doch unter und neben jedem meiner Gedanken der Gedanke an ihn ist und ich wollte ihm helfen, ihm nur einen Moment angenehm machen, nicht aber ihm feig Adieu sagen, weil ich Angst habe. Ich glaube er hat meine Mühe und meinen Wunsch gespürt und hat gesagt ich soll den nächsten Abend hinaufkommen. Es war auch die Lilith da, er war furchtbar nett und sogar das sonst spießige Gespräch ging ganz gut, obwohl es so merkwürdig ist, daß ich immer das Gefühl habe, Mutter u. Lilith kontrollieren was ich sage und das macht mich befangen. Dann fragte mich Erwin auch mit ganz ruhigem Gesicht ein paar direkte Fragen die nicht ganz leicht waren und ich hatte ein bissl das Gefühl, man forscht mich aus. Aber es tut mir gut, denn sonst sag ich immer nur »Ja« auf alles, so mußte ich für etwas einstehen. Es war der Cornet von Rilke, den ich schlecht fand.

Dann ging die Mutter schlafen, Lilith zur Elektrischen und ich blieb noch ein bissl mit Erwin und hatte ein Gespräch mit ihm, natürlich ein ganz anderes als das mit Burckhardt so schön ausgedachte, und wir waren wieder gut und nahe wie sonst, oder sogar besser und schöner. Ich will nicht denken wie es einmal ist, und solang ich ihm Freude machen kann will ich es tun.

Am nächsten Tag war Gretl in der Stallburggasse, ich ging dann lang mit ihr spazieren und sie sprach viel und menschlich von Erwin. Er tut ihr doch mit Vielem Unrecht. Sie war furchtbar lieb und so reizend zum Ansehen wie immer.

8. IV. [Rodaun]
Erwin hat seine Bilder von der Ausstellung zurückgezogen. Ich bin erst sehr erschrocken, weil ich dachte, es sei irgend etwas geschehen, dann traf ich ihn und fragte ihn geschwind: Warum hast Du Deine Bilder zurückgezogen? Er wurde erst rot und erklärte es dann, ein bissl kompliziert aber immerhin so, daß noch nicht der richtige Moment sei und er erst mehr machen müsse, etc. Ich bin so froh, daß er es erkannt hat, vielleicht wird er dann auch weiterhin etwas merken. Wir waren im Schloßpark.

9. IV. [Rodaun]
Gestern war Wiegele heraußen. Er schaut entzückend nett aus, klein unscheinbar mit brennenden Augen. Wir waren alle verliebt in ihn, Resi nicht am wenigsten. Er spricht ganz leise und schüchtern, ein mühsames Hochdeutsch aber furchtbar nett. Übermorgen fahren wir vielleicht zusammen. Das wäre sehr hübsch. Wenn der Erwin doch genug Talent hätte!!

14. IV. Kehl b. Straßburg
Wien liegt weit hinter mir und ich bin wirklich auf dem Weg nach Paris. Gestern ein hübscher Tag in München, Ottonie, Hans-Wilke und die Kinder, dann in der Wohnung wo Ottonie wohnt einen wunderschönen Picasso gesehen, einen ster-

benden Pierrot, ganz einfach und hell gemalt und zwei Menschen die dabeistehen und ihn gespannt anschauen. Dann Gerty besucht sie hat es sehr nett und es hat ihr sichtlich gut getan. Dort erste Erinnerung an Erwin, nämlich seine Holzschnitte an der Wand. Heute eine lange Fahrt durch ganz Deutschland, hier sprechen sie alle elsässisch das ist sehr hübsch. Morgen früh Paris. – Ja richtig, gestern mit Ottonie begegneten wir einem älteren Herrn, nicht aufregend in Civil und nachher sagte O. dies ist Ludendorff. Ich war sehr erstaunt.

17. IV. Paris.

Meine Ankunft war sehr nett, Zifferer auf der Bahn und führte mich im Auto gleich durch die ganze Stadt es war noch schönes Wetter, wir fuhren über die Boulevards, Champs Elysées die place de la Concorde und alle diese Sachen von denen man schon so viel gehört hatte zu sehen war schön. Ich wohne wie ich es mir doch immer gewünscht habe, in einer Dachstube, reizend und gemütlich eingerichtet, mit dem Blick über viele Gärten und blühende Kastanienbäume und dazu schneit es ganz richtig. Gestern früh mit Wanda in der Stadt, das Louvre die Seine und die großen Boulevards angeschaut, es war schön und man bekam einen Eindruck von der ungeheuren Größe. Von der Ferne die Notre Dame Kirche gesehen, und alles in schönem Licht, aber schon mit eisigem Nordwind. Nachmittags mit Paul im quartier Latin, die Sorbonne, Panthéon und dann zu Fuß herunter über die île zur Tour St. Jacques, die wunderschön ist. Dann mit der Métro gefahren auch eine Sensation und allein über die Avenue du Bois nach Hause. Das war ein sehr großartiger Anblick, mit schönen Wolken. Heute ein so starker Schnee, daß ich vormittag nicht in die Stadt fahren will.

18. IV. [Paris]
Gestern nachmittag Madame Clémenceau, nicht erfreulich, zu viel Schminke, alle so affektiert, wie ich es gar nicht geglaubt hatte. Abends mit Bertha im Theater de l'œuvre, Le pêcheur d'ombre, ein sehr hübsches Stück, der Autor spielte die Hauptrolle, reizend und natürlich. Es hatte ein so hübsches Tempo und die Sprache klingt auf der Bühne wie Musik.

Heute nachmittag zum ersten Mal allein in die Stadt, großartig im Café de la Paix gesessen, dann hinunter in die Tuilerien, es war wundervolles Licht, ein bissl gewitterig, ein bissl nebelig, und dann den Quai entlang über eine schöne Brücke zur Notre Dame, die fabelhaft ist. Auch innen gewesen und dann im Quartier St. Séverin angeschaut, und dann nach Hause. Ich fühle mich so leicht und zu Hause hier, das ist eigentlich seltsam, nach drei Tagen. Alle Bäume sind wundervoll und immer ein schöner Himmel. –

Der letzte Abend mit Erwin war so hübsch wie lange nicht, leider als wir nach Hause gingen hängte ich mich ein und natürlich begegneten wir die Poldi. Sie ruft Erwin, er wird sehr verlegen, bleibt stehen und kommt dann mit ihr. Sie ist wütend weil er ihr eine falsche Konzertkarte gegeben hat, behauptet er macht es zu Fleiß, ich wollte nett mit ihr sein, und war es auch. Sie ist ja ein armer Kerl. Nur hat sie doch nicht die rechte Art mit ihm. So war mir eigentlich der Abend verpatzt und ich wollte ihn doch einmal haben, für mich, ohne denken zu müssen, daß nach fünf Minuten die Andere da ist. Er sollte sich doch wenigstens einen anderen Tag aussuchen. Mais c'est trop bête. Ich hab seinen Holzschnitt: »Die Straße« mitgenommen und hier aufgehängt, er sieht schön aus.

20. IV. [Paris]
Gestern früh im Louvre, die Einteilung angeschaut, dann nachmittag im Quartier Latin, wollte Marguerite besuchen, sie

war aber nicht zu Hause, dann die Kirche St. Geneviève beim Panthéon fabelhafte Gotik mit den Gräbern von Pascal und Racine. St. Geneviève ist die Patronin von Paris, und es sind viele Marmortafeln mit Dank, unter anderem auch eine, die ich herausgeschrieben habe, denn sie ist so typisch für die Mentalität der Franzosen: A St. Geneviève qui a préservé Paris de l'invasion des nouveaux Huns, 1919. So was wäre doch in einer Kirche bei uns ausgeschlossen. Dann durch alte Gassen in den Jardin de Luxembourg, wo alles schon grün und schattig ist und nachhause. Heute früh allein im Louvre, die alten Italiener mit großer Freude gesehen, Ghirlandajo, Perugino, einen wunderbaren Sebastian, dann Botticelli-Madonnen, fabelhaft schön. Und weiter bis zum Lionardo, mit den geheimnisvollen Farben und Gesichtern, bis zur Salle Carrée, mit dem fabelhaft leuchtenden Correggio. Dann auf der Stiege die Nike, ohne Kopf, ohne Arme und Füße und doch von unerhörter Kraft und Bewegung, man spürt den Sturm der die Flügel rauschen läßt man spürt die nassen Kleider die an dem Körper kleben, es ist fabelhaft. Endlich ist auch schönes Wetter, Licht und Wolken. Zifferer ist nett aber tyrannisch.

21. IV. [Paris]

Das Grabmal Napoleons angeschaut, wunderschön der Sarg aus rotem Porphyr mit den Fahnen herum, und dem goldenen Licht von oben und so schön und eindrucksvoll die Worte: »Je veux que mes cendres reposent au bord de la Seine, au milieu de ce peuple français que j'ai tant aimé«. Dann eine wundervolle Totenmaske Napoleons, ein ganz vergeistigtes Gesicht, die Nase herrlich. Auch der Hof des Invalides sehr schön, ein bissel komisch die erbeuteten Kanonen und deutschen Luftschiffe die dort aufgestellt sind. Sehr schön war mein Weg zum ersten Mal zu Fuß über die Champs Elysées und durch den Triumphbogen und über den pont Alexandre zum Invalidendom. Es blüht schon überall der Flieder und Tulpen und die Stadt ist unerhört schön. Dann den Eiffelturm, der die größte Scheußlichkeit des ausgehenden XIX[ten] ist, diese sinnlose Übermaschine, für nichts da und doch ein monstre, pfui Teufel.

22. IV. [Paris]
Vormittag im Louvre, Rembrandt, Holbein, Rubens angeschaut.

23. [April Paris]
Musée Carnevalet, im alten reizenden Palais der Madame de Sévigné, alle Zimmer sind noch ganz unverändert seit ihrer Zeit und es ist wirklich entzückend. Ein Hof mit einem großen Baum sah wundervoll aus.

24. IV. [Paris]
Heute im Louvre, die Franzosen angeschaut von Poussin bis Fragonard etc. Es waren ein paar wundervolle Bilder, besonders eben diese zwei Maler. Von Claude Lorrain war auch manches schön. Boucher und Watteau gefielen mir nicht so gut wie Fragonard.

28. IV. [Paris]
Montag [25.] nichts Besonderes. Dienstag [26.] vormittag Louvre Franzosen, nachmittag bei Clémenceau, Bertha abgeholt, eine scheußliche Ausstellung im Grand Palais, dann ein Dancing angeschaut, wo es ganz lustig war und wo plötzlich Anette Kolb hereingeschneit kam. Mittwoch [27.] vormittag Luxembourg, wo ein paar schöne Bilder sind, Renoir etc. dann

St. Sulpice. Nachmittag mit Zifferers durchs bois de Boulogne nach Passy gegangen. Abend bei Mayrhausers, sehr nett. Heute vormittag mit der alten Frau Mayrhauser, die sehr nett ist, ins Louvre gegangen, Franzosen gesehen. Endlich schönes Wetter.

30. IV. [Paris]

Gestern vormittag auf der Notre Dame Kirche, dann Ste. Chapelle und ein Stückl am Quai auf und ab gegangen. Nachmittag im Bois spazieren gegangen, es war reizend und französisch.

Gestern Abend eine glänzende Vorstellung gesehen in einem hübschen kleinen Theater, Le grand duc von Sacha Guitry. Heute vormittag mit Anette Kolb herumgelaufen bissl im Louvre.

2. Mai 1921 [Paris]

Samstag [30. April] nachmittag bei Madame Sautreau die sechsundachtzigjährige Witwe Björnsons gesehen, sie sah rührend aus, ganz in weiß und hört kaum mehr. Die Wohnung sehr hübsch und die Leute sehr nett. Frau Sautreau erzählte eine lustige Sache: man fragte an der Polizei die alte Frau Björnson, ob ihre Eltern noch leben! Abends Comédie, Le passé von Porto Riche ein unerquickliches Stück und bis auf die Mlle Simone eher schlecht gespielt. Bertha war auch in der Loge. Sonntag, 1. Mai, fuhren wir nach Fontainebleau. Das Schloß ist wunderschön seit Francois I. wird daran gebaut und alles bleibt immer wieder erhalten. Sehr schön die Zimmer Napoleons I. Dann eine Fahrt in den Wald, die Gegend ist so schön, wirklich la douce France. Auf der Rückfahrt lauter Studenten mit ihren kleinen Freundinnen und großen Fliederbuschen, entzückend. Heute früh Montmartre und Cimetière, so typisch ist folgende Geschichte: Der Gardien führt uns zum Grab von

»Henri Heine«. Er fängt plötzlich an sehr gut die deutschen Verse die auf dem Stein stehen zu lesen, kennt alle Sachen von Heine, kennt aber auch die Sachen von Dumas, der ein Stückl weiter begraben liegt. Dann erzählt er uns, daß jeden Sonntag hunderte von Menschen ein einsames Grab besuchen »la dame aux camélias«, die Geliebte Dumas, Alphonsine Plessis, décédée à l'àge de 23 ans. Wir sehen das Grab, es ist voller Blumen und nie wird wer anderer darin begraben sein, Dumas hat es gekauft, für immer. Eine sehr nette Geschichte erzählte Zifferer: im Panthéon sehen sie die Gräber an. Ein junges Mädchen, eine Frauenrechtlerin, beklagt sich, daß nur eine Frau dort begraben sei, und die nicht aus eigenem Verdienst, sondern weil sie in der selben Stunde wie ihr Mann gestorben ist. Höflich sagt der Wächter: »Madame, nous attendons Mme Curie!« Das ist so typisch französisch. Überhaupt die tournures de phrases! Ein Serviermädel sagt: je vous laisse le soin d'essuyer les cuillères, etc.

Nachmittag holländische Ausstellung gesehen, mit schönen Rembrandts und Vermeer. Dann Musée Rodin, in dem entzükkenden alten Palais in der rue de Varennes, mit einem alten Garten, und den wunderbaren Statuen des letzten großen Bildhauers. Er ist wunderbar schön!

4. Mai 1921 [Paris]

Heute große Messe zum 100. Todestag Napoleons, alle Generäle und die ganze Notre Dame voll Menschen, Lichter und Fahnen. Leider sah ich anfangs sehr schlecht, später war es besser. Die Kirche sah sehr schön aus. Zu Mittag Gäste, junge Dichter, Jean Sarment, der Dichter von pêcheur d'ombre und Crommelynck, von dem ich gestern ein im höchsten Maße unerquickliches Stück gesehen hab, der mir aber als Mensch sehr gut gefiel. Sie sind alle Bolschewisten, ja das geht so weit, daß sie deswegen Napoleon hassen, was ich ja nicht verstehe.

Erstaunlich blöd war Auernheimer, ich genierte mich für Österreich ...

5. v. [Paris]
Am Triumphbogen große Parade. Die republikanische Garde sprengte zweimal um den Platz, viel Generäle, Uniformen, Musik, und im Ganzen eher traurig. Die Fahnen trugen sie gesenkt, wie bei einem Begräbnis, und am selben Tag schicken sie den Jahrgang 19 an die Ruhr. Es nimmt wirklich kein Ende. Großer Enthusiasmus für Napoleon war nicht, die Zeitungen behandeln ihn ganz als akutes politisches Ereignis, d.h. die linken als Raubmörder en gros, die rechten als Vater aller Generäle und Kriege, eigentlich niemand als das Genie. Heute ist schon wieder ein Fest, ein Fackelzug in Neuilly, zu Ehren von Jeanne D'Arc und ich höre in der stillen Nacht die Trommeln und Trompeten. Warum nur die Welt den Krieg und das Trara so gerne hat? Heute nachmittag in der Malmaison und auf der wundervollen Terrasse von St. Germain. Es war gewitteriger Himmel, und die Seine und die ganze süße grüne Landschaft sah wundervoll aus. Und Gärten, nichts als blühende Gärten.

Gestern abend mit Auernheimer im Theater du vieux Colombier, zwei Stücke »Le paquebot Tenacity« von Vildrac und le Carosse du St. Sacrément von Mérimée, glänzend gespielt.

9. Mai 1921 [Paris]
Gestern wieder Prozessionen und Feste zu Ehren von Jeanne D'Arc. Ich verbrachte einen sehr netten Tag mit Augustine. Erst Messe in St. Sulpice dann Mittagessen in einem kleinen Gasthaus der Rue St. Jacques und nachmittag im Louvre und im Tuilerien-Garten. Heute Spaziergang durch Bois nach Passy und Zifferer abgeholt.

11. Mai [Paris]
Gestern nachmittag Louvre mit Mama Mayrhauser. Nachmittag Bois mit Mayrhauser, Jause im Castlan. Heute vormittag Vortrag von Pré Copeau über Molière, Médecin malgré lui. Sehr interessant, Teilung in zwei Gruppen, die eine, laute farbige, die andere helle, Sganarelle der Typ des französischen Bauern, witzig, blageur. Über die Farbe, den Geschmack eines Stückes.

13. Mai [Paris]
Gestern Ausstellung Ingres, nicht schön, dann Bois. Heute Louvre, sehr schöne moderne Bilder gesehen.

14. Mai [Paris]
Südwind. Mein neunzehnter Geburtstag. Alle waren sehr nett, Marie-Lore brachte Blumen und von der Wanda bekam ich Handschuhe und Taschentücher. Nachtmahl bei Mayrhausers er überreichte mir rosa Nelken. Es war sehr nett.

15. Mai [Paris]
Heute Versailles und Trianon. Es war sehr schön und der Park und die ganze Anlage ist wirklich wundervoll und nichts wie Liebe, Liebe, ... so viel, daß es einem grausen könnt, wenns nicht doch schön wäre.

16. Mai [Paris]
Comédie française, Theâtre und Le cocu imaginaire. Es wurde sehr gut gespielt und der Molière war sehr reizend. Mittagessen studentisch auf einer Bank im Tuileriengarten.

17. Mai [Paris]
Vortrag von Claudel. Ich war riesig gespannt ihn zu sehen und etwas enttäuscht. Klein, dick, und beinahe ein bissl spießbürgerlich, dann las er die Rede und noch dazu schlecht, und dann trug ein Schauspieler und eine Schauspielerin einen Dialog von ihm vor, Dante und Beatrice. Das war sehr schön. Auch die Rede war schön, hauptsächlich in den Wendungen. Aber ich hab ihn mir doch anders vorgestellt.

18. v. [Paris]
Kurs von Copeau über den Avare. Erst sprach er über Längen in Stücken, wo man kürzen dürfe und wo nicht (longeur und langeur). Shakespeare Macbeth, nach einer aufregenden Scene wo dasselbe nocheinmal behandelt wird, aber erzählend, wie das gewöhnlich weggelassen wird. Über die Einheit des Stükkes und der Figuren (nicht da Figuren, – da Stück). Über die erste Scene des Avare die nicht weggelassen werden darf. Die Wirklichkeit, daß es ein Familienstück ist. Nicht als Farce zu spielen. La Flèche, le filou sympathique.

Montag 23. v. [Paris]
Die Zeit vergeht rasend schnell. Donnerstag [19.] im Louvre und nachmittag im Panthéon. Freitag [20.] nachmittag bei sehr schönem Wetter in St. Cloud. Abend Pelléas und Mélisande, es hat mir sehr gefallen, nur ist es zu lang. Abends einen Brief vom Erwin, es geht ihm nicht gut, aber es ist furchtbar lieb von ihm, daß er schreibt. Samstag [21.] nachmittag Rodin Museum, sehr sehr schön, abend eine sehr gute Aufführung von Nora mit Després. Beim Nachhauseweg den Montmartre am Abend gesehen, sehr unheimlich. Gestern Sonntag mit Zifferer in St. Denis und Enghien. Der Dom und die Gräber sind wundervoll.

Heute früh eine Ausstellung der letzten Werke Picassos, es war eher traurig und man kommt sich wie in Gesellschaft eines Verrückten vor. Und wenn man gesehen hat, daß das wirklich ein großer Maler ist, wie unser Bild doch beweist, ist es wirklich traurig. Jetzt ist ein Gewitter, es ist sehr erfrischend.

25. V. 21 [Paris]
Gestern nachmittag das alte Paris angeschaut. Viele alte Häuser unwahrscheinlich kleine winklige Gassen, nur leider wahnsinnig schwül. Heute früh auf der île, die mit den Blumenverkäufern wunderschön aussah.

27. V. 21 [Paris]
Heute auf der île St. Louis. Wunderschön.

28. [Mai Paris]
Gestern vormittag Cluny, nachmittag Foire in St. Cloud, sehr nettes Nachtmahl und sehr hübsch. Heute früh Louvre.

[Anfang Juni Basel]
Am Sonntag [29. Mai] nachmittag Clémenceau und Mr. Kannolo mit scheußlichen Gedichten, Mr. Clémenceau schaut genau wie der tigre aus. Dann nach Hause durchs Bois. Montag [30.] nachmittag bei der Mlle Besnard, eine sehr hübsche Wohnung in der Rue de Rivoli sie erzählten viel von den deutschen Bomben. Dienstag [31.] früh Abschiedsgang durchs Louvre, nachmittag Fahrt durchs Bois, dann zur Comtesse de Noailles. Eine entzückende Wohnung im fünften Stock, sie liegt im Bett, alles herum ist gelb, sie hat offene kohlschwarze Haare, und spricht wie ein Wasserfall. Sie informiert sich über

Oesterreich und war furchtbar nett. Schließlich ging die Tür auf und es kam zu meinem tödlichen Schrecken M. Maurice Barrès. Wir wollten gehen, aber das wäre doch ungeschickt gewesen, so blieben wir. Er war sehr höflich und sehr zugeknöpft. Schließlich taute er auf und da wir ihm mit Feuer Oesterreich erklärten, sagte er am Ende: Avec vous on pourrait très bien s'entendre. Er schätzt auch sehr Claudel, sie nicht. Sie hatte eine reizende Art Conversation zu machen und immer ein bissl zu opponieren um das Gespräch animiert zu machen. Sie ist die richtige grande Dame. Und wir sind wahrscheinlich die ersten von là bas, die mit Maurice Barrès gesprochen haben, und leider muß ich sagen, daß es bedeutend leichter geht, als mit einem deutschen Chauvinisten. Von Deutschen hat Einstein einen großen Namen dort, dann noch Reinhardt. – Nachher gingen wir auf den Mont Martre nachtmahlen, im Rat mort, aber unten, dann mit Mama Mayrhauser auf die Bahn, und am Mittwoch [1. Juni] um 8 h hab ich Paris verlassen. Ich hatte eine sehr hübsche Reise und um 5 h war ich in Basel. Frau Burckhardt ist furchtbar nett und Dory wie immer reizend.

5. [Juni Basel]
Gestern abend im Münster die heilige Elisabeth von Liszt. Die Kirche sehr stimmungsvoll.

12. Juli [Aussee]
Einen Monat nichts geschrieben. In Wien eine ziemlich gehetzte Zeit, viel zu tun, die Stadt nach Paris öd, klein, und wenig anziehend. Erwin hat zweimal geschrieben, und ich warte schon wieder sehnsüchtig, ihn zu sehen, nachdem ich hundertmal mir ausgedacht habe, daß es nicht notwendig ist, daß ich ihn garnicht so gern habe, etc. Einmal bei Langs gewe-

sen, der Zauber war weg, Mutter und ein paar alte Frauenrechtlerinnen, sehr langweilig und jedes Mal wenn die Tür ging schaute ich, ob der Erwin herein kommt. – Am letzten Tag zu Mittag beim Burckhardt, er war netter und menschlicher als sonst, sehr gescheit und in guter Verfassung. Es ist doch ein Glück, daß nicht alle Menschen immer jammervoll sind. Jetzt momentan ist es Willi. Seit Samstag [9. Juli] in Aussee, sehr heiß und ich fühle mich noch nicht ganz zu Hause.

29. August [Aussee]

Ein ganzer Sommer – heiß und schön zum Baden, die Brüder Karamasoff gelesen, sonst eigentlich nichts getan. Isepp einen Monat bei uns, und furchtbar nett. Vom 15.–21. in Salzburg, wunderbare Jedermann-Aufführungen, besonders schön am Abend bei Fackel. Dann schöne Abende in Leopoldskron, das Schloß ist ganz märchenhaft und Reinhardt gefiel mir ausgezeichnet. Dann war die Karsavina, tanzte im Theater und im Freien, beides märchenhaft. Sie sah auch immer sehr schön und streng aus, auch die Thimig. Bertha Seeland kennen gelernt und ich bin sehr entzückt von ihr und sie tut mir sehr leid.

12. September [Aussee]

Vorgestern komme ich in der Früh aus dem Markt herauf, höre Mama mit jemandem sprechen, der Erwin sitzt im Zimmer. Ich bin also wahnsinnig erschrocken, die Knie zitterten und ich bin ganz blaß geworden. Dann war ich mit ihm allein auf der Wiese, es war schwer, wieder anzufangen, ich spürte seine Unbefriedigtheit, und ich kam eigentlich nicht dagegen auf. Dann Mittag mit allen, dann noch Stücke von Gesprächen, alles ohne Ende und ohne Freude. Dann der Weg auf die Bahn, ein Termin, keine Zeit, ihm nahe zu kommen, wie er wollte, es war nur traurig. Ich spürte seine Schwere, seine

Compliziertheit, alles wieder neu und doch schon gekannt. Er warf mir das »zu wenig« vor, meinerseits, ja ich weiß es ja, aber ich sehe kaum einen Ausweg. O, warum mußte daraus so etwas werden! Dann fuhr er weg, ich konnte ihm kaum mehr etwas Gutes sagen, und seit Tagen komm ich nicht los davon. Isepp ist so furchtbar lieb mit mir, aber er kann mir wohl nicht helfen. Wenn ich nur wüßte, wie ich es weiter machen soll.

22. November. [München]

Seit vierzehn Tagen hier in München. Die letzte Zeit in Aussee eher schwierig, aber viel für den Papa zu tun. Er hat das Welttheater fertig und auch am Sigismund viel weitergebracht. Hierher gefahren mit Martha u. Jakob. Der »Schwierige« sehr reizend aufgeführt, mit Waldau als Cari, Oskar Karlweis als Stani, einer reizenden Helene, Frl. Bergner und auch die Übrigen nicht schlecht. Es hatte richtigen Erfolg und geht sehr gut. Ich bin froh wegen Papa. Hier sehr viele Menschen gesehen, ich fühle mich, wie immer wo anders, sehr wohl. Mein Hotelzimmer ist reizend. Otto war herinnen, Hans Wilke studiert hier, Mädy – und Luli, kurz lauter nette Leute. Sehr viel mit Wolde zusammen, Bilder angeschaut, vor allem wunderbare Franzosen in der Staatsgalerie. Ein herrlicher Cézanne. Einen Nachmittag in der Bremer Presse, so arbeiten doch nur die Deutschen. Sie sind überhaupt märchenhaft tüchtig und anständig, natürlich leicht ein bissl geschmacklos. Frieda Thiersch ist sehr schön aber ein bissl ungemütlich. Sehr traurig war es Frau Borchardt zu sehen, die Setzerin an der Presse ist, und so arm und verlassen wirkt.

Jakob Wassermann hat einen Vortrag gehalten: »was ist die Gestalt«, es war ganz schön, nicht sehr klar aber wenigstens nicht so rein negativ wie das Meiste was jetzt geschieht. Er schloß damit, daß man vom alles tötenden Wort nun wieder zu Gestalt zurückkehren sollte.

Bei Thomas Mann, zweimal, alle sehr nett aber nichts Herrliches.

Sibylle Castell furchtbar lieb und arm, aber zufrieden mit dem Mann.

Die letzten 10 Tage in der Wohnung von Wolde, mit Marlo Meyer Wolde sehr nett gelebt, dann auch noch mit ihm und dem sehr netten Alberti. Jetzt bin ich seit Samstag hier, will aber nicht lange bleiben. Die Atmosphäre unter allen diesen Frauen mit Unglück ist nicht so herrlich. Ich war so schön aus allen Complexen heraus. Übrigens glaube ich, daß ich mich gegen mich selbst anständig benommen habe. Was ich allerdings ihm sagen werde wenn ich ihn treffe, weiß ich nicht. Aber ich bin auf etwas gekommen, wenn man schon einen Fehler gemacht hat so ist man dadurch nicht verpflichtet immer weiter welche zu machen. Es kommt mir so sonderbar vor, daß alles vorbei sein soll, und ich hab doch beinahe geglaubt, es ist das Richtige.

31. XII. 1921 [Rodaun]

Jahresabschluß. Zu Weihnachten von Erwin einen glückbringenden Jade-Stein bekommen. Ich glaube unserer Angelegenheit kann nichts mehr viel Glück bringen. Ich hab ihm gedankt, aber hab noch immer solche Angst, ihn zu treffen. Da es ja sicher nur unangenehm sein wird, ist es ja nicht so eilig. Ich war eher traurig. Wenn ich denke, daß ich beinahe geglaubt hatte, ihn heiraten zu können und womöglich nach China zu gehen, und wenn ich sehe, wie weit jetzt China und alles Solche von mir ist. – Aber sentimental auch noch sein, hat gar keinen Sinn. Ich will nur nicht feig sein. Ich hab den Martin bei der Gretl gesehen.

Ich habe dieses Jahr verbracht, habe erlebt und mich treiben lassen, nicht eigentlich etwas getan. Ich will im nächsten Jahr versuchen, wieder gescheiter zu werden, das heißt auf eine höhere geistige Stufe zu kommen, denn das Leben ist, für mich einmal sicher, nur vom Geistigen aus zu bewältigen, da kann der Erwin sagen was er will. Das Andere kann dann kommen, als Krönung, aber man fangt doch nicht an einen Turm beim Kreuz zu bauen.

Mit Gottes Hilfe weiter.

Im Namen des Vaters, des Sohnes und des heiligen Geistes.

1922

8. Februar [Rodaun]

Hab ich vergessen zu schreiben, oder schäme ich mich? Ich hab ihn gesehen, hab ihn oft gesehen und rede mir ein es ist besser geworden. Aber ich hab ihn lieber als je. Einen Abend sind wir zusammen ein bissl herumgegangen, er hat sich scheinbar ziemlich zusammengenommen, war lieb und warm. Ich hab mich soweit gebracht, frei und ohne Hemmung mit ihm über Verschiedenes zu reden. Aber ich bin wieder unruhig. Denke nur an ihn rede von ihm.

Wiegele war in Wien. Ich verbrachte einen hübschen Abend mit ihm bei Isepp und war auch im Museum mit ihm. Er hat mir sehr gefallen.

Papa hat bei der Bertha Zuckerkandl das Welttheater vorgelesen, es war sehr nett. Erwin war auch da, ich hoffe es hat ihm gefallen.

[Anfang Juli Rodaun]

Wir fahren nach Deutschland. Was dazwischen liegt will ich nicht nachholen.

9. Juli

Wien – Passau. In Passau übernacht, am Morgen die Stadt angeschaut. Sonntag [8. Juli] nach Nürnberg. Abends im Mondschein durch die Stadt. Man muß sich an die Gotik erst gewöhnen.

10. [Juli Nürnberg]
Montag [9.] Kirchen angeschaut und alte Stadtteile. Dann baden, gegen Abend auf der Burg.

Mittwoch 12. [Juli]
Von Nürnberg nach Bamberg. Unerhört schön der romanische Dom und die Residenz, die Stadt sehr erfreuend durch schönes Barock. Wir sind doch die Gothik nicht gewohnt. Abends nach Würzburg. Herrliche Kirche Barock mit schönen Statuen, Residenz unerhört großartig. Alles katholisch. Nachmittag auf dem Main gefahren, abends auf der Festung.

Rothenburg 3 Tage, dann wegen Regen 4 Tage München, viel mit Wolde u. Wiegands beisammen. Dann an der Salzach nach Sbg dort Eltern getroffen.

5. August. [Aussee]
Aussee ist mir trüb und öd durch seine Aussichtslosigkeit. Immer dasselbe und dabei nicht Landruhe und Frieden. Ich seh jetzt überhaupt erst, daß ich alle meine Freunde – – –

11. Sept. 22. [Lugano]
Seit 8 Tagen in Lugano, immer Regen. In Basel ein paar nette Stunden mit Carl. Vieles hat sich geklärt und gebessert. – Welttheater und Salzburg sehr schön gewesen. Rudi Schroeder frisch kennen gelernt, große Freude. In Zürich bei Wiegele gewesen, leider nur ein Bild gesehen, doch wieder großen Eindruck von seiner Person, leider in bezug auf Frauen Linie Erwin, oder doch nicht? Wunderschöner Blick über Zürich von seinem Dachgarten.

Abends erzählte mir Carl von seinem Leben, Frauen, Freunden, es ist noch etwas von einem Helden der die Welt erobert und dabei aber nicht in den Wirbel mitgerissen wird. Sehr, sehr schön als Figur und Bild eines Lebenslaufes. Wird sich sicher klar und gut entwickeln.

12. November [Salzburg]
Große Pläne für Zukunft, aber noch nicht klar. – Im Kaffeehaus mit Reinhardt u. Helene Th.[imig] u. Eltern, plötzlich Erwin gekommen.

Genügend Contenance aufgebracht. Aber anfangs recht fremd und schattenhaft neben der großartigen Wirklichkeit einer Figur wie Max Reinhardt.

Ende Dezember [Berlin]
Seit 3 Wochen ein ruhiges Leben in Lutz Woldes Berliner Wohnung. Berlin gefällt mir in gewisser Beziehung. Ich will hier bleiben, wenn nicht etwas mir meine Entschlossenheit wieder nimmt. Warum ist auch das Leben so schwierig? Und ich hab es immer geleugnet.

Mein erster Abend in Berlin ein gutes Zeichen durch Edmund Reinhardt. Sonst Pallenberg wiedergesehen, Nostitz, Besuch bei Liebermann, er noch immer gescheit, witzig.

1923

[Januar Berlin]
Weihnachten bis 6. Januar Bremen bei Rudi. Rudi furchtbar gescheit und witzig. Dora sehr nett, viele Menschen gesehen aber nichts Besonderes, die alten Teile der Stadt sehr schön.

Seit 6. hier in meinem Zimmer in Berlin. Alleinleben ist sicher in vielen Beziehungen sehr gut. Es tritt alles viel mehr an einen heran und man lernt die Menschen besser und deutlicher kennen. Z. B. hat sich Walter M. nicht günstig erwiesen. »So« fasse ich meine Freiheit nicht auf.

Viele Menschen gesehen, K.[äthe] R.[iezler], den falschen Borchardt, bei Frau Feist in Wannsee gewesen, taktlos und dabei ganz amüsant. Sonst Rudolf Großmann ganz sympathisch gewesen. Dagegen soll Stefan Großmann einen so schlechten Ruf haben, daß ich mich garnicht mehr bei ihm gemeldet habe. Lutz ist eigentlich noch der Erfreulichste. Abend bei Ernst Borchardt. Ganz gemütlich, aber Atmosphäre von »homme à femmes« gemischt mit falschem Boten. Er lobt Rudolf sehr vor mir, aber ich weiß nicht ob es ihm ernst ist. –

Gestern nachmittag bei Lutz den ich wirklich sehr gerne hab. Er ist immer gleich lieb und auch gescheit nur etwas schwach. Abends lange bei Stuckens die ich entzückend finde. Besonders er ist so ein rührendes Mannderl und weiß so viel.

26. [Januar Berlin]
Trude Mayrhauser ist tot. Es ist so unfaßlich daß ich oft mitten in der Nacht aufwach und denk ich hab es nur geträumt. Wenn

er ihr je Unrecht getan, und das hat er, so ist er jetzt zu schwer gestraft. Wenn man nur helfen könnte, aber ich trau mich garnicht hin, war auch nicht beim Begräbnis. O Gott, wie schrecklich. Wenn ich an die kleine süße Lotti denke.

18. II. 23 [Berlin]
Walther war bei mir.

Drei Tage bei Ottonie, mit Papa, es war sehr schön und harmonisch. Große Freundschaft mit Wiegand. Er ist ein lieber und wertvoller Mensch und ich bekam eine ziemliche Wut auf die Frieda Th.[iersch]. Auch Rudi S.[chröder] war unten.

29. III. 23 [Berlin]
Das ist der Tag, wo sich mein Leben entscheidet! Que dieu m'aide!

20. XI. 23 [Rodaun]
Wie viel ist seither geschehen. Mein Leben hat sich anders entschieden. Ich habe eine glückliche Zeit gehabt und muß jetzt trachten, vorwärts zu kommen. Mut.

Bücher ab 1921

Dostojewsky:	Aus einem Totenhaus
Moriz Heimann:	Armand Carrel
Richardson:	Clarissa Harlowe
Boccaccio:	Sei storie
von Unruh:	Platz
Voltaire:	Zadig ou la destinée
Le Sage:	Le diable boiteux

Molière:	L'avare
	Le médecin malgré lui
[Crommelynck:]	Le cocu magnifique
Racine:	Phèdre
Voltaire:	Le siècle de Louis XIV
Barrès:	Le voyage de Sparte
Dostojewsky:	Brüder Karamasoff
Madame de Remusat:	Mémoires Bd. 1
Balzac:	Une ténébreuse affaire
Dostojewsky:	Der Jüngling
Gogol:	Erzählungen
Leopardi:	Gedichte
Borchardt:	Verkündigung
St. Pierre:	Paul et Virginie
Immermann:	Merlin
Manzoni:	I promessi sposi
Th. Mann:	Aufsätze
Ljesskow:	Erzählungen
Dante:	Vita nova
Mereschkowsky:	Tolstoi u. Dostojewsky
Dostojewsky:	Die Erniedrigten und die Beleidigten
Lenotre:	Vieilles maisons, vieux papiers
Claudel:	La Ville I u. II
Hauptmann:	Emmanuel Quint
K. Ph. Moritz:	Anton Reiser
Nietzsche:	Fröhliche Wissenschaft
	Briefe
Grillparzer:	Selbstbiographie
Büchner:	Wozzek
	Lenz
	Leonce u. Lena
Dostojewsky:	die Dämonen
Balzac:	Ferragus ou l'histoire des treize
Kleist:	Briefe

Verkade:	Die Unruhe zu Gott
Dostojewsky:	Tagebücher
Stifter:	Witiko
D'Annunzio:	Il Piacere
Goethe:	Wilhelm Meister
Hitchens:	Bella Donna
Carlyle:	Franz. Revolution
Claudel:	Tête d'or
Grillparzer:	Briefe
Brentano:	A. K. Emmerich
Anatole France:	L'orme du mail
	Le mannequin d'osier
Strindberg:	Ein Traumspiel
Flaubert:	Madame Bovary
Maupassant:	Erzählungen
D'Annunzio:	Trionfo della morte
Strindberg:	Sohn einer Magd
[Prévost d'Exiles:]	Manon Lescaut
Fontane:	Effi Briest
	Grete Minde
Rahel Varnhagen:	Briefe
Keyserling:	Reisetgb. Bd. I
Briefe Napoleons	
Stucken:	Die weißen Götter
Beckford:	Vathek
Anatole France:	L'anneau d'améthyste
Lichnowsky:	Geburt.

Hugo von Hofmannsthal
Briefe an die Tochter
1903–1929

Franz, Christiane, Gerty, Hugo,
Raimund von Hofmannsthal und Richard Strauss, 1918

[Schwarzweiße Ansichtspostkarte:
Abendgesellschaft der Herzogin Anna Amalia.
Zeichnung von G. M. Kraus]

[Adresse:] I. H.
Fräulein Christiane v. Hofmannsthal
Rodaun bei Wien

[Weimar, 29. März 1903]

[Gruß aus Weimar.] von Papa.
Samstag.

[Farbige Ansichtspostkarte: Schloß Grätz bei Troppau]
[Von Hofmannsthal bezeichnet:] Hauptgebäude, Stall

[Adresse:] Christiane Franz u Raimund
von Hofmannsthal
Rodaun bei *Wien*

[26. Oktober 1910]

Mittwoch abends.
Hier wohne ich jetzt und der Wald hat ganz genau diese Farbe.
Hier sind auch 3 Kinder. Grüsse. Papa

Aussee. 21. IX. [1915]

Liebe Christiane, bitte such auf dem Boden ein mittelgrosses Buch »Franz Stelzhammer« von Max Burckhardt und wenn du es findest, so leg es auf meinen Schreibtisch. Du kannst es auch lesen, es ist vieles Schöne darin.

Grüsse von Deinem Papa.

[Briefkopf: Fritz Toepfers Hotel Prinz Friedrich Carl Berlin]
Montag den 21ten II. [1916]

meine liebe Christiane
du hast einen schlechten Papa, der dir seine Freude über dein schönes Zeugnis so verspätet ausspricht. Du weißt ja, daß mir Alles Freude macht, was dir gelingt und dich weiterbringt, du weißt aber auch, daß dieses geistige Gelingen nicht *alles* ist, sondern daß es noch mehr auf die ganze Breite des Lebens ankommt, auf das gewöhnliche Dasein, ob man da das Richtige tut und nicht tut, redet und nicht redet, denkt u. nicht denkt. Das wirst du ja auch fertig bringen, du hast ja in deiner Mutter, die du immer um dich hast, das schönste Beispiel dafür. Ich grüße dich, mein gutes Kind, und grüße auch die Buben, der Franzi soll sich halt zusammennehmen, damit er im zweiten Semester mit Anstand durchkommt, und der Kleine, dieser faule und schlampige Aff, soll sich auch etwas verbessern.

Dein Papa.

Ferleiten 19. VII. [1919]

Liebe Christiane,
schau vielleicht, daß du den Teil des IIten Actes von dem Lustspiel bald schreibst, vielleicht werd ich ihn brauchen. – Sag der Mama, daß ich Alles in den Koffern gefunden hab, nur den Reis nicht; vielleicht war der vergessen. Ob sie mir vielleicht ein oder zwei kleine Packerln davon schicken könnte, wenn es leicht geht. – Denk dir daß ich hier jeden Morgen große Lust hab, in die Höh zu steigen, und es auch tu. Man steigt an den gratigen Talwänden ziemlich steil aufwärts solche Viehtreibwege zu den Almen, und hat sich gegenüber die verschneiten u. vergletscherten Kämme und Zinken, die du von der Zwieselalm aus gesehen hast, und keinen Laut als Wasserfälle, eine läutende Kuh und dann und wann das Rollen von Lawinen. Auch das Hinabsteigen macht mir hier gar nichts, weil es nicht steingeröllig ist, sondern ein weicher elastischer Boden aus zerfallenem Glimmer. Leb wohl u. unterhalt dich gut.

Dein Papa

Ferleiten, Sonntag 20ten [Juli 1919]
[Alpengasthof Lukas Hansl]

Liebe Christiane, gestern beim Schreiben an dich hab ich die Hauptsache vergessen: ich wollte dich bitten, mir nocheinmal die Adresse von Professor Odhner zu geben. Von Rodaun aus war es mir immer zu schwer, diesen Brief zu schreiben, von hier aus werde ich es können. – Hier im Lesezimmer ist mir der Roman Oliver Twist von Dickens in die Hände gefallen, die Geschichte des zwölfjährigen Buben, der in die Hände von Verbrechern fällt, u. ich habe das Buch mit wahrem Entzücken gelesen u. es fast nicht aus der Hand geben können. Ein großer

Erzähler ist eine wunderbare Gesellschaft. Ich glaube du wirst das Buch kennen aber beide Buben würde es glaub ich, sehr interessieren. Vielleicht findet sichs dort, sonst kannst du es ja deutsch in einer wohlfeilen Ausgabe, antiquarisch am besten, durch eine Karte an Eisenstein bestellen. – Die Mama soll sich nicht zu viel plagen in der Küche sondern lieber wen aufnehmen! Ich sehe an der Rosa wie anstrengend u verwirrend das Kochen ist.

Dein Papa.

[Ferleiten] 20 VII. 19.

Liebe Christiane
diner nicht diné
souper nicht soupé
entre parenthèse nicht paranthese
παρένθεσις von παρ-εν-τίθεσθαι
ca va sans dire, nicht ca va s'en dire
es heißt: das geht ohne zu reden, d. h. es versteht sich von selber.
Bizarrie nicht Bizarr*er*ie
perorieren = predigen (per-orare) nicht perhorrieren
fait accompli nicht acompli

Gruss Papa.

Ferleiten 28 VII. [1919]

Liebe Christiane
ich dank dir sehr für deinen Brief. Du schreibst von zwei Karten aber ich glaub fast daß noch eine dritte war, und daß die verloren gegangen ist, worin dich um die Adresse von Odhner bat und dich, mehr für die Buben als für dich, auf Oliver

Twist von Dickens aufmerksam machte, der dort vielleicht zufällig deutsch aufzutreiben ist.

Von Lili bekam ich aus dem Ötzthal mehrere Briefe, die sowohl sehr lieb als auch, sowie sie aus dem Persönlichen in die Sphäre der allgemeinen ammtlichen Betrachtung aufsteigt, höchst eigen und bedeutend sind. Sie ist wirklich eine sehr außergewöhnliche und dazu eine sehr gute Frau und man darf ihr gegenüber sich nie bei den Détails des Alltäglichen aufhalten, sondern muß immer die Distanz nehmen, von wo aus man sie als Ganzes sieht. Etwas ganz besonderes ist auch daß sie, als Frau und fast allen ihr begegnenden Menschen so weit überlegen, zwar herrschsüchtig und autoritär (auch dies sehr gemildert durch Humor) geworden ist, aber den Lockungen der Eitelkeit immer widerstanden hat, und den wohlfeilen Beifall, die Bewunderung einer Clique, die ihr zu bilden so leicht wäre, immer verschmäht.

Vor kurzem hatte ich eine Spezialkarte der Gegend zwischen Salzburg u Ischl mit Hallstädter-see, Abtenau etc. in der Hand – wie schön ist das Alles u. wie viel könnte man machen, wenn man nur je auf *eine* Woche schönen Wetters u. gute Luft, sei es dabei so heiß als es will, zählen könnte. Ich möchte sehr gern mit Euch allen, etwa Ende August oder Anfang September, für 3–4 Tage zum Gosau-schmied ziehen u. von dort aus alles Mögliche machen. Glaubst du daß sie einen nehmen, wenn man Vorräte mitbringt? Telefonier vielleicht einmal hin. Auch wegen der Dachsteinhöhle möcht ich gern wissen, ob man einen Führer findet und so.

Leb wohl, koche gut, denke langsam u. klar und lies was Gescheidtes. – Ferrero, Band II (Zeit Caesars) obwohl mehr glänzend als bedeutend, hat mir wieder Heimweh nach den Römern gemacht, die mich in meiner Bubenzeit sehr beschäftigt haben, und ich habe mir Catull, Sallust und Cicero ad Atticum nach Aussee bestellt.

Leb wohl. Dein Papa.

Hinterhör 12 VIII 20

Ich weiss nicht ob in Oesterreich ein Telegrafen- oder auch Poststreik, hoffe sehr dass Dir das zukommt.

Bitte gib der Mama nach Salzburg unbedingt Act I u II. des Schwierigen, in gedruckten oder typierten Exemplaren mit (je ein Exemplar v. I u. II.) da ich meine Exemplare an Fischer zur Drucklegung geschickt habe.

Hier fast immer schönes u. meist angenehmes Wetter. Ich arbeite viel. Morgen fahre ich mit Ottonie nach München, ins Theater u. in die Pinakothek zu gehen; freue mich sehr auf die Bilder, die 8 Jahre nicht gesehen.

Dein Papa.

Rom, den 3. Mai 1921.

Liebe Christiane
ich dank Dir schön für Deinen ausführlichen Brief. Ich habe ihn sehr schnell bekommen. Ich freue mich, dass Dir die Stadt Freude macht. Sie ist der Ausdruck eines seit vier Jahrhunderten consequent entwickelten Volksgeistes und darin liegt etwas Bezauberndes. Hier ist etwas anderes: die Willensspur grosser Menschen in Bauwerken, oft nur geplanten, und darunter das grosse antike Stadtwesen. – Wenn die Politik immer unangenehmer wird, so nimm vielleicht den Rückweg über Basel, Zürich, Buchs. Z.[ifferer] wird es dir schon sagen. – Sagst Du ihm immer von früh bis spät, *wie* dankbar du ihnen bist? und fragst du sie von früh bis spät, ob Du ihnen lästig bist? Aber das ist besser, nicht zu fragen, sondern selbst zu bemerken. – Vergiss nicht die Fresken von Delacroix in St. Sulpice, (bei gutem Licht.) Und natürlich die einzelnen modernen Sammlungen in den Seitenflügeln des Louvre (Camondo, Gallimard, Thomy-Thierry etc.). Sehr schön müssen die Königsgräber in

St. Denis sein, mit den »Gisants« den liegenden Statuen der todten Könige (aus dem XV u XVI Jahrhundert.)

Leb wohl und geniesse das Schöne, Anderes ist ohnehin genug im Leben.

Ich fahre übermorgen nach Bozen, schau mich noch dort ein bissl um.

Dein Papa.

Grüsse Z. und Frau von mir herzlich. Ich denke oft ob sich der Plan für ihre Zukunft schon fixiert hat.

Rodaun 29 v. [1921]

Liebe Christiane
spare nicht ängstlich multipliciere nicht immer mit 100 u fahre nur über Zürich Buchs zurück. Wenn Du nicht genug Geld hast bitte Frau B.[urckhardt] um 150 francs u. schicke inliegendes an Blancart. Übernachten in Innsbruck Hotel *Kreuth*, mit oder ohne Anwesenheit der Verwandten. Weiterfahrt am nächsten Morgen 7 h, Ankunft in Wien abends 10 h. Genug Ess-vorräthe aus der Schweiz mitnehmen für diese Reisetage. – Falls Fahrthindernisse, in Salzburg unterbrechen, wo Metzl, Reinhardt etc.

Mir bitte mitbringen 1 Schachtel Phytin, u. Zeitungsausschnitte über Berner Jedermann.

Entschuldige Kürze ich stecke in einem Hexenkessel der compliciertesten Geschäftsdinge u. ohne Secretärin!

Dein Papa.

[Beilage]

Herren Blancart u Cie
Zürich Börsenstrasse 16

sehr geehrte Herren
bitte senden Sie zulasten von A Wagner einhundert u. fünfzig schweizer Francs an Frau Regierungsrat Burckhardt-Schazmann Basel Rittergasse 20.

Ihr ergebener

Hofmannsthal

Rodaun 29 V. 21.

[Hinterhör] Mittwoch [3. August 1921]

Liebe Christiane
ich dank Dir für den nachgeschickten Brief (von Fischer) diese Sache ist indessen schon geordnet.

Ich hab gebeten mir von Rodaun aus den ersten Band Theater von Claudel nachzuschicken, weiss aber nicht mehr, ob nach Aussee oder hierher. Es ist mir auch alles eins ob ich es hierher bekomme oder dort finde, möchte nur nicht dass er verloren geht. Bitte pass darauf auf.

Dein Papa.

[Anfang November 1921]

liebes Kind,
unser Zimmer womöglich in einem Pavillon, nicht gegen die Strasse.

Bitte veranlasse dass Wiegand an Wolde telegraphiert dass ich 16–20ter in München damit ich Wolde dort treffe, oder falls dies unmöglich wäre, damit er zwischen 20–25 in Berlin ist, aber München wäre weit besser. Er hat sich mir ja ab 10ten zur Verfügung gestellt.

Viele Grüsse Dein Papa.

Du musst natürlich nicht genau am 15ten dastehen, kannst auch erst am 16ten kommen oder so. Teils ein wie Dirs passt, aber *hinterlass* mir das Wichtigste schriftlich.

A Aussee Sonntag 5 III 22

Liebe Christiane

ich habe die zwei Seiten im Welttheater noch ein letztes Mal umgeschrieben – bitte copier sie in dieser Form mehrfach und richte ein paar Exemplare in dieser Fassung ein. – Schicke dann die neuen Bogen an Wiegand und ferner schicke ein completes Exemplar dieser letzten Fassung an Prof. Dr Kippenberg persönlich. Dieser Sendung füge auch Abschriften von den paar Gedichten bei die in eine neue Auflage der Gedichte aufgenommen werden sollen u. sag *mir* die Namen davon, damit ich K. angebe wo sie einzufügen. Mir ist nur erinnerlich: »ein Knabe« u. »glückliches Haus« – war nicht noch ein Weiteres?

Ferner Franz soll mir den letzten ihm erreichbaren Curs von Berliner Maschinenbau (vormals Schwarzkopff) und von Westfäl. Drahtindustrie telegraphieren: es genügt: »Maschinen« und »Draht« – aber die Curse in *Worten*.

Hier ist durch vorgestrigen starken Schnee und seitheriges feuchtwarmes Wetter der Strassenzustand wieder sehr schlecht geworden, so dass es schwer ist, spazieren zu gehen. Sonst ist alles gut und ich könnte leicht und gern 6 oder 8 Monate des Jahres in dieser Form leben. – Es ist erstaunlich wie unbedürftig der Menschen ich geworden bin, und wie gesellig meine Kinder sind. Bis Ihr aber in meinem Alter seid, werdet Ihr vermutlich auch so sein.

Hoffentlich seid Ihr alle gesund. Leb wohl.

Dein Papa.

Liest Du was Gescheidtes?

Iselsberg 25 VI. [1922]

mein liebes Kind
falls Dich dieser Brief rechtzeitig erreicht – es soll nämlich, hören wir, seit gestern abends ein allgemeiner Eisenbahnerstreik ausgebrochen sein – so bitte ich Dich noch um Einiges, bevor du deinen wohlverdienten Urlaub antrittst.

Ich weiss nicht ob Du die einen oder anderen gedruckten Exemplare des Welttheaters erhalten, und eines an Frau Bahr schicken konntest; wenn aber nicht, ist mir der Gedanke an ihre hysterische Ungeduld und Bahrs daraus fliessende üble Laune gegen die ganze Sache misslich. Darum trachte doch mit Rollers Hilfe (den Du mittags immer, auch nachmittag findest u. anrufen kannst) das gedruckte Exemplar des Oberinspectors Beck (oder auch indem Du diesen selber direct in der Oper aufsuchst) gegen dein letztes typiertes zu vertauschen u. ersteres an Frau B. zu schicken.

Bitte ferner schreib an Billinger in dem Sinn, dass ich seine Sache nicht vernachlässige und bei der Insel zu mahnen nicht nachlassen werde.

Von der Grillparzerrede möchte ich dass Du ein Exemplar an Mell gibst; da ich ferner verschiedenen Personen Exemplare geben, d.h. später schicken möchte, so schicke, bitte, deren 4–5 nach Aussee; die in losen Blättern bestehenden kannst du vielleicht in je 2 Theile zusammenfügen durch die Stanze.

Nach Aussee auch möchte ich die beiden Aufsätze von Rang haben: über Shakespeare's Sonnette und: ob und zu welchem Ende Spinoza sich selber tödtete? Sie müssen in meinem Zimmer liegen, vielleicht in der Ecke des Bücherkastens zunächst dem Raum für fremde Bücher. Auch Borchardts Dante-arbeit (Correcturfahnen von Rowohlt), ebendort, muss mit, ferner die Abschnitte aus dem I-King.

Ich habe mich unter anderem – denn die hohe Luft macht mir alle Art von Arbeit auch in den Zwischenstunden leicht, –

damit beschäftigt, einen Aufsatz über Eckermann zu schematisieren; hast Du aber eine Ahnung was für ein Gedenktag in Bezug auf diesen Mann fällig sein kann? Er ist zu Anfang des 1790ten Jahres geboren, also weder vor 100 noch vor 150 Jahren. Jetzt fällts mir ein: es werden hundert Jahre, dass er in Goethes Haushalt eintrat!

Da Du ohnedies sparsam bist, so mahne ich Dich lieber, auf der Reise nichts durch Sparsamkeit zu verderben u. weit lieber durch Bruckmann einen Credit in Anspruch zu nehmen. Ich höre dass es in Deutschland auch über die Vorstellung teuer geworden ist.

Wir haben es hier gut getroffen. Das Gasthaus ist von einer älteren Art, die ich gern habe, und die Luft sehr fühlbar als hoh und stark. Leb wohl, schreib uns oft, bis auf Weiteres: Cortina d'Ampezzo, Hotel Miramonti. Hast Du zunächst ferma in posta geschrieben, so ists natürlich ebenso gut.

Dein Papa.

PS. Wenn es nicht mehr möglich ist, an Brecht ein gedrucktes Exemplar des W. Th. zu geben – und es wird kaum möglich sein – so erbitte seine schwedische Adresse; es ist mir wichtig, ihm später eines nachzusenden.

[Cortina d'Ampezzo] 28 VI [1922]

Liebe Christiane,
mich an Moissi, den ich über dies mir für die Rolle nicht sehr wünsche, nochmals persönlich zu wenden, nachdem ich es einmal persönlich gethan, lehne ich [ab].

Bitte gib folgende Besetzungsvorschläge oder diesen ganzen Zettel an Dr Hock weiter:

für den Bettler:

1.) Rittner
2.) Abel
3.) Dieterle
4.) wie wäre es mit Krauss.

Diese Rolle würde er wohl acceptieren! Den Schluss vielleicht unerwartet schön spielen! Man müsste Reinhardt telegraphisch fragen!

5.) und Kortner?!

Für den Reichen. 1.) Bonn
2.) Heine
3.) Aslan.

Abzulehnen erscheint mir nur Aslan neben Moissi, weil eine gewisse fatale Ähnlichkeit beider Figuren.

Viele Grüsse Papa.

[Rodaun] Dienstag. [28. November 1922]

meine liebe Kleine, die Mama hat Dir gestern schreiben wollen, aber sie ist nicht dazugekommen, und ich möchte Dich um Verschiedenes bitten, so schreibe ich Dir – weil die Mama heute in der Stadt ist, indessen ich auf den angesagten Besuch des Herrn Reinhold (= Hirsch = Hart[?]) warte. – Bitte ruf doch einmal den Pallenberg an (die Hauszentrale des Adlon verbindet mit jedem Zimmer) und frag ihn ob Du ihn nächstens aufsuchen und in der *Halle* des Hotels *oder im Lesezimmer* sprechen kannst. Dann sage ihm: ich kann leider kaum jetzt vor dem 10ten December nach Berlin, weil es noch immer wahrscheinlich dass R.[einhardt] das »Welttheater« in Amerika macht und ich vorher etwas mit ihm daran ändern muss – kurz ich kann kaum jetzt nach Berlin, aber nach Weihnachten – wo ich ihn da sehen könnte? in Berlin – oder Garmisch? – Sag ihm, ich zeige ausser R.[einhardt] niemandem das Stück, es gehört ganz für ihn; und ich wäre ihm dankbar wenn er sich für Wien für dieses Frühjahr nicht an ein bestimmtes *Wiener* Theater im vorhinein binden würde, es bliebe dann die Möglichkeit dass man im Volkstheater mit Reinhardt als Regisseur die Première machen könnte. – Wegen S. Fischer (Intervention Wassermanns) ist doch ein Praecedens gegeben durch die *Gesammtausgabe* in *Einzelnbänden* von Thomas Manns Werken. Er kann doch nicht nur für mich das Papier zu teuer finden! – Bitte sag Frau Liebermann (oder ihm selbst wenn Du ihn siehst) ich liesse ihn sehr bitten dass ich durch seine persönliche Intervention ein Exemplar des Goetheschen Mann von 50 Jahren mit seinen Zeichnungen bekommen (d. h. subscribieren = kaufen) könnte durch den Buchhandel bekomme ich gewiss keines mehr, das ist aussichtslos. Und er möchte mir die Freude machen, seinen Namen hineinzuschreiben. Und bring ihm dann ein Lesebuch – ich habe W.[iegand] gebeten eines an Dich zu schicken. – Wir sind wohl u. freuen uns sehr auf ein Brieferl von Dir.

Dein Papa.

[Rodaun] 5 XII. [1922]

Liebes Kinderl – ich nehme an dass Nilsson indessen schon auf dem Weg nach Wien. Sonst richte ihm aus: ich sprach Edmund wenn auch kurz. Er wird sich jetzt mehr für die Sache interessieren. Hier hatten wir das Volkstheater ins Auge gefasst (mit Kloepfer) aber die Bühne ist so hässlich in den Dimensionen, so niedrig u. klein – dass Roller dringend abrieth und ich mich ihm anschliesse. Mir kam jetzt plötzlich der Gedanke ob man die Oper nicht für eine Reihe von Abenden haben könnte mit Beginn 10 h abends (sogenannte Nachtvorstellungen). Ich spreche morgen Roller – falls dieser es als möglich bezeichnet, dann sogleich auch Strauss. – Von Maril sind Vorschläge gekommen betreffend die Gesammtausgabe.

Alles Liebe!

Papa

Rodaun 11 XII. [1922]

mein liebes Kinderl bleib nur ohne jedes Bedenken aus solange Du irgend Lust hast, es verursacht uns keine Störung oder Beschwerde. Dein Verbrauch fällt nicht ins Gewicht – die Mark macht ja nur in grossen Summen, wie sie höchstens durch Speculation sich ergeben können, für das hiesige Leben etwas aus. Im Übrigen ist man aufs Ausland verwiesen. Deine heutigen Nachrichten von Oertel sind ja relativ erfreulich; auch anderes scheint zustande zu kommen. Von Amerika allerdings trotz neuer Kabelanfrage noch immer keine Entscheidung!

Dollars oder schwed. Kronen in Orig. Währung zu überweisen ist völlig unmöglich; aber wir *wünschen* dass Du Einkäufe machst – also verrechne Du mir die fremde Valuta zum Tageskurs (ich übernehme sie hier von Dir) und lass Dir dort den Gegenwert in Mark, also Deiniges Geld, von Oertel geben. Ich lasse ihn bitten Dir auch *über* 100,000 Credit zu geben, eventuell als Vorschuss auf neue Textbücher.

Es ist mir lieb zu erfahren wo bei Stucken das »Mutterrecht« liegt, noch lieber aber wüsste ich wo es bei mir nur wiederum liegt! wir suchen alle seit 14 Tagen das Resultat war bis jetzt nur dass die Buben den Casanova zu ihrem eigenen Gebrauch entdeckt haben!

Bitte trachte mit Herrn Reiss zu telephonieren u. die Autorisation für das mexican. Stück zu erreichen! Dr Karl Fliess wohnt Von der Heidtstrasse 1, nahe von dir. – An Barrett

Clark c/o American Express C=y, 55 Charlottenstrasse kannst Du melden dass ich die Werke von O'Neill bekommen habe u. ob er schon eine Revue hat worin ich darüber schreiben kann. Leb wohl –

Papa.

[Beilage]

Rodaun 11. XII [1922]

lieber Herr Erich Reiss
bitte tun Sie mir den freundlichen Gefallen u. lassen mich die »Opferung des Gefangenen« in meiner Zeitschrift abdrucken. Herrn Stuckens Zustimmung habe ich durch meine Tochter eingeholt – auf die Ihre hoffe ich bestimmt. Das Buch ist ja längst vergriffen, u. meine Zeitung ja ein ganz privates Unternehmen. Weder zielt der Verlag auf Gewinn, noch ich, ja ich tue die ganze Herausgeberarbeit unbezahlt, will nur das Ding genau so machen können, wie es mir vorschwebt, in völliger Nichtbeachtung der Tagesmoden u. Stimmungen, nicht einmal in Opposition gegen sie, denn sie interessieren mich nicht. Aber ich will die wenigen Dinge, die mir schön scheinen, nebeneinanderstellen zur Freude wiederum weniger – und überhaupt: *damit etwas dieser Art u. Gesinnung* da sei.

Also seien Sie meiner ganz persönlichen Bitte freundlich.

Ihr Hofmannsthal

PS. Selbstverständlich erwähne ich dann in der Zeitschrift die frd. Genehmigung Ihres Verlages, wenn Sie darauf Wert legen.

Rodaun 22 December 1922.

mein liebes Mäderl, mach Dir doch nicht so viele Scrupel und bleib doch ruhig zunächst noch die 2 Monate in Berlin. Vielleicht findet sich etwas für Dich auf irgendeinem Lebensgebiet – und wenn sich nichts findet, so liegt vielleicht das Gute darin dass Du etwas für Dich selber gewinnst. Ob Mann oder Frau wir haben nur Eines das uns nie ganz im Stich lässt: unser Selbst.

Es ist mir ja zehnmal lieber wenn Du nicht mit einer nichtigen oeden Arbeit die doch nur ein Schein ist, Deine Tage vertust, sondern mit Lesen oder Herumgehen, kurz als Studentin lebst. Studentinnen studieren ja auch nie. Das Materielle fällt nicht sehr ins Gewicht, iss nur ordentliche und genügende Nahrung und widersetze Dich der übertriebenen Vorstellung von Pflichterfüllung und Arbeitsglück – das sind alles nur Hysterien. Im richtigen Moment muss man das Richtige zu tun verstehen und wäre es auch hart – aber dem Schein muss man widerstehen, der eine halb-bewusste Heuchelei verlangt u. empfiehlt.

Hier bei mir ist ja wirklich nicht genug Arbeit, um Dich deswegen dauernd hier zu halten – aber unser Verhältnis zueinander von dem Du sprichst das ist doch so gut, dass es im Tieferen nie und durch nichts alteriert werden kann, nicht wahr? Du musst meine gelegentlichen Verdunkelungen und Heftigkeiten nicht zu schwer nehmen – dergleichen liegt in meiner Natur, schon mit zwanzig Jahren hatte ich solche depressive Zwischenzeiten und hypochondrische Selbstquälereien. In jedem noch so leise productiven Moment vergesse ich das wieder völlig. – Suche nur die deutsche Jugend sie wird in irgendwelchen gewiss nicht ganz unproblematischen Formen schon irgendwo stecken. Aber gib acht dass Du nicht in irgend eine Art Ghetto hineingeräthst wozu S. Fischer ein offenes Türchen. Die Nostitzens können Dir sicher etwas geben – ist

Helene freundlich zu Dir? soll ich ihr nochmals über Dich schreiben? Auch Wolde wird Dir sicher helfen, Menschen zu finden – und die E und E Fischers vielleicht auch. Besuchst du die nicht einmal wenn er da ist. – Sprich doch mit Rudi über das alles, er ist so gescheidt. Sag ihm, er soll mich doch in den »Beiträgen« von jetzt ab nie mehr *allein* lassen, soll nicht so ganz in seiner Bremer Existenz untertauchen. Er weiss das nicht wie in allen diesen Jahren immer bei mir die Last des Wiederanknüpfens gelegen hat. – Schreib nur immer schön, das ist für uns lustig. Und gelegentlich kannst Du mir ja dort mehr nützen als hier. – Ich bin jetzt, mit Reinhardts Einverständnis, ziemlich entschlossen, das neue Lustspiel für Wien dem Beer zu geben, das ist, glauben wir beide, das was Pallenberg eigentlich will. Dann wird es dieses Frühjahr gespielt, so wird wieder Raum, ein neues zu machen. Leb wohl, grüss Clärchen u Rudi viele Male von mir.

Dein Papa.

[Rodaun] 13 I. [1923]

liebes Kinderl, Georg Bernhard schreibt mir sehr freundlich über Dich, – dass er sich für Dich gerne bemüht hätte – seit jenem Mal aber nichts wieder von Dir gehört hätte. Du hast ja wenig Lebenserfahrung um zu wissen wie masslos eitel u. empfindlich die Leute dieser Sphäre sind, auch die gutmütigen u. wie man sie zeitlebens zu Feinden hat, die einen oft durch Decennien schädigen, durch eine Kleinigkeit. – Also bitte da ich diese Beziehung durch viele Jahre soigniert habe, weil es wirklich ein nicht wertloser Mensch ist, auch Bodenhausen ihn schätzte, so tue sofort etwas Freundliches, schreibe ihm oder besuche ihn. (Übrigens war nicht *ich* es, der Dich an ihn adressiert hat.)

Über die Gesammtausgabe höre ich nun wieder gar nichts. Du hast zwar erwähnt dass Maril Ende Jänner nach Wien kommt, da bin ich aber vielleicht nicht da. Also bitte schau Dich um (auch telephonisch) ob diese Sache mit der Gesammtausgabe nicht wieder ins Stocken gekommen.

Dein Papa.

[Rodaun] 15 I 23.

mein liebes Christianerl, – mir liegt sehr viel an einer wirksamen Anzeige des »Lesebuchs« im B.[erliner] Tageblatt. Recensionsexemplar ist natürlich Anfang December hingegangen. Das Weitere erfährst Du aus inliegendem Brief. Bitte telephoniere *Vogeler* (den Redacteur des Feuilletons) an sage ihm, Du hättest ihm einen Brief von mir persönlich zu übergeben, geh dann zu ihm u. besprich mit ihm die Sache. Am liebsten wäre mir wenn der Artikel von Mell (den sie bis vorgestern nicht zurückgeschickt hatten) *erschiene.* Wo das nicht, dann sollen sie dem Mell seinen Artikel zurückschicken und einen Artikel von wem andern bringen. Vielleicht schreibt Vogeler selber eine Anzeige? Du kannst ihm auch sagen dass Geheimrat Roethe mir sehr freundlich u. anteilnehmend über das Lesebuch geschrieben hat, eventuell ist er für eine Anzeige zu gewinnen. Das »Tageblatt« ist für sich allein wichtiger als 20 andere Zeitungen.

Gelegentlich könntest Du dann G. Bernhard aufsuchen (zugleich als reconnaissance für seine Gefälligkeit) und ihn auch um Hilfe für das Lesebuch bitten, ihm sagend dass man mich mit solchen Sachen nicht stecken lassen darf!

Mama u. ich haben grippe-artigen Schnupfen gehabt u leben sehr ruhig. Die Buben sind teils elegant u. teils geistreich.

– Ich werde wahrscheinlich Anfang Februar zu Pallenberg fahren, ihm das Lustspiel vorlesen, u. bei der Gelegenheit auch zu Ottonie, u hoffe dass dann Rudi auch hinkommt. Die Première soll Mitte März sein, und ich denke dass Du da vielleicht zurück sein wirst.

Dein Papa

[Beilage]

Rodaun den 15 I 1923

Sehr geehrter Herr Vogeler
Sie traten mir bei einer Begegnung freundlich entgegen, äusserten den Wunsch mir gelegentlich Freundliches zu erweisen. Der persönliche Eindruck ist für mich immer der entscheidende: ich bringe Ihnen freimütig eine Sache vor, worin Ihre Unterstützung mir woltuend und, wie ich glaube, verdient wäre.

Ich habe ein »Deutsches Lesebuch« herausgegeben – im Verlag der Bremer Presse, woran ich viel Aufmerksamkeit u. Mühe gewandt. Es ist eine Sammlung bedeutender u. musterhafter Prosastücke von 1750–1850, mit Lessing beginnend. Der Sinn ist, über das Litterarische hinaus, der, durch solche Unternehmungen die Nation in sich zu versöhnen und zu erheitern, und sie an ihre unverlierbare Würde zu mahnen. Ein solches Unternehmen kann nicht wirksam werden ohne Unterstützung der Öffentlichkeit.

Der erste Band erschien kurz vor Weihnachten. Da mir sehr viel daran gelegen war, dass er bald besprochen würde, bat ich Dr Max Mell, den Sie seit letzter Zeit zur Mitarbeit gewonnen hatten und den ich sehr hoch schätze, das Buch fürs »Tageblatt« anzuzeigen. Er tat es sogleich, zu meiner u. seiner peinlichen Überraschung aber erschien die Anzeige nicht u. er erhielt die vorgedruckte Karte mit dem Vermerk der Nichtannahme, – nicht aber das Manuscript.

Ich weiss nicht ob ein Versehen vorliegt oder was sonst.

Ich bitte Sie freimütig um Ihre freundliche Hilfe in einer Sache an der mir *sehr viel* liegt.

Ihr aufrichtig ergebener Hofmannsthal

[Rodaun] Donnerstag 4 h
[25. Januar 1923]

Liebe Christiane
eben erwarten wir MeierGraefes, und eben bekommen wir Deinen Brief vom Dienstag woraus wir erfahren dass Du gerade am Mittwoch, dem Unglückstag zum Redacteur des »Tageblatt« gehen willst. – Da uns doch ängstlich wäre, nun auf den nächsten Brief etwa länger zu warten, so bitte schick uns gleich nach Empfang dieser Zeilen eine Depesche dass Du wohlbehalten bist.

Wir geben MeierGraefes alles Gewünschte mit.

Leb wohl.

Dein Papa

PS. Ich wundere mich dass Du nicht erfahren hast dass das Feuilleton von Mell am Sonntag abgedruckt war!

München Marienbad.
Freitag [9. Februar 1923]

mein liebes Kinderl
was ist denn mit Dir? warum willst Du denn plötzlich wie aus der Kanone geschossen hier ankommen? Ist Dir denn etwas passiert und Du willst dich mit mir berathen? oder was ist denn? dass Du so etwas Überraschendes machst! Du willst Sonntag hier sein – ja aber Sonntag fahr ich doch zu Pallenberg

nach Garmisch! und überhaupt, mein Katzerl, Du kennst mich doch so gut – Du verstehst doch sicher dass ich so froh bin auch einmal ein paar Tage für mich allein zu sein. – Nach Hinterhör gehe ich ungefähr den 13ten wollte dort bleiben bis 25ten und dann wäre ich eventuell für ein paar Tage nach Berlin gekommen … aber Du präcipitierst das Ganze so. Ich bin besorgt dass Du in irgendwelcher Sorge bist. Also komm wann Du willst, ab 14ten nach Hinterhör, es ist Platz für Dich – aber Ottonie lässt Dir vorschlagen ob Du nicht lieber zum Ende meines Aufenthaltes kommst, so am 19ten etwa, weil dann doch sehr wahrscheinlich auch Rudi kommt. Bitte schreibe gleich hierher und denk immer wie sehr ich mich vor Improvisationen fürchte. Dein uralter

Vater.

München 13 II. [1923]

mein liebes Christianerl

nach dem Gespräch mit Pallenberg sehe ich dass ich nicht nach Berlin kommen kann. Ich fahr morgen nach Hinterhör muss dort zunächst am 3ten Act des Lustspiels einiges ändern (die Massary sagte mir sehr gescheidte u richtige Sachen) dann nach dem 22ten hoffe ich wird doch Rudi für ein paar Tage hinkommen, und 28ten habe ich Pallenberg versprochen, in Wien einzutreffen. – Nun bitte ich Dich erwirke Dir von Deinem Arbeitgeber ein paar Tage Urlaub und komme etwa 23 24 25ten (Sonntag) mindestens für diese drei Tage nach Hinterhör damit ich Dich wieder sehe und Deine Pläne mit Dir besprechen kann. Du gehst mir sehr ab, nicht als Schreiberin, sondern anders – wenngleich ich das Gute Deines Wegbleibens auch einsehe. – Du hast einen guten Zug ab München in der Früh 8 h 25 – Rosenheim-Brannenburg wo Du aussteigen und in den gleich darauf eintreffenden Bummelzug bis Raubling zurückfahren musst – wenn Du aber den nicht erreichst weil der Nachtzug zu spät in München eintrifft, so ist um mittag wieder ein Zug. Ich möchte nicht dass ich Dich weniger als 2 Tage dort habe, womöglich mehr. Das Zimmer ist bereit. Gib gleich eine kurze Nachricht.

Dein Papa.

München Sonntag.
[18. Februar 1923]

Wagen erwartet Dich Raubling Samstag zu dem Zug der in München 11 h 40 vormittag abfährt. – Bitte befrage noch vor Abreise Edmund Reinhardt ob nichts Neues aus Amerika.

Herzlich Papa.

Wien 24 III 23.

Liebe Christiane
bitte ruf Nilsson an u. erfahre von ihm ob die schwed. Aufführung die zu Ostern sein sollte, zustande kommt. Das war doch das Einzige was ganz gesichert schien. – Ich habe den Gedanken eventuell Ende April oder um die Mitte Mai für ein paar Tage nach Berlin zu kommen. Wäre da eventuell die Woldewohnung frei?

Das Lustspiel geht, soviel ich höre, sehr gut. Es ist ungefähr 4mal die Woche. – Pallenberg war auf den Proben wirklich reizend, immer guter Laune u. zugleich so ernst u. angenehm. Er ist einer der angenehmsten Menschen u. sie ist auch eine reizende Frau. – Wir haben sehr gelacht über das gute Zeugnis das Du der Mama zu ihrem Geburtstag gegeben hast.

Dein Papa.

Rodaun 31. III 23

mein liebes Kinderl

bitte hilf mir, nimm Dir die Zeit vielleicht abends oder bitte um 2 Stunden Urlaub; ich möchte dass Du das Beiliegende nicht nur in Nilsons Hand bringst sondern es auch mit ihm durchsprichst so dass ich eines eindeutigen durch Dich mir zu übermittelnden Resultates sicher sein kann – und zwar dies alles, bevor Reinhardt (der über Berlin am 9ten in Hamburg zu Schiff geht) Berlin verlässt damit falls Nilson mit R. in Berlin ein Gespräch hat, nicht neuerdings Unklarheiten u. Verstimmungen über diese Geldsachen entstehen, wie sie neuerdings sogar zwischen R. und mir in leichter Weise u. missverständlich entstanden sind.

Leb wohl, und bitte schlaf nicht zu wenig und trink bestimmt nicht öfter als zweimal im Tag Thee. Der Mensch hat nichts als *sich,* was allerdings mehr ist, als manche denken – und der Körper ist der Träger dieser ganzen Existenz, also ist man ein Wahnsinniger, wenn man den Körper schädigt.

Dein Papa.

Rodaun. 8 IV. [1923]

Liebe Christiane ich möchte gern etwa 22ten April für eine Woche hinkommen. Dann gehe ich nach Basel. – Fürstner sagte mir Fürchterliches von dortigen Hotelpreisen. Bitte falls es mit Wolde nichts ist, so frage doch telephonisch E. Reinhardt ob er mich nicht zufällig im Gebäude des Deutschen Theaters unterbringen könnte, und Meier-Graefe. Haben die kein Fremdenzimmer? Ferner bitte frag die K.[äthe] R.[iezler] ob sie dort ist, falls ich um diese Zeit komme.

Fürstner sagt mir er habe seit 3 Wochen sein Exemplar

»Ariadne« (Maréesgesellschaft) ich habe keines bekommen. Wann hat mans an mich geschickt?

Dein Papa.

PS. Könntest Du auch Herrn Bosse (Toepffers Hotel Prinz Friedrich Karl) fragen vielleicht hat man übertriebene Vorstellungen vom Preis eines einbettigen Zimmers.

[Rodaun] Donnerstag
[26. April 1923]

Liebe Christiane
ich bin schon wieder fieberfrei (es war ein Grippeanflug) habe mir meinen Schlafplatz für Montag umgetauscht und hoffe Dienstag nachmittags einzutreffen. Zimmer bei Toepffer habe bestellt. Es täte mir sehr leid wenn Eleonore F.[ischer] gerade in diesem Moment nach Wien führe. Vielleicht kannst Du ihr telephonieren, ob sie nicht noch dort ist.

Auf Wiedersehen.

Dein Papa.

[Ansichtspostkarte: Schönenberg
bei Pratteln/Baselland]
[20. Mai 1923]

Gruss von Papa.
Pfingstsonntag.

Rodaun 12 VI. [1923]

mein liebes Christianerl

ich möchte nicht dass Du Dich dort in Deiner Lebensführung noch unter das vorherige bescheidene Niveau brächtest! Das hat gar keinen Sinn. Hole Dir bei Fürstner oder Fischer Geld. Bei Fürstner wird Frl. Strötzel Dir jedenfalls noch was geben können! – Ich bitte Dich rufe Herrn Licho oder die Lichogesellschaft an und erfahre was mit dem Rosencavalierfilm wird. Herr Licho schrieb mir am 24 V. aus Untergrainau bei Garmisch u. machte Hoffnung auf baldige günstige Nachricht. – Mein Aufenthalt auf dem Schönenberg war mir sehr woltuend. C.[arl] B.[urckhardt] ist ein unendlich gehaltvoller u. lieber Mensch und wir haben die Tage so gut miteinander verbracht, dass uns jede Störung unwillkommen war. Er kommt heute zu uns. Er ist für zwei Tage in Wien, auf der Reise nach Constantinopel. Er hat eine Beauftragung des Völkerbundes angenommen. Hoffentlich nicht auf Jahre! es wäre mir schwer, ihn zu verlieren, und man verliert Menschen bis zu einem gewissen Grad wenn sie sich, eigentlich fürs Geistige bestimmt, den Weltgeschäften durch irgend eine Fügung zu völlig ausliefern. – Bleib gesund und zufrieden u. denke freundlich an Deinen

Papa.

Rodaun 2 VII [1923]

mein liebes Kinderl

ich will absolut nicht dass Du dort bei deiner kleinen Lebensführung Schwierigkeiten hast. – Ich habe Dir von der »Insel« 130 000 zuschicken lassen, reclamiere sie! – und schreibe Du an Wiegand, er soll dir 300,000 zu Lasten meiner Verrechnung schicken. Da Du Winterfeldt-Menkin erwähnst – so tu mir einen großen Gefallen. Suche ihn auf und erkläre ihm ein bischen was meine Zeitschrift ist, und dass sie weder auf Gewinn noch auf das »Interessante« ausgeht, sondern auf die Vereinigung der Nation im Höheren, sozusagen, – jedenfalls auf einer anderen Ebene, als in den sonstigen Revuen.

Ich habe nun gelesen, dass Herr Hugo Bieber ein Buch mit Briefen des Gefallenen Bernhard v. d. Marwitz an Goetz Seckendorff herausgibt, was jedenfalls unter Winterfeldts Aegyde geschieht. Mir liegt sehr viel daran ein paar Briefe v. d. Marwitz' in den Beiträgen zu bringen – ganz in dem Sinn wie Hellingraths letzten Vortrag. Dass sie hineinpassen, fühle ich ohne weitere Prüfung. Ich habe an Herrn Hugo Bieber, den Herausgeber, vor Wochen! sehr freundlich geschrieben, der *Brief ist ohne Antwort geblieben.* Ich lasse Winterfeldt sehr bitten, mir in dieser Sache zu helfen. Es ist mir beinahe gleichgiltig ob ich die Briefe im nächsten Heft (October–November) vor der Bieber'schen Buchausgabe bringen kann, oder zugleich mit dieser – oder ob etwa sogar das Buch vorher erscheint. Mir kommt es nur darauf an, ein Document dieser Art in den Beiträgen zu haben. Herr Hugo Bieber ist selbst auch in Berlin, Grunewald, Kunz Buntschuhgasse 7b.

Noch eines. Wenn es Dir nicht zu schwer wäre, Mr. Clark noch einmal zu sehen, so wäre mir das sehr wertvoll, um die Verbindung mit dem mir so gutgesinnten Mann auf freundliche Weise zu erhalten. Wenn *er danach fragt,* so sage, bitte, dass ich die von verschiedenen Stellen, auf seinem Zettel, zu erwartenden kleinen Honorare sämmtlich *nicht* bekommen habe.

Noch eines. Ich freue mich recht darauf, dass Du für eine Zeit, solange es Dir eben passt, nach Aussee kommst. Du hast nun gesagt, Du würdest wünschen, dass Isepp zu dieser Zeit nicht dort wäre. Da ich ihn aber aus verschiedenen Gründen für längere Zeit eingeladen habe, so kann ich – so leicht möglich ist, dass er öfter in München sein wird – nicht garantieren, dass das gerade zu Deiner Zeit fällt. In dem Ganzen liegt eine gewisse Erschwerung der Einteilung: Legst Du denn großes Gewicht auf diese Sache?

Warum ich ihn im Sommer gerne einlade, hat zwei Gründe. Erstens finde ich es angenehm ihn dort zu haben, überhaupt ein vertrautes aber fremdes Element mit im Haus zu haben. Dann ist es die einzige Art wie ich ihn dafür entschädigen kann, dass er mir öfter beim Verkauf von Kunstsachen (und Verkaufen ist eine odiose Sache) in sehr freundlicher und zartfühlend uneigennütziger Art behilflich ist.

Dein Papa.

Aussee den 9ten VIII. [1923]

mein liebes Christianerl

ich dank Dir sehr dass Du mir in allen Sachen so lieb hilfst. Von Dr Hugo Bieber hab ich jetzt einen freundlichen Brief bekommen; ein früherer ist tatsächlich wieder verloren gegangen. In der Rosencavalier-Filmsache habe ich in Herrn Rosenauer einen guten Partner, wie Du aus dessen vernünftigem präcisem Brief an Regendanz gesehen haben wirst; ein Gespräch mit einem Amerikaner in Wien hat uns gezeigt dass in der Sache grössere Chancen stecken, als wir annehmen konnten; es ist aber überflüssig dass Herr Licho das wisse; es ist unsere Absicht ihn tunlichst auf das Ressort eines gut bezahlten Regisseurs zu beschränken. Dies nur zu *Deiner* Orientierung.

Ich bitte Dich nun noch dass Du mir dort feststellst ob der freundliche Mr. Barrett Clark noch dort, oder wo sonst brieflich erreichbar. Leider sind nämlich die in Aussicht gestellten Honorare von »London Mercury« und »English Review« mir nicht zugekommen, u. ich muss mich mit Clark berathen, ob ich vielleicht direct reclamieren soll. – Wegen Dir sorge ich mich gar nicht um einer Revolution willen, erstens sehe ich sie nicht kommen und dann ist ein solcher Vorgang für das Leben viel weniger gefährlich als eine Grippe-epidemie; was mir aber Sorgen macht, ist Deine Ernährung und das Geringe, was Du sonst zu Deinem bescheidenen Leben brauchst. Ich bitte Dich, darin keinen unnötigen Heroismus zu entfalten. Ich lasse Herrn von M.[endelssohn] bitten dass er Dir 15–20 Dollar, oder 100 Schweizer Francs oder was immer leihe, das ich dann in der betreffenden Valuta ihm zur Verfügung halte, natürlich auch, wenn es sich als nötig ergibt, das Doppelte der genannten Beträge. – Ich war jetzt 14 Tage allein in der Ramsau und habe mich bemüht, den letzten Act des »Turm« zu Ende zu bringen, was – wenn auch noch nicht in der letzten Form, aber an diese annähernd – auch gelungen ist. – Das ist eine überaus schöne Landschaft, die auch Dir sehr gefiele. Sie streckt sich als eine Hochebene zwischen dem Ennstal und den südlichen Wänden der Dachsteingruppe hin, mit einer Bodenhöhe von 1100 Meter. Denke Dir ein Hochtal wie vom Koppen bis an den Loser und so breit wie das Ausseer Tal wenn alle Schluchten ausgefüllt werden, darauf keine Ortschaft, aber verstreut 50–60 grosse Bauernhöfe; zwischen den Weiden viele Äcker, Korn u. Hafer; dazwischen aber auch viel Bäume, an den Bachläufen Lärchen u. Erlen, sonst aber herrliche alte Ahorn, bald einzeln, bald in Gruppen zu 5, zu 7, zu 10, ihrer viele so wie die allerschönsten in Aussee, hie und da ein Tausendjähriger, im Ganzen viele hunderte. Schöne kleine Wässer, Kornmühlen und Brettsägen; viel Kühe, schöne Pferde; an den Hängen hinauf schwarze u. weisse Schafe; viel Schmetterlinge, und herrliche Vögel: Zeissig, Bachstelzen, Finken und andere in Mengen. Kurz es ist sehr schön und in der herrlichen Luft war Frühling u. Hochsommer zugleich, Leitern in den Kirschenbäumen, und der Holler blühend. – Aber mit der Zeit war mir das Alleinsein doch zu viel. Fünfzehn Stunden des Tages, ohne ein Wort, und immer wieder, – also bin ich vorgestern wieder hierher gegangen. Leb wohl und bleib eine gute Freundin Deinem

Papa.

[Rodaun] 12 XI 23

mein liebes Christianerl

ich lasse mich Herrn Stucken empfehlen. Ich bringe die »Opferung des Gefangenen« nach neuerem Entschluss schon im 1ten Heft der 11ten Folge brauche also baldigst ein verlässliches Manuscript. Bitte veranlasse dass das Stück sofort auf meine Kosten copiert wird – und bitte Stucken die Abschrift sorgfältig durchzusehen – und schicke dann das Mpt. an Wiegand.

Mit steten Gedanken Dein

Papa.

PS. Die Helena ist fertig u. glaub ich recht gut. Ich gehe jetzt zu Ottonie u. mache den Turm V nebst einigen Veränderungen an den früheren Acten.

[Briefkopf: Hinterhör bei Neubeuern am Inn]
den 28.ten [November 1923]

mein gutes Mäderl

es bekümmert mich sehr dass ich gar nichts von Dir höre. Wie gehts Dir denn? Hast Du denn immer so viel zu thun, dass Du mir nicht hierher einmal ein kleines Wort schreiben könntest? – Nun ist heute gerade Wiegand hier und sagt er habe von Dir die Abschrift des mexicanischen Trauerspieles bisher nicht bekommen. Das ist mir wieder sonderbar. Vielleicht hast Du das Zetterl übersehen (beigelegt einem Brief von der Mama) worin ich Dich von Aussee aus bat, eine solche Abschrift auf meine Kosten (für die Beiträge) anfertigen und sie von Herrn Stucken durchsehen zu lassen. Dora Michaelis erwähnt in einem geschäftlichen Brief, du kämest essen hin und sähest »besser« aus. Eine odiose Ausdruckweise! Soll es heissen dass Du inzwischen krank warst oder was? Die Briefe von Frauenspersonen mit ihren sous-entendus soll schon der Teufel holen! Ferner fügt sie in larmoyantem Ton bei, dass auf das Conto keine nennenswerten Einnahmen gekommen wären, eigentlich gar nichts, soviel ich sie verstehe. Das verstehe ich wieder nicht. Denn erstens hat doch Fischer mir immerhin 60 »Buchmark« (das heisst doch wohl Goldmark? verfluchte Sprache!) dorthin überwiesen – wegen dieses Punktes also bitte stelle Klarheit her durch Anfrage an Frau Rosenbaum – und dann bitte, mein gutes Kind, sprich doch auch mit Oertel: irgendwie müssen die deutschen Opern doch abrechnen, in Musikmark oder Senfmark oder Kattunmark oder was immer.

Und was machst du denn den ganzen Tag in dem lugubren Nest dort? – und abends immer das Gleiche?

Geh schreib mir doch ein paar Zeilen – es denkt sehr viel an Dich Dein

Papa

PS. Der zweite Act der Oper war schlecht, ich hab es rechtzeitig bemerkt u. mach ihn neu.
PS. Ausser den 154 Dollar (von Pallenberg) müssten also mindestens diese 60 Goldmark dort sein u. etwas von der Oper. Ich brauche hier nur die 150 Dollar.

Hinterhör 5ten December [1923]

mein liebes Christianerl

heute ist mein letzter Tag hier. Es bietet sich gerade eine Gelegenheit mit Alexander Beroldingen der per Auto nach Schönbichl zurückfährt (das Schloss an der Donau unweit Melk) bis Salzburg zu fahren, vielleicht fahre ich auch weiter mit ihm und steige erst in Wels oder Linz in den Zug.

Vorgestern abends habe ich Deinen Brief bekommen, und mit all der Liebe, die Du verdienst und ziemlicher Bekümmernis immer darüber nachgedacht. Die Angst gerade durch das Verzichten auf allen Zwang, und durch das Abweichen von der Convention, in der doch so viel Gesundes liegt, eine schwere Verantwortung auf mich zu laden, lässt mich nicht los. Alles wie Du es tust und auffassest ist mir ja so sympathisch und fasslich – aber gerade was menschlich eine große Qualität ist, Deine droiture und der Wille, alles mit dem Verstand und einfach anzufassen, und nicht auf die gewissen halb-instinctiven Kunstgriffe und Grimassen des Weiblichen Dich einzulassen, darin liegt andererseits für Dich als Frau, als ein junges und unerfahrenes weibliches Wesen, eine so grosse Gefahr, die ich klar vor mir sehe, ohne ihr wehren zu können. Die Nachricht, dass M. sich verheirathet, kommt mir ganz unerwartet. Dass dieses einseitige Attachement dadurch ein Ende findet, ist mir sehr erwünscht – aber ich muss doch mit großem Leid aus Deinem Brief sehen, wie nahe es Dir gegangen ist, wie Du gerade diese Wendung gar nicht vorausgesehen hast – und das Verhalten des M. wird mir ganz unerklärlich – aber das wird sich Dir indessen aufgeklärt haben, und so werde ich es später auch von Dir erfahren. – Nun aber mit wirklichem Schrecken sehe ich aus Deinem Brief dass Du diesen bedenklichen schwebenden Ausdruck »Freund« von einem neuen Bekannten gebrauchst – abermals von einem Menschen an dem vielleicht Du stärkeres Interesse nimmst, als er an Dir – abermals von einem Menschen, den anderwärts Pflichten binden u. belasten – und der vielleicht gar nicht frei ist Dir ein Freund – auch nur im Sinne des wahrhaft Wohlgesinnten, mit dem Gemüth an deiner Existenz Teilnehmenden – zu sein. Ganz natürlich erschiene mir ja das von meiner Seite, als Mann gesehen. Gerade die Männer die es am meisten sind, sind am wenigsten »Männer für Frauen«. Wen, wie einen Schwimmer auf unruhigem Meer, das ganze gefährliche Element des Lebens umgibt – der hat vielleicht für ein Mädchen das sein Blick trifft, nicht viel mehr übrig als diesen Blick. Und was ich menschlich so sehr verstehen kann, dass sich Dir die Lebensneugierde der Jugend, die Lust gerade das Gefährliche des Lebens zu erkennen und es bis zu einem gewissen Grad auf Dich zu nehmen – dass sich Dir diese Neugierde, und der schöne Drang, zu bewundern, vermischt mit weiblichem Mitgefühl und der Fähigkeit gerührt und bewegt zu werden – dies Menschliche wieder worin Du wieder dich weiter und sozusagen grossmütiger verhältst als die nur frauenhafte Frau – gerade dies birgt für Dich wieder die Gefahr, zu leiden. Nicht als ob das Leiden aus dem Dasein auszuscheiden wäre: nein es ist der eigentliche Inhalt unseres Daseins und auch was wir das Schöne nennen, ist ohne das Leiden nicht denkbar – ja es ist die Blüthe die aus dem Leiden hervorwächst – aber es ist ein Anderes ob wir leiden wo wir leiden *müssen* und wovor keine Schutzwehr uns bewahren kann, oder ob Du Dich in ein unnotwendiges Leiden halb spielend halb begehrlich verstrickst. Hier ängstet mich nun die Verantwortung dass ich Dich so ausserhalb der Conventionen leben lasse, die eben die natürlichen Schutzmauern der Existenz sind. Denn es ist ein Anderes ob Du einen Menschen in den Grenzen der Häufigkeit siehst die eben von den conventionellen Umständen errichtet werden – oder ob wieder ein ungehemmtes Zusammensein für den einen eine vielleicht reizende Zerstreuung in einem angespannten Dasein bedeutet, für Dich aber, für die andere, den gefährlichen schliesslich die innere Ruhe auflösenden ganzen Inhalt sonst inhaltleerer Tage.

Und die innere Ruhe, das Gleichgewicht zwischen Verstand u. Gemüth, die Fähigkeit des Beruhens auf Dir selber und des Ziehens der Freudigkeit aus Dir selber, aus den geheimen fast unerschöpflichen Ressourcen des Individuums – das ist ja *Alles!* mein gutes Kind – das ist das Höchste, das Gott Dir geben kann. Ich möchte Dir dies Alles besser u. eindringlicher sagen können – leider ist das Wetter drückend, gegen Schneewetter hin, und ich bin nicht Herr meiner Gedanken und der Mittel, sie auszudrücken – und will doch diesen Brief nicht aufschieben. Leb wohl, und gib mir bald wieder eine directe Nachricht – es quält mich, wenn ich so wenig von Dir weiss. – Dass Du über eine notwendige u. natürliche Ausgabe von 60 Mark consterniert bist, ist lächerlich u. *soll nicht sein.* Ich will durchaus dass Du nicht etwa deswegen eine Behandlung aufgibst! – Es müssen bei Fischer seit Anfang November 60 Buchmark gutstehen – nimm die u. weiteres von Fürstner u. nutzt dies nicht so lass Dir von Wiegand 100 Goldmark vorstrecken. Ich will durchaus nicht dass Du Dich um Geldes willen abquälst.

Dein Papa.

[Briefkopf: Rodaun b. Wien]
1. II abends. [1924]

mein gutes Kinderl
Du hast mir einen sehr lieben Brief geschrieben, und so schöne Bücher geschickt – und uns allen war sehr leid dass Du nicht da warst, weil Du vielleicht nie wieder im Salon so viele u. schöne Blumen sehen wirst, wirklich tausende u. alle in schönen Gefäßen schön aufgestellt, es sieht ganz *geisterhaft* aus. – Aber natürlich bist Du das *beste* Kind, Du weisst es ja ohnehin, und die gewissen Momente müssen auch sein, und sehr häufig

werden sie ja nie sein. Sie gehören dazu wenn man sich sehr gern hat.

Leb wohl u bleib gesund

Dein Papa.

[Rodaun] 24. III 24.

mein liebes Kinderl, Du könntest mir vielleicht noch so lang Du dort bist, in einer Sache helfen, an der mir liegt, eventuell telephonisch. Die neue Rundschau (Dr Kayser) hat bei dem Koffka einen Aufsatz über meine gesammelten Werke bestellt, dieser Aufsatz wäre auch mir ausnahmsweise sympathisch – ich würde gerne sehen, dass er wirklich zustande kommt, in absehbarer Zeit. (Er hat seinerzeit einen wirklich ausgezeichnet gescheidten u. phantasievollen Aufsatz über den »Schwierigen« geschrieben.) Der Koffka hat aber glaub ich wenig freie Zeit. Er nimmt es vielleicht auch zu schwer, will einen zu bedeutenden Aufsatz schreiben; das soll er nicht, er soll nur überhaupt einen schreiben. Vielleicht kannst Du im Telephon mit ihm reden.

Ich habe heute die Zimmer in Venedig für den 19. und Palermo für den 23ten IV bestellt.

Dein Papa.

Christiane an Hugo von Hofmannsthal

Paris, 5. Febr. 24 [1925]

Lieber Papa,
Ich wollte Dir gerne schreiben, wie es mit meiner Arbeit steht und was Du dazu sagst. Carl hat den Besenval gelesen und

findet ihn weiterhin sehr interessant, für Historiker und auch für andere Menschen, sowohl inhaltsreich als gut geschrieben. Nur müßte man ihn sehr kürzen, er hat 3 Bd. zu je 300 Seiten, dürfte aber als Ganzes höchstens 300 Seiten haben, meint Carl. Er enthält natürlich vieles was aus anderen Memoiren (St. Simon) hinreichend bekannt ist, das könnte man weglassen, aber dafür viel politische Ideen, interessanten Brief von Friedrich II etc. Carl sagt nun, eine ganz gewöhnliche Übersetzung zu machen hätte keinen Sinn, man müßte richtige historische Anmerkungen etc. machen, sonst kommt sofort ein Historiker und macht noch eine Ausgabe. Das ist aber keine Kleinigkeit, besonders weil ich doch ungeübt bin und erst mit der Zeit darauf kommen werde, wo man alles am Besten findet. Carl hat mir zwar die Anfangsgründe für eine Bibliothek gezeigt, aber trotzdem. Soll man also mit so einer immerhin großen Arbeit anfangen, bevor man weiß, ob jemand das Buch drukken will? Carl meint *ja*, man fände immer einen Verleger. Ich bin nicht so zuversichtlich, muß es allerdings erst zu Ende lesen. Ich gehe jeden Tag vormittags auf die Bibl. es macht mir viel Freude, ich lese den B. und merk mir die Stellen an, wo man nachforschen muß. Denn wenn man die Arbeit unternimmt, muß ich wohl die Pariser Zeit für die Anmerkungen verwenden, übersetzen kann ichs ja dann aus meinem neuen Exemplar wo anders. Bitte sag, was Du dazu meinst. Es könnte einem ja schließlich sowohl »Ehre« als wie Geld bringen u. Carl schreibt sicher eine schöne Vorrede. Meine Lady into Fox scheine ich also glücklich an den Propyläenverlag angebracht zu haben, ich erwarte den Vertrag.

Jetzt habe ich noch finanzielle Bitten:

Du hast mir 300 Mark u. 100 fr. mitgegeben, da ich auf Reisen u. [in] Basel auch etwas ausgeben mußte bin ich hierher mit *1300* franz. Francs gekommen. Damit werde ich gerade 4 Wochen auskommen, habe also in der letzten Februarwoche nichts mehr. Die Mark rechnet sich nämlich nicht so hoch um, wie wir geglaubt haben, so daß ich Dich bitten muß, mir für den März wenn möglich aus der Schweiz 300 Mk. oder noch besser den Gegenwert in schw. oder franz. Francs zu schicken denn Mark nimmt man nicht gerne hier (f. 100 M = 435 franz. Fr.).

Vom Propyläenverlag bekomme ich 500 Mark, da wollt ich Dich auch bitten, ob ich die Dir dann auf Dein Berliner Conto überweisen kann und Du mir wenn Du herkommst, sie mitbringst oder überweisen lasst, und ferner ob Du erlaubst, daß ich dieses Geld nicht zum Leben nehme, sondern a.) wenn ich Extraausg. habe, b. wenn ich mal eine kleine Reise mach, c. für Frühjahrskleidung verwenden darf, denn ich werde allerhand brauchen.

Das Leben hier ist ja nicht teuer, nur wird es natürlich doch viel, weil man doch manchmal teurer essen muß, Theaterkarten selber zahlen muß, Taxi braucht u. hie und da Bücher kaufen muß, alles Sachen die in Berlin u. zu Hause wegfallen. Ein Zimmer in einem halbwegs anständigen Privathaus käme teurer wie das Foyot und ist lang nicht so angenehm, schon wegen des Nachhausekommens spät abends, hier ist es hell, ein Portier paßt auf und die Straße ist nett und nicht obskur.

Also nicht wahr, wegen dem Geld muß ich mir keine Sorge machen, daß es zu viel ist, ich bin so glücklich hier, und so zufrieden eine Arbeit zu haben bei der man gescheiter und nicht dümmer wird und die einen nicht am Spazierengehen hindert, daß ich möglichst viel hier tun möchte.

Ich freu mich sehr, wenn Du kommst, bleibst Du doch ein paar Tage hier, nicht?

Isepp fährt dieser Tage weg und ich fürchte auch Carl wird nicht bleiben. Aber mir ist nicht einsam auch wenn ich nicht so viel Menschen sehe. Die Carmen Hertz ist seit ein paar Tagen hier, es ist ganz angenehm ein Mädl zum Herumgehen zu haben.

Gestern war ich in einem Stück von Bernstein, es wurde

recht gut gespielt, im Ganzen aber sind die Theater sowohl Repertoire als Spiel sehr mässig.

Der Mama schreib ich nächstens ausführlich, mit den Modezeitungen ist jetzt nichts los, es ist keine Jahreszeit, außerdem kenn ich mich sehr schlecht aus. Isepp bringt eine mit.

Ich freu mich also sehr, wenn Du kommst und Du kannst sicher sein, daß ich meine Zeit hier gut und glücklich benütze und Dir vielmals danke, daß Du es mir möglich machst. –

Deine Christiane.

p.s. Zifferers hätte ich nicht gerne in Geldangelegenheiten gemischt, wenn möglich, sie sind zu kompliziert u. aufgeregt in solchen Fällen sonst aber recht nett.

Marseille. 4 III. [1925]

Schreib mir recht bald ein bisserl, was Du machst. Soeben hier auf der Cannebière Kokoschka begegnet! Wetter mild, leicht bewölkt u. windstill. Schreib mit 75 centimes *»par avion de Toulouse«* à M. Philippe, agent de la Navigation Paquet à Casablanca pour M. H.

Dein Papa

Erwähne auch, was die Mama Dir schreibt!

[Briefkopf: Hotel Excelsior
Place de France Casablanca]
Montag 9ten III. [1925]

Liebes Christianerl, ich danke Dir für Deinen Brief, und für die nachgeschickten von Mama etc. Bitte schicke den einliegenden Brief an die Buchhandlung Paul Neff in Stuttgart. Ich habe Dir heute drahtlos telegraphiert, Du sollst Neff telegraphieren dass ich den 14ten annehme. Hoffentlich ist es Dir ordentlich zugekommen. Nach Deutschland darf man derzeit nicht drahtlos telegraphieren. Bitte schick diesen an Dich gerichteten Brief gleich an die Mama, es geht das viel schneller als wenn ich an sie direct schreibe, weil ich an Dich durch Flugzeug schicken kann. Sie soll auch künftig ihre Briefe an *Dich* richten, ich bekomme sie dann am schnellsten, in dem Du sie par avion weitergibst (an Philippe, der äusserst verlässlich.) Das Meer war, bis auf wenige Stunden im Golfe du Lion, spiegelglatt, auch im atlantischen Ocean. Ich war nicht einen Moment unwohl. Besonders schön waren die Mondnächte. – Der junge Mann, der mir durch Rilke hatte schreiben lassen, dass er auch an Bord ist, M. Pierre Viénot, war sehr angenehm, gescheidt u. unterrichtet. 27 Jahre alt, hat den Krieg mitgemacht, schwer verwundet gewesen, dann drei Jahre in Marokko, dann ein Jahr in Deutschland (hauptsächlich Heidelberg); weiss von allen deutschen Dingen erstaunlich viel. Der Marschall Lyautey ist äusserst freundlich, er hat alle Hafenbehörden von unserer Ankunft verständigen lassen, so dass wir nicht einmal unsere Pässe haben herzeigen müssen, und hat uns gleich für heute zum Thee geladen, so dass ich nach diesem Brief mich gleich umziehen muss.

Der Himmel ist tiefblau, die Luft wie an einem schönen Maitag, dabei im Schatten kühl; diese Stadt ist ein moderner, rasch gewachsener, europäischer Hafen, mit viel Negern u.

Arabern in den Strassen. Tanger, gestern, war ganz anders, sehr impressionierend.

Wir fahren vermutlich schon morgen früh weiter nach Marrakech (ganz im Süden) wo der Marschall auch Ende der Woche hinkommt. Dann kommen wir wieder hieher u. fahren von hier aus nach Fez.

Leb wohl, mein Kinderl, u. richte Dir Dein Leben gut ein. Du musst jetzt mit der Mama ohne mich darüber einig werden, ob sie nach Paris kommen *will.* Wenn nicht, so bleibe ich nur 8–9 Tage in Paris u. fahre dann Schweiz–Deutschland.

Dein Papa

[Briefkopf: Hotel »Transatlantique«]
Marrakesch [le] 13 mars [192]5

mein liebes Christianerl
ich freue mich dass es Dir gut geht u. Du mit Deiner Arbeit vorwärts kommst. Mir geht es sehr gut. Dieses Land ist wunderbar, u. überdies habe ich mich kaum je in irgend einem Klima so wohl gefühlt. Selbst dass der Muezzin mit seiner wunderbar starken Stimme vom Turm der gar nicht nahen Moschee herunter betend, mich jeden Morgen um 4 h aufweckt, stört mich gar nicht.

Auch die Seefahrt war in jeder Beziehung sehr angenehm. Der junge Mann, M. Viénnot, sehr sympathisch u. gescheidt u. diese gewisse zarte und gereifte Art welche die jungen Franzosen auszuzeichnen scheint, die zwischen 17 und 21 die schwere Schule des Frontkampfes durchgemacht haben. Im Gefolge des Marschalls eine ganze Anzahl ähnlicher junger Männer, die wiederzusehen ich mich freue. Der Marschall selbst, siebzig Jahre alt, von einer ausserordentlichen Vitalität, Grazie und

Courtoisie; er gibt die Vorstellung was ein französischer Officier des ancien régime gewesen sein kann. Er hat uns eingeladen, ihn in Rabat zwei Tage zu besuchen, wo seine eigentliche Residenz. (Wir haben ihn zufällig gleich am Tage unserer Ankunft in Casablanca getroffen.) – Du musst Dir jetzt mit der Mama klar werden ob es ihr *Freude* macht, nach Paris zu kommen, und demnach ein oder zwei Zimmer im Foyot (eventuell auch im Beaujolais) festhalten; ich komme den 30ten vormittags in Paris an. Kommt die Mama nicht, so bleibe ich 8–9 Tage, absolviere einige Besuche (Gide u.s.f.) gehe eventuell für 2–3 Tage zu Carl nach Basel, lese am 14ten in Stuttgart u. fahre von dort aus direct nach Haus.

Dein Papa.

P.S. Deinen Brief vom 9ten heute durch Philippe erhalten, er war also erst gestern früh in Casabl.

[Briefkopf: Hotel »Transatlantique«]
Fez [le] 21. III. [192]5

liebes Christianerl
ich bekam gestern Deinen Brief vom 15ten heute vom 16.ten. An Neff habe ich direct telegraphiert dass ich nach wie vor bereit bin am 14ten hinzukommen, wie er vorgeschlagen hat, am 24ten aber nicht hinkommen kann, weil mir dies meine Zeiteinteilung hin macht. Dir telegraphierte ich gestern, dass ich Dich bitte im Beaujolais (oder natürlich eventuell auch anderswo) für mich für den 29ten zu bestellen, u. für Mama je nach Ihren Plänen die Du ja inzwischen besser kennen wirst als ich, denn der letzte Brief von der Mama, den ich habe, ist vom 10ten.

Es geht uns hier sehr gut; diese ist die märchenhafteste von allen Städten – ein Gewirr von ganz engen fensterlosen menschenerfüllten krummen Gassen. Man muss immer einen arabischen Führer mithaben. Die Straßen sind so eng dass man immer zu Fuß gehen muss, und man begegnet auf Schritt u. Tritt allen Gestalten aus den alten Märchen, der verschleierten Frau, die in wunderbarer Haltung auf einem weißen Maulthier sitzt, dem reichen Mann in violettem Burnus an dessen jedem Steigbügel ein schwarzer u. ein weißer Diener geht, dem Neger auf einem strohernen Sattel u.s.f.

Der General de Chambruc, der hier commandiert, ist unendlich freundlich für uns, lädt uns oft ein, macht uns alles zugänglich. – Schick diesen Brief, falls *noch* Zeit, an Mama, ich schicke ihr nur Telegramme.

Dein Papa.

Lass mich am 29ten früh in Marseille Hotel de Noailles ein Wort finden (unter *Zifferer*) in welchem Hotel ich untergebracht bin.

Schönenberg Ostermontag
[13. April 1925]

mein liebes Christianerl
es geht uns sehr gut. Wir verleben sehr stille angenehme Ostertage. Hoffentlich geht es Dir auch gut. Die Aufsätze über Fez sind rechtzeitig in Wien u. Berlin eingetroffen.

Von den inliegenden Briefen gib den einen, bitte, gelegentlich *offen* dem Fürsten Bassiano. Vielleicht ist es ihm bequemer, *vor* Wien nach München zu fahren. Der andere ist für la divine Ludmilla. Bei der guten Frau Bucher bitte entschuldige mich mündlich.

Den 17ten fahre ich nach Stuttgart, dann wieder hieher, die Mama abholen.

Den du Bos muss man jetzt dazu anhalten, dass er wirklich

anfängt, die Übersetzung zu machen. Ich erwarte dass er mir jetzt bald seine definitive Auswahl vorlegt.

Leb wohl, mein gutes Kind, und schreib öfters.

Dein Papa.

PS. Bevor Groethuysen für Monate nach Berlin übersiedelt, trachte seine dortige Adresse zu erfahren!

PS. Sag vielleicht Frau Bucher ich könnte mich so schwer entschließen, ein übersetztes Stück von mir zu lesen, wenn kein praktischer Anlass vorliegt.

PS. Dieser Chardin von dem Du schreibst, ist anscheinend nicht *vollständig*! Suche eine der zahlreichen vollständigen Ausgaben in 4-6-8 Bänden, die zwischen 1700 und 1840 erschienen sind!

Samstag 25ter. [April 1925] Rodaun.

mein liebes Kinderl

1° wegen Schwierigkeit der Übersetzung, Princesse de Clèves, kränke dich nicht. Mach es wie Du kannst. Man wird es dann mit der Maschine halbbrüchig abschreiben, so dass ein ebenso breiter Rand wie der Text selbst für meine Veränderungen bleibt. Mich interessiert die Arbeit.

2° inliegenden Zettel M. du Bos zeigen.

3° Nachricht einholen über Jacques Baruzi.

4° Groethuyzen nicht verlieren, seine Berliner Adresse feststellen.

5° sobald H. Lichtenberger zurück ist, ihn aufsuchen u. fragen, ob die normaliens von mir eine Rede erwarten, u. wenn ja, in welcher Dauer (höchstens 15–20 Minuten) und welches Thema willkommen wäre: ob etwa eines über Goethes Omnipraesenz im deutschen geistigen Leben. (Datum 21–27 Mai)

6° Von Vienot keine Nachricht? Ich möchte dass er Burckhardt auf dem Schönenberg besucht, wenn er nach Deutschland geht.

7° Ist es richtig, dass Jacques Sindral (Attirance de la mort) mit Fabre-Luce identisch ist?

Hoffentlich geht es Dir gut. Ich habe sehr viel zu tun. Die Landschaft hier reizend, aber leider Regenwetter.

Dein Papa.

[Rodaun, Ende April 1925]

liebes Christianerl

Du musst jetzt trachten dass über meine Abende in Paris (21ter–28ter Mai) im voraus richtig disponiert wird.

Also

1° die Normaliens (durch Lichtenbergers)

2° der Gesandte will mir ein Diner geben mit einigen Herren vom Quai d'Orsai (durch Zifferer)

3° Lichtenberger schlug noch etwas vor, ich glaube ein Diner oder Déjeuner der Fondation Kahn

4° Fabre-Luce wollte mich mit einigen seiner Freunde einladen.

Den Fürsten Bassiano erwarte ich seinem Brief gemäß hier circa 3ten Mai u. werde Schalk auf den Besuch vorbereiten.

Leb immer wohl.

Dein Papa.

Aussee 11 x. [1926]

mein liebes Christianerl
ich fahre Sonntag 17ten nach Wien, Donnerstag den 21ten wieder zurück.

Ich wäre sehr froh wenn die Mama nicht die ganze Zeit ganz allein wäre. Vielleicht kannst Du es einrichten, wenn nicht früher, so doch etwa Dienstag 19ten hinaufzufahren!

Ließe es sich machen dass ich das Bachofenbuch das wir Kassner geliehen haben, entweder durch die Post nach Aussee bekäme, oder dass Du es mitbringst?

Dein Papa.

Rodaun 21. vii [1927]

mein Kinderl, kannst Du mir vielleicht die Adresse von K. Wolfskehl verschaffen? Ich habe in der letzten Zeit verschiedentlich sehr Schönes von ihm gelesen (zuletzt ein Gedenkblatt auf Kohnstamm) und möchte ihm gern ein Exemplar des »Turm« in der neuen Gestalt schicken. – Ich war mit der Mama 2 Tage auf dem Semmering u. war in der höheren Luft gleich ein ganz anderer Mensch. Darum möchte ich ab 20ten für 10 Tage auf die Mendel gehen, womöglich mit den Schalks wenn die arme Lili transportabel ist.

Dein Papa.

Aussee 23 xi 27

liebes Christianerl
wir freuen uns immer sehr über Deine Briefe. Ich arbeite sehr viel. Ich wollte ich könnte noch viele Wochen in dieser Stille bleiben u. arbeiten. Der Schnee ist jetzt weg, es sind Tage wie

im März. Wir werden am 29ten nach Wien fahren. Im späteren Winter werde ich vielleicht nach Berlin gehen; es hat mir wieder recht gut gefallen; nur muss man billiger wohnen, als im Esplanade.

Vielleicht kannst Du mit Hilfe einer Deiner Lehrer herausbringen, ob das reizende Stück le dépit amoureux von Molière für seinen *Stoff* eine (spanische?) Vorlage hat. Es würde mir sehr viel daran liegen das zu wissen.

Dein Papa.

Kannstumir die Adresse von den Baruzis schreiben?

[München] H. Marienbad Sonntag.
[29. Januar 1928]

Liebes Christianerl,
die in Frankfurt haben die Première offenbar verschoben, aber darüber reg ich mich nicht auf; hier ist sie am 5ten u. wird anscheinend ganz gut. Meinst Du es wäre gemütlich wenn ich etwa den 7ten oder 8ten für 2 Tage nach Heidelberg käme? Antworte ganz aufrichtig! Wie heißt das Hotel wo ich wohnen müsste.

Dein Papa.

München 1. II. [1928]

Also gut, bestell mir für Mittwoch nachmittags im Victoria ein Zimmer, wenn irgend möglich mit Bad. Ich fahre glaub ich über Stuttgart, eintreffe gegen 6 h abends, werde Samstag weiterfahren, über Kassel nach Degenershausen.

Dein Papa.

[Briefkopf: Hotel Kaiserhof Berlin]
19 II 28.

mein liebes Christianerl
ich habe Dir heute Dein Monatgeld angewiesen, morgen schick ich Dir einige Exemplare des »Turm«.

Anga hat mir gut gefallen, sie ist ein rührendes Geschöpf, und auch er hat sich sehr gut entwickelt. Sie haben Dich beide sehr gern u. wollen Du sollst im Frühjahr hinkommen. Auch von hier lassen Dich unzählige Leute grüßen – Du bist offenbar das beliebteste Geschöpf in Mitteleuropa. Ich weiß nur mehr Frau von Boddien, Frau von Keudell u. Kaethe Riezler, aber es waren ihrer viel mehr, Helene u Alfred N.[ostitz] natürlich auch. Hier ist der übliche Betrieb aber dazu ein grauenvolles, wirklich die Nerven zerrüttendes Wetter. Die Massary sagte mir heute nacht, sie habe nicht geglaubt die Vorstellung zu Ende spielen zu können vor Angst u. Herzklopfen.

Mein letzter Abend in Heidelberg war auch sehr angenehm. Dieser alte Mayrisch ist impressionierend. Wie ist denn die Andrée, schreib mir darüber! Den Viénot hab ich bis jetzt noch nicht erwischt, er scheint nie in dem Büro zu sein.

Sehr gefallen hat mir auch mein anderer Tischnachbar (der eine war Alfred Weber) dieser Herr Bergius. Besuchst Du diese Leute? Die Frau soll auch nett sein. Er ist ein weltberühmter Erfinder, sieht gut aus, u. hat eine sehr angenehme vielseitige Conversation, fast wie ein Engländer. Ich würde ihn gern wiedersehen.

Mittwoch früh kommt die Mama an. Wenn nur das Wetter anders würde! Gib acht mit Skilaufen in einer so närrischen Witterung.

Dein Papa.

Gerty von Hofmannsthal an Christiane

Neubeuern Montag.
[5. März 1928]

Liebe Christiane, ich danke Dir sehr für Deinen lieben langen Brief noch nach Berlin! Papa freut sich sehr wenn Dein »Freund« der Indo schreibt.

Es war eine gute Idee zuerst ein paar Tage aufs Land hierher zu gehen und ich sitz wie in Aussee in der grellsten Sonne und hab das Gefühl als ob gar kein Winter dazwischen war! Du hast recht in Heidelberg zu bleiben wenn's Dir gut tut. Es ist wirklich ein aussergewöhnliches Wetter und die Wiesen hier sind voll mit Märzenbecher, wie ich sie bei uns noch gar nicht gesehen habe, so wild wachsend. Es ist wie an der Riviera die Intensität der Sonne und ich glaube dass wir beide Reste von Katarrh anbringen werden, der Papa auch beständig quält. Übrigens hab ich ihm die Sache mit dem Blutdruck gesagt (etwas weniger als wahr ist) und er nimmt das Medicament von Pineles und ist ganz vernünftig dass man alles tun muss um den Blutdruck herunter zu kriegen. Wir gehen Mittwoch nach München wo Papa noch einige Dinge zu erledigen hat, ich freu mich auch den Turm zu sehen, dann fahren wir Sonntag nachhaus damit wir doch noch mit Franz sprechen können. Ich weiss gar nicht was aus diesem Beruf werden soll! Es kommt mir doch nicht ganz erfreulich vor, dieses Herumstehen als Volontär und so. Er bekommt aber freie Station und Wohnung, so dass Papa ihm nicht viel mehr Taschengeld geben muss als er in Wien hat. Wenn er nur zu netten Leuten kommt und nicht in scheussliche Protz-Milieux. Da musst Du auch Rat geben! Wir mussten neulich bei diesen Dreyfus aus Frankfurt essen (die Frau ganz nett, kennt Dich) dieser Luxus an Blumen, Essen, schönen Gegenständen! Aber so unerquicklich!

Hier bei der Ottonie ist es riesig gemütlich es ist nur ein Mädel da die Kochen lernt und das Frl. v. Sprecher die sehr sympathisch ist. Die ganze Atmosphäre hier ist eben reizend und erholend! Die Bärbi Sp. ist für 3 Monate da, weil sie wegen Gesundheit einen so langen Urlaub bekommen hat. Sie erinnert sich noch sehr lieb an Dich vor 8 Jahren! Baby ist mit Julie in Sorrent.

Von Raimund ist momentan nichts Neues. Dass Reinhardt schon jetzt nach Europa kommt hast Du wohl gelesen. Ob Diana ihn erreicht hat?

Also leb wohl, der Thee steht heraussen und wir bleiben noch eine Weile an der Sonne. Jetzt freu ich mich auch wieder auf Rodaun und das Auto (weniger auf den guten Weinbg.)

Herzlichst Deine

Mama.

5. III. [1928]

mein liebes Kind, ich hoffe der Redacteur der Rundschau, Dr Kayser, hat nicht versäumt, Zimmer zu dem Aufsatz aufzufordern. Er wollte es *gleich* tun. Falls er es nicht getan hat, bitte avertier mich nach München Marienbad. Es wäre schade wenn Z. seinen gewiss gescheidten Aufsatz durch Breite oder Abschweifungen verdürbe. Dass *ich* aber den Aufsatz quasi controlliere oder corrigiere, schiene mir doch ungehörig. Eher könntest Du das in humoristischer Weise tun. Die Hauptsache bei einem Aufsatz ist eine klare Disposition, worin die Franzosen Meister sind. Ich weiß nicht, wie weit der Indo das kann, aber er ist ja ein sehr gescheidter Mensch, u. es ist besser, es schreiben ein paar solcher Leute, als diese greulichen, immer die gleichen Modeworte todthetzenden Journalisten.

Dein Papa.

Leopoldskron. 20ter Juni. [1928]

mein gutes Christianerl,

natürlich hat sich nichts zwischen uns verändert. An dieser Beziehung kann nur der Tod etwas ändern, und auch der nur uneigentlich, nicht eigentlich.

Sag mir doch, wo ich Dir ein Conto errichten kann. Ich lasse Dir dann 3000 Mark überweisen, für die nächsten 6 Monate. Das Geld für den Baugrund ist auch zur Verfügung.

Wegen der Religion der Kinder werde ich mit dem Heinz sprechen. Er ist ja so gescheidt, wir werden uns ohne Mühe verstehen. Protestantische Enkel wären mir halt etwas so viel Entfernteres, ich meine es nicht religiös, sondern gewissermassen atmosphärisch – und ihm, glaube ich, ist das Katholische ja gar nicht fremd u. unheimlich, sonst würde ich ja gar nichts sagen!

Leb wohl, mein Kinderl.

Dein Papa.

PS. Das Hotel in Linz heisst Weinzinger, das in Passau Passauer Wolf.

[Breitenstein] 10 July 1928.

Viele Grüsse von Papa Euch beiden!
Innigst grüsst und wünscht alles alles Gute
Alma Mahler
Mama
Herzliche Grüße Franz Werfel

Rodaun 12. I. 29.

liebes Christianerl,
Raimund Zimmer – gefällt Dir das als Klang? ich finde es weder klanglich hübsch noch rhythmisch glücklich. (Und überhaupt diese Wiederholungen.) Andreas Zimmer gefiele mir rhythmisch viel besser. Aber, wie der Franzl richtig sagt, es ist *eigentlich* ihr Kind, und sie können tun was sie wollen. – Aber wichtiger ist Folgendes: ich habe mir vor ein paar Wochen das Buch Unionismus von de Groot herausgelegt, um es Heinz zurückzuschicken – und nun kann ich es plötzlich nirgends finden und wir können uns auch nicht erinnern, ob eins von uns die Adresse geschrieben hat u. ob es abgegangen ist. Bitte schreib gleich, ob es eingetroffen ist, sonst müsste man es verzweifelt suchen.

Dein Papa.

Hugo von Hofmannsthal an Heinrich Zimmer

Rodaun 14. I. 29.

Lieber Heinz,
die ängstlichen und in alles dreinredenden Schwiegereltern sind stehende Figuren des deutschen Schwanks. Trotzdem möchte ich ein Wort über diese Entbindungssache sagen. Natürlich ist eine Entbindung ein schöner natürlicher Prozess und kein Unglücksfall, aber eine erste Entbindung bei einer Frau, die nicht gerade von slawischen Landarbeitern abstammt, ist nicht so einfach – und was das zu leichtsinnige Anfassen davon betrifft, so haben wir das beste Beispiel dafür in unserer nächsten Nähe, nämlich an uns selber. Die Sache verlief dann auch recht precär, dauerte 40 Stunden, und Dr Wimmer sagte mir oft, er wundere sich sooft er Christiane lebendig herumlaufen sehe, denn der Ordnung nach hätte sie

todt zur Welt kommen müssen. – Wir hofften also dass sich dort die Entbindung auf der Klinik, also im unmittelbaren Bereich eines ersten Gynäkologen würde durchführen lassen. Das scheint nicht möglich zu sein. Ihr habt also eine Privatklinik und die Ärztin. Diese stelle ich an Wert einer Geburtshelferin gleich. Die Frage ist nun: 1 ° Hat sie die Initiative *rechtzeitig* einen Arzt zum Beistand zu rufen? – und 2 ° *wen* ruft sie in diesem Fall. Ich fürchte dann, nicht den ersten Gynäkologen, sondern den Arzt, mit welchem sie die Anstalt teilt. Solche Ärzte pflegen, bei uns wenigstens, ausgesprochen nicht wünschenswerte Ärzte zu sein, sondern mehr ärztliche Hoteliers. Also bitte überlegt das *rechtzeitig*: was geschieht, wenn – denn dumm haben schon wir es gemacht, also macht es gescheidter.

Useners Götternamen sind ein sehr schönes Buch. – Kannst Du Dir vom betreffenden Collegen ein sehr gutes Buch (englisch, französisch, was immer) über das Geheimere Leben älterer (auch vorkolumbianischer) Indianerstämme sagen lassen, ihre Bräuche, Riten, Mysterien, und dies vielleicht entlehnen, für die Zeit meines Hinkommens? Vielleicht enthält eines der Bücher von Lévy-Bruhl gutes pittoreskes Detail.

Sehr freundschaftlich Dein

H. H.

Hugo von Hofmannsthal an Heinrich Zimmer

Rodaun 21 I. 29.

Lieber Heinz
vielen Dank für Deine u. Ch's beruhigende Auskünfte.

Glaubst Du, dass das von Dir genannte Buch in der dortigen Univ. Bibl. vorhanden ist, so dass ich es dort einsehen könnte – sonst würde ich versuchen es durch Carl aus der sehr reichhaltigen Zürcher Bibliothek zu bekommen. Bitte um ein Wort darüber auf einer *Karte*!

Christoph gefällt mir auch gut!

Alles Herzliche in Freundschaft

Dein H.

Hugo von Hofmannsthal an Heinrich Zimmer

Schönenberg, *Pratteln* 12 11. 29.

Lieber Freund,

ich denke viel über Nadler nach, Du selbst hast mir geholfen, andere ernste Menschen haben mir ihre Einwände vorgetragen – ich möchte mich über diesen Gegenstand äussern (nicht apologetisch, aber im positiven Sinn) – aber für ein Tagesblatt lohnt es nicht der Mühe, es müsste an einer Stelle geschehen, wo auch von einem grossen Teil der Leser vorauszusetzen, dass ihnen das Phänomen nicht völlig unbekannt. So habe ich an diese Vierteljahresschrift gedacht. Würde es Dir widerstreben, diesen Dr Rothacker einmal zu fragen, ob ihm eine solche Auseinandersetzung mit diesem Werk aus meiner Feder willkommen wäre? Ist es Dir nicht ganz angenehm oder nicht ganz leicht, dann sage es aufrichtig, so würde ich Brecht veranlassen an Kluckhohn darüber zu schreiben. Aber ich möchte nichts anfangen ohne zu wissen, für welches Publicum ich schreibe – sonst hängt jeder Satz, den man hinschreibt, in der Luft.

Macht Dir das baby Freude – oder ist es noch ein wenig zu sächlich? Aber man muss rechtzeitig Kinder haben, sonst hört nach fünfzig das Leben auf, einen zu interessieren.

Herzlich Dein H.

PS. Heute nacht hatte es hier 24 °. In Wien soll eine Wassernot eingetreten sein, durch Einfrieren aller Zuflüsse der Wasserleitung.

Rodaun 21 VI [1929]

liebes Christianerl,
ich habe gestern versucht, meine Kunstmappen, Stiche etc. etwas durchzusehen (weil manche Sachen sich im Wert so gesteigert haben) u. dabei bemerkt, dass eine grosse Originallithographie von Picasso fehlt, eine Art Pierrot, weiss gerahmt, Grösse etwa 35 (40):80–90. Ist dieses Blatt bei Dir? dann ist alles gut. Mama meint es könnte bei der Gundel sein! Bitte schreib was Du weisst. – Raimund hat heute ein Radio aus der Gegend von Sicilien geschickt. Es ist lustig, dass er schon so nahe ist. – Ich freue mich immer sehr über Deine genauen Berichte über Christoph.

Grüsse Heinz.

Dein Papa.

[Telegrammentwurf]

[Rodaun, 14. Juli 1929]

Christiane Zimmer Quinkestrasse 18
Heidelberg

bitten dich unbedingt dort bleiben schöpfen grössten Trost aus deinem Glück mit Heinz und liebem Kind Raimund bei uns umarmen dich

Papa

Hugo von Hofmannsthal und Christiane,
Aussee um 1920

Nachwort

Hugo von Hofmannsthal und Gerty Schlesinger heirateten im Juni 1901. Am 14. Mai 1902 kam das erste Kind, die Tochter, zur Welt; am 28. August erhielt sie in der Taufe die Namen Christiane, Maria, Anna, Katharina, Pompilia. Tauftag und erster Namen bezogen sich auf Goethe und seine Welt, die beiden nächsten teilte sie mit Mutter und Patin, die letzten beiden aber, Katharina Pompilia, mit der Tochter des Lord Chandos aus dem »Brief«, dessen Niederschrift im Monat ihrer Taufe erfolgte.

Christiane wuchs zusammen mit ihren ein und vier Jahre jüngeren Brüdern Franz und Raimund in dem kleinen barokken »Fuchsschlössl« auf, jenem Haus, an der Badgasse in Rodaun gelegen, das Hofmannsthal bei Beginn seiner Ehe mietete und bis zu seinem Tode 1929 bewohnte. In der Ferienzeit ging die Familie vorwiegend nach Aussee, gleichzeitig mit vielen Freunden verbrachte man hier die Monate zwischen Juni und Oktober, für den Dichter seine wichtigste Arbeitszeit: »Denn es ist unmöglich productiv zu bleiben, wenn man sich in Reichweite der politischen, theatralischen Welt u.s.f. befindet; so muss ich mich mindestens 3–4 Monate jedes Jahr isolieren«, schrieb er an Hans Esdras Mutzenbecher am 9. Oktober 1925. Leopold von Andrian und die Franckensteins waren hier auf Besitzungen ihrer Eltern aufgewachsen, Yella Freifrau von Oppenheimer residierte im herrschaftlichen »Ramgut«, die Fabrikantenfamilie Hellmann lud Richard Strauss zu Hauskonzerten in ihre Villa am See, und Jakob Wassermann lebte in diesem Landschaftsraum, den sein ›Tagebuch aus dem Winkel‹ beschreibt, seit 1919 sogar ganzjährig.

Aus der Geselligkeit jener Zeit notierte Arthur Schnitzler nach einem gemeinsamen Ausflug auf den Loser, dem Hausberg von Alt-Aussee, in sein Tagebuch am 4. 9. 1916: »Christiane H. in ihrer ernsten Unbefangenheit und völligen Unaffektiertheit, über 14 Jahre klug und kühl. Franz 10, Bub, etwas ungezogen, noch unerwacht, vielleicht beschränkt. Raimund etwa ein Jahr jünger, romantischer Lockenkopf, träumerisch, musikalisch, läuft jedem Gesang, jedem Klavierspiel, jeder schönen Frau nach.«

Nach den Volksschuljahren in Rodaun besuchte Christiane das Lyceum in Hietzing. Der Weg mit der Tramway war lang und umständlich und in der letzten Kriegszeit noch erschwert. Sie kam wie ihre Freundinnen nach Abschluß der sechsjährigen Mittelschulzeit 1918 nicht auf den Gedanken, zwei weitere Jahre zur Schule zu gehen, um sich auf die Maturität vorzubereiten. Im Alter sagte sie rückblickend zu einer Freundin: »Der Papa hat überhaupt nicht viel von den Schulen gehalten. Es hat sich im Grunde niemand gekümmert, was wir Kinder im Leben wollten; man hat uns gar keine Richtung gegeben. Ich finde, man hätte mir eigentlich zureden sollen und sagen, ›du, mach doch dein Gymnasium fertig‹, aber damals hat die Idee geherrscht, ein Mädel heiratet eh, es ist ganz wurscht, was sie macht. Da hat's geheissen: gut, bleib zu Haus.«

Ganz so ohne »Richtung« durch die Eltern ist sie allerdings in der Jugend nicht gewesen. Keine Schule hätte ihr die Bildungschance geboten, die das Leben, das sie zuhause führte, gewährte, besonders durch die Aufgaben, die sie übernahm. Sie lernte Maschinenschreiben, um in diesem »Hexenkessel der compliciertesten Geschäftsdinge« dem Vater eine Hilfe zu sein, deren er sich gerne bediente. Sie sichtete die einlaufende Post, erledigte nach Anweisung einen Teil der geschäftlichen Korrespondenz, auch Verhandlungen, mit Verlegern und Vertretern des Theaters, typierte die damals entstehenden Werkmanuskripte, darunter das des ›Schwierigen‹ und des Märchens der ›Frau ohne Schatten‹, die Bearbeitung von ›Cristinas Heimreise‹ für Alexander Moissi, die bis Februar 1921 vorliegenden Texte des Trauerspiels ›Der Turm‹ und das ›Salzburger Grosse Welttheater‹.

Gegen Ende der Schulzeit im Sommer 1917 hatte sie ein Heft angelegt, in das sie vorerst nur Exzerpte, Sentenzen und Gedichte sowie den Nekrolog Borchardts auf Bodenhausen eintrug, um dann im August 1918 – sechzehnjährig – mit eigenen Aufzeichnungen zu beginnen. Das Tagebuch diente ihr dazu, sich über ihren Tageslauf und ihre Lektüre Rechenschaft zu geben. Eine Publikation hat sie sicher nie ins Auge gefasst. Ihre alten Freunde, Leonhard M. Fiedler und Werner Volke, rieten jedoch, als die vergilbten Schulhefte nach dem Tod Christiane Zimmers aufgefunden wurden, dringend zur Veröffentlichung und unterstützten die Erstellung des Textes.

Aus den Leselisten, die sie jeweils auf den letzten Seiten ihrer drei Tagebuchhefte notierte, geht hervor, daß sie das Interesse des Vaters an den Produktionen seiner Freunde wie Rudolf Borchardt, R. A. Schröder, Rudolf Kassner, Max Mell teilte und die Autoren las, die Hofmannsthal in jenen Jahren beschäftigten: Claudel, Nadler, Pannwitz, Rathenau, Stucken. Sie interessierte sich auch für jene, die er weniger schätzte, wie Fritz von Unruh und Georg Kaiser. Dazu kam der vom Vater geförderte selbstverständliche Umgang mit der Tradition der europäischen Literatur und der Geschichtsschreibung von den Anfängen bis in die Gegenwart. Zu lesen mußte sie verstanden haben, auch nach Ansicht des Vaters. »Ich vertraue völlig auf Christianes Urteil; sie ist ein ganz reiner unbestechlicher Spiegel!« schrieb Hofmannsthal am 13. Oktober 1922 an Burckhardt. Das Tagebuch zeigt, daß sie sich selbständig mit Gelesenem auseinandersetzte, manchmal im Anschluß an Gespräche des Vaters im Familien- und Freundeskreis.

Überhaupt schien ihr sein Freundeskreis bald gemäßer als die gleichaltrigen Kameradinnen, und er beschäftigte sie in den

Aufzeichnungen mehr als Mutter und Brüder. Wesentliche Beziehungen des Vaters teilte sie offenbar intuitiv. Hofmannsthal erkannte es nicht ohne Sorge, wenn er am 13. Januar 1923 an Helene von Nostitz schreibt: »Das junge Wesen hängt an den Menschen die einer Generation mit mir sind: die Erinnerung an Eberhard Bodenhausen, dann Schröder, Borchardt, Max Reinhardt, Sie beide – wie wir alle zusammengefunden haben, da sieht sie Menschen und menschliche Beziehungen, da fühlt sie eine Welt – möge sich ihr in der eigenen Generation, in der sie ja ihr Schicksal austragen muß, auch eine Welt aufschließen.«

Auch mit ihrer ersten großen Liebe zu Erwin Lang, dem Maler und Holzschneider, der im Herbst 1920 nach Jahren russischer Kriegsgefangenschaft heimkehrte, blieb sie im Kreis von Vater und Familie. Sie kannte den Mann der Grete Wiesenthal von klein auf, und als er ihr wiederbegegnete, wußte sie augenblicklich: »Ich bin seit ich den Erwin gesehen hab, vollkommen überzeugt, daß das der Mensch ist, den ich heiraten werd ...« Dennoch verlor sie nie den für sie so charakteristischen unbestechlichen Blick für die Grenzen seines künstlerischen Schaffens.

Im Herbst 1921 nach dem Scheitern der Beziehung zu Erwin Lang hatte sie die innere Freiheit, »unter neuen fremden Menschen sich durchsetzen zu wollen«. In Berlin versuchte sie entschlossen, auf eigenen Füßen zu stehen. Sie arbeitete als Sekretärin in der von R. Piper gegründeten Graphischen Anstalt der Marées-Gesellschaft ›Ganymed‹, für Stefan Großmann, den Herausgeber der Zeitschrift ›Das Tagebuch‹ und in einer Suppenküche. Dort sah sie Bertolt Brecht, der sich sein Essen holte.

Hatte das Tagebuch bisher dazu gedient, ihre Gefühle und Gedanken, das häusliche, gesellschaftliche und das künstlerische Leben festzuhalten, Reiseeindrücke aufzuzeichnen, die politischen und sozialen Veränderungen beim Untergang der

Monarchie und in der ersten Nachkriegszeit zu kommentieren, wurden in Berlin die Eintragungen sparsam und beschränkten sich auf Begegnungen und Besuche, denen sie teils auf Empfehlung des Vaters, teils aus eigenem Antrieb nachkam.

Zu den Tagebuchaufzeichnungen kommen seit dem Sommer 1919 und über ihren Abbruch im November 1923 hinaus bis zum Juli 1929 die Briefe des Vaters an die Tochter. Von Christiane ist nur ein Brief an den Vater erhalten. Zehn Jahre werden durch diese sich gegenseitig relativierenden und ergänzenden Zeugnisse dokumentiert. Trotz der drängenden Forderungen des Tages waren Vater und Tochter immer füreinander da. Hofmannsthal verfolgte mit Anteilnahme Christianes Entwicklung und ihre Erfahrungen, nicht ohne Sorge über ihr »Abweichen von der Convention«, an dem er sich mitschuldig fühlte durch ihre freiheitliche Erziehung. Gewährenlassen, Diskretion, Achtung sich selbst und dem anderen gegenüber bestimmte das Verhältnis der beiden – es waren Eigenschaften, die Kari Bühl im ›Schwierigen‹ kennzeichnen. Als sie im Herbst 1923 nach Hause zurückkehrte, schrieb Hofmannsthal über »das wunderbare Elixier«, das ihm die neue Freundschaft eines jungen Menschen bedeute, und stellte Christiane neben Carl J. Burckhardt: »Sie ist ja fast auch ein junger Freund.«

Christianes erster Pariser Aufenthalt 1921 hatte nur sieben Wochen gedauert, so wünschte sie 1925, noch einmal und nicht bloß besuchsweise sich dort aufzuhalten, mit einer ernsthaften Übersetzertätigkeit als Aufgabe. Zur Freude des Vaters, den ihre überaus anspruchslose, pflichtbewußte Lebensführung allmählich beunruhigt hatte – schon die sechzehnjährige Tochter war ihm wegen ihres Ernstes und des Verantwortungsgefühls »furchtbar alt und weise« vorgekommen –, entwickelte sie sich zu einer ganz munteren Studentin. Sie wohnte im Hotel Foyot wie Rilke, der sich gelegentlich ihre Schreibmaschine auslieh, sie auf Einladungen mitnahm und ihrem Freund Thankmar von Münchhausen in einer Visumsangelegenheit aushalf, woraus sich eine kleine Korrespondenz ergab. Wie selbstverständlich bewegte sie sich jetzt in der Gesellschaft. Sie verkehrte bei Harry Graf Kesslers Schwester Wilma de Brion, bei Bassianos, bei Paul Clémenceau lernte sie die Prinzessin Bibesco kennen und bei zwei Aufenthalten des Vaters in der Stadt begegnete sie Charles Du Bos sowie Paul Valéry und Paul Claudel in Versailles.

Um Romanistik zu studieren, kehrte sie 1926 nach Wien zurück, holte die Reifeprüfung nach und absolvierte ihr erstes Semester. Im folgenden Frühjahr wechselte sie auf Friedrich Gundolfs Rat zur Universität Heidelberg über, die nach dem Höhepunkt in der Spätromantik wieder eine glanzvolle Zeit erlebte. Sie belegte Vorlesungen und Kurse bei dem Romanisten Ernst Robert Curtius, dem Dantisten Leonardo Olschki und hörte bei Karl Jaspers Philosophie, bei Alfred Weber Soziologie. In einer Gesellschaft bei Olschki lernte sie den Indologen Heinrich Zimmer kennen, der ihr erklärte, französische Literatur verstehe sich von selbst, die lese man daheim auf dem Divan, statt Romanistik solle sie lieber etwas Anspruchsvolleres studieren, z. B. Sanskrit. Zimmers Vorlesungen über indische Kunst und Mythologie, über das Menschenbild der alten Inder und ihre Weltauffassung zogen einen weiten Hörerkreis an; er eröffnete den Europäern durch vergleichende Betrachtung eine neue Sicht auf die östliche Welt und trug seine ihn selber begeisternden Erkenntnisse lebendig, voll Witz und Lust an der Sprache vor. Doch Sanskrit ernsthaft zu erlernen, dazu waren nur wenige bereit. So saß Christiane im dreistündigen Grundkurs für altindische Grammatik neben einem einzigen Mitstudenten – wegen seiner grünen Lodenjacke hieß er der »Forstgehilfe« bei den beiden. Wenn er fehlte, war die Bedingung: tres faciunt collegium nicht mehr erfüllt, und Christiane und Zimmer gingen spazieren.

Als Hofmannsthal nach der Münchner Premiere des ›Turm‹ im Februar 1928 nach Heidelberg kam, schrieb Zimmer an seinen Jugendfreund Boethge: »Dieser Tage kommt Hugo von Hofmannsthal hierher und ich werde das Vergnügen haben, diesen Lieblingsdichter meiner angeknopsten siebzehn Jahre bei einem größeren Empfang in natura zu sehen; vielleicht sollte man das eigentlich nicht, aber ich hoffe, er verträgt es (ich kann allerhand vertragen).«

Die erste Begegnung muß angenehm gewesen sein; Hofmannsthal schätzte bald an Zimmer, »dass er unverlegen, unbeschwert von sich selber, unbeschäftigt mit sich selber wie selten ein Mensch« war. Am 14. Juni 1928 heirateten Heinrich Zimmer und Christiane von Hofmannsthal.

Hofmannsthal schrieb am 10. Juli 1928 an Arthur Schnitzler: »Über Christianes Vermählung freuen wir uns sehr. Sie hat ein besonders liebenswertes Wesen, einen sehr schönen loyalen Charakter, viel Verstand, aber einen menschlichen keinen frauenhaften, und gerade die subtilen Waffen für den Lebenskampf, die nur der Frau, je mehr Frau sie ist, umso wirksamer gegeben sind, sind ihr versagt. Es war vielleicht zu fürchten daß gerade der Mann, der ihren Wert zu erkennen bestimmt war, sich unter den Besten dieser Generation, den Gefallenen, befunden hätte. Aber dieser gerade, den sie nun gefunden hat, ist aus vierjährigem Schützengrabendasein munter und unversehrt hervorgestiegen. Ich lernte ihn diesen Winter in Heidelberg kennen, und ich muß sagen, er gefiel mir sehr. Alles was er sagte, und wie er es sagte, war mir gleich sympathisch ...«

Es war eine glückliche Erfüllung für Christiane, diesen Mann gefunden zu haben, der in seiner Vitalität und Lebensfülle aus schierer Daseinslust zu arbeiten schien und von momentanen Verdüsterungen und Schwankungen des Luftdrucks unbeeinträchtigt keine »Papazustände« kannte, wie sie der Mutter begeistert mitteilte.

Zimmer, 1890 geboren, war achtunddreißig Jahre alt, also zwölf Jahre älter als seine Frau. Er hatte kein eigenes Vermögen und war als außerordentlicher Professor »eigentlich kein

Mann zum Heiraten«. 1926 war sein erstes Buch ›Kunstform und Yoga im indischen Kultbild‹ erschienen, ein Schlüsselwerk der Deutung, das ihm internationale Anerkennung eintrug, aber von den deutschen Fachgelehrten mit Schweigen übergangen wurde. Er hatte kaum Aussicht auf ein Ordinariat; es war der bewußt akzeptierte Preis, den er für die ihm notwendige Freiheit als Forscher zu zahlen bereit war. Hofmannsthal kaufte der Tochter ein eben im Rohbau fertiggestelltes Haus in der Quinckestraße 18 und unterstützte sie auch finanziell. Er schenkte dem jungen Paar das inzwischen durch Auktionen bekannt gewordene Selbstbildnis Picassos von 1901 »Yo Picasso« – es hatte seit 1912 in seinem Arbeitszimmer gehangen.

Wieviel Austausch es zwischen Hofmannsthal und seinem Schwiegersohn, denen beiden die Sprache unvergleichlich zu Willen war, etwa über das gemeinsame Interesse an fernöstlicher Welt und Philosophie, gegeben haben mag, lassen die wenigen überlieferten Briefe nicht erkennen. Zimmers außergewöhnliches Verständnis von Hofmannsthals Schaffen hatte sich bereits 1924 in einem Aufsatz ›Von einem weissen Fächer. Ein Beitrag zum Problem der unbewussten Entlehnung‹ dokumentiert. Zimmers genaue Kenntnisse der dichterischen Produktion befähigten ihn nach dem Tode des Dichters, erste Nachlaß-Publikationen zu edieren: neben Einzeldrucken in Zeitungen und Zeitschriften 1930 und 1931 die Prosabände ›Loris‹ und ›Berührung der Sphären‹, 1932 das Romanfragment ›Andreas‹, 1934 die ›Nachlese der Gedichte‹, 1935 und 1937 die beiden ersten Bände einer chronologischen Briefauswahl, 1938 (als Berater Robert Boehringers) den Briefwechsel mit Stefan George.

Jene Welt, die einst ihr Tagebuch erfüllt hatte, trat mehr und mehr in den Hintergrund, als Christiane, wie ihr Vater gesagt hatte, »in der eigenen Generation ihr Schicksal austragen« mußte.

Zimmer war im Dritten Reich wegen seiner politischen Haltung von Anfang an verdächtig, dazu kam seine »jüdische Versippung« von Hofmannsthal'scher Seite. Aus diesem Grunde verweigerte das Reichserziehungsministerium Zimmer die wissenschaftliche Leitung einer Reisegesellschaft nach Indien, dem Land, das für ihn ein unerreichbares Ziel bleiben sollte, und entzog ihm die Venia Legendi im Februar 1938. Nach einer drohenden Verhaftung in der sogenannten »Reichskristallnacht«, die nur durch Christianes besonnene Courage verhindert worden war, emigrierte die Familie mit den drei Söhnen Andreas, Clemens und Michael nach England. An der Universität Oxford übernahm Zimmer einen unbezahlten Lehrauftrag, bis im Mai 1940 die gefahrvolle Schiffsreise nach Amerika gelang.

Dort unterstützten Verwandte und Freunde die Familie materiell. Christiane lernte Autofahren und chauffierte Zimmer auf seinen Vortragsreisen durch das Land – »Keine Ferne ist ihr schwierig«, sagte er stolz von ihr. Doch erst im Winter 1942/1943 war die Columbia University bereit, den »visiting lecturer in Philosophy« als bezahlten Dozenten zu übernehmen. Schon im März 1943 starb Heinrich Zimmer innerhalb weniger Tage in New York an einer Lungenentzündung. Christiane blieb mit drei unmündigen Kindern mittellos zurück; über ihre Lage schrieb sie an die Freunde: »Aber wie allein ich mir doch vorkomme, wie man doch diese Luft des Zusammenseins um sich hat und plötzlich im leeren Raum steht, wie nichts an den Zutaten des Lebens einen freut wenn das Eine fehlt – wie oft hat man es an andern gesehen und wie weiss man es erst wenn es einen trifft.«

Christiane hatte, als ihr Mann noch lebte, in New York von neuem zu studieren begonnen und am Columbia Teacher's College nach eineinhalb Jahren den Master in Child Development abgelegt und nach weiteren anderthalb Jahren den Master in Social Work. Von 1945 bis 1967 arbeitete sie als Social

Worker in mehreren private agencies und unterrichtete in den sechziger Jahren an der Fordham University im Rang eines Assistant Professor über den historischen Hintergrund von Social Work.

Bis zuletzt versammelte sie in ihrem Haus in der Commerce Street oder in der Münchner Kunigundenstraße 38a einen wechselnden Kreis Intellektueller und Künstler, darunter W. H. Auden, Hannah Arendt, James Baldwin, Ingeborg Bachmann, Hans Magnus Enzensberger, Peter Handke, Kuno Raeber. Doch es war kein ausgesucht literarischer Kreis, Menschen aus allen Schichten und Berufen konnten ihr Interesse wecken. Sie heiratete nicht wieder. Aber unter den jungen Menschen, an deren Leben sie Anteil nahm, fand sie Freunde, denen sie sich anvertraute und in deren Schutz sie ausgedehnte Reisen unternahm. Ihre letzte Reise, zwei Jahre vor ihrem Tod, führte sie nach Indien.

Im Alter von 84 Jahren starb Christiane Zimmer am 5. Januar 1987. Die Urne wurde an ihrem fünfundachtzigsten Geburtstag auf dem Kalksburger Friedhof im Familiengrab beigesetzt, die Totenmesse in der kleinen barocken Kirche von Rodaun gelesen, in der sie einst getauft worden war.

Maya Rauch

Zur Edition

Im Nachlaß Christiane Zimmers fanden sich drei Schulhefte mit Tagebuchaufzeichnungen aus den Jahren 1918 bis 1923. Die erste dieser Kladden wurde im Juli 1917 begonnen; sie enthält zunächst im Umfang von etwa acht Druckseiten Lesefrüchte: Gedichte von Goethe, Jaroslav Vrchlický und Rudolf Borchardt, Sentenzen aus ›Wilhelm Meisters Lehrjahren‹ und den ›Wahlverwandtschaften‹ und eine vollständige Abschrift von Borchardts ›Rede am Grabe Eberhard von Bodenhausens‹ vom 12. Mai 1918. Erst im August 1918 setzt das eigentliche Tagebuch ein. Das Heft schließt mit der Eintragung vom 2. September 1919. Allen drei Kladden ist jeweils auf den letzten Seiten eine fortlaufend erweiterte Liste der im entsprechenden Zeitabschnitt gelesenen Bücher beigegeben. Diese Verzeichnisse wurden hier jeweils an das Ende des kalendarischen Zeitraums gestellt, den ihre Überschriften bezeichnen. Das zweite Heft reicht vom 17. September 1919 bis zum 21. Dezember 1920, das letzte beginnt Ende Februar 1921 und endet mit dem 20. November 1923. Als Einzelblätter haben sich Notizen von der gemeinsamen Reise mit den Eltern durch Oberitalien, die Schweiz und Deutschland vom 4. Mai bis zum 4. Juni 1920 erhalten, die hier, der Chronologie entsprechend, eingefügt wurden (vgl. S. 65–71).

Christianes Aufzeichnungen sind nur mit vereinzelten Sofortkorrekturen niedergeschrieben, zumeist wohl unter dem angegebenen Tagesdatum, gelegentlich im Rückblick auf einen größeren Zeitraum. An wenigen Stellen waren Eingriffe notwendig; die schwankende Schreibung von ss und ß wurde zu ß vereinheitlicht und nur in den Briefen des Vaters an die Tochter belassen. Um das Lesen nicht ungebührlich zu erschweren, sind gelegentlich Satzzeichen nachgetragen, die oft wohl nach Gehör wiedergegebenen Eigennamen stillschweigend berichtigt und offensichtliche Irrtümer in den Bücherlisten korrigiert worden. Ergänzungen stehen in eckigen Klammern. Insgesamt wird der Text dieser Hefte ungekürzt wiedergegeben. Gleiches gilt für die erhaltenen Briefe des Vaters an die Tochter, deren Originale sich heute im Besitz der Hofmannsthal-Erben bzw. des Deutschen Literaturarchivs in Marbach befinden. In Auszügen oder vollständig gedruckt wurden Briefe des Vaters an die Tochter und den Schwiegersohn bereits in den ›Hofmannsthal-Blättern‹, Heft 25 vom Frühjahr 1982 (S. 29: 1. Februar 1924) und Heft 34 vom Herbst 1986 (S. 3: 21. Februar 1916; S. 6f.: 20. Juni 1928; S. 8f.: 14. Januar 1929; S. 10: 12. Februar 1929, 13./14. Juli 1929); das Christiane Zimmer zum 14. Mai 1982 gewidmete Heft 25 enthält außerdem eine von Walter Ritzer zusammengestellte Folge von Zeugnissen Hofmannsthals über die Tochter. Christianes eigene Briefe an den Vater sind mit Ausnahme des einen hier aufgenommenen Schreibens vom 5. Februar 1925 aus Paris (S. 154–157) nicht mehr erhalten. Ihre wenigen, lediglich aus dem Zeitraum zwischen dem 13. Januar bis 3. Juni 1925 stammenden Briefe an die Mutter wurden für die Anmerkungen benutzt.

Für Hinweise auf zugehörige Dokumente und hilfreiche Unterstützung ist auch diesmal Dr. Rudolf Hirsch herzlich zu danken; er hat die Veröffentlichung der Tagebücher und Briefe befürwortet und mitgeplant. Abdrucksgenehmigungen erteilten freundlicherweise die Erben Hugo von Hofmannsthals und Rudolf Borchardts, das Deutsche Literaturarchiv Marbach am Neckar und das Freie Deutsche Hochstift Frankfurt am Main. Elisabeth Kessler-Wellesz, Elisabeth Krippel und Ferruccio Delle Cave gaben für die Anmerkungen wertvolle Auskünfte.

Gerhard Schuster

Abkürzungen

Borchardt	Hugo von Hofmannsthal/Rudolf Borchardt: ›Briefwechsel‹. Hrsg. von Marie Luise Borchardt und Herbert Steiner (Frankfurt am Main: S. Fischer 1954).
Burckhardt	Hugo von Hofmannsthal/Carl J. Burckhardt: ›Briefwechsel‹. Hrsg. von Carl J. Burckhardt (Frankfurt am Main: S. Fischer, 3. Auflage 1966).
Degenfeld	Hugo von Hofmannsthal: ›Briefwechsel mit Ottonie Gräfin Degenfeld und Julie Freifrau von Wendelstadt‹. Hrsg. von Marie Therese Miller-Degenfeld unter Mitwirkung von Eugene Weber. Eingeleitet von Theodora Von der Mühll (Frankfurt am Main: S. Fischer, 2., verbesserte und erweiterte Ausgabe 1986).
Dramen IV	Hugo von Hofmannsthal: ›Gesammelte Werke in zehn Einzelbänden‹. Hrsg. von Bernd Schoeller in Beratung mit Rudolf Hirsch. ›Dramen IV: Lustspiele‹ (Frankfurt am Main: S. Fischer 1979).
Dramen V	Hugo von Hofmannsthal: ›Gesammelte Werke in zehn Einzelbänden. Dramen V: Operndichtungen‹ (ebd.).
Dramen VI	Hugo von Hofmannsthal: ›Gesammelte Werke in zehn Einzelbänden. Dramen VI: Ballette, Pantomimen, Bearbeitungen‹ (ebd.).

Fiechtner 1963	›Hugo von Hofmannsthal. Der Dichter im Spiegel der Freunde‹. Hrsg. von Helmut A. Fiechtner (Bern/München: Francke, 2. Auflage 1963).
Für Christiane	›Für Christiane. Blätter für Christiane Zimmer zum 14. Mai 1982‹. Gesammelt von Leonhard M. Fiedler und überreicht vom S. Fischer Verlag (Frankfurt am Main 1982).
Hellmann	Hugo von Hofmannsthal: ›Briefe an Irene und Paul Hellmann‹. Hrsg. von Werner Volke. In: ›Jahrbuch der deutschen Schillergesellschaft‹, Stuttgart, Band 11, 1967, S. 170–224.
Insel	Hugo von Hofmannsthal: ›Briefwechsel mit dem Insel-Verlag 1901–1929‹. Hrsg. von Gerhard Schuster (Frankfurt am Main: Buchhändler-Vereinigung 1985).
Lang	Erwin Lang: ›Holzschnitte‹. Ausstellungskatalog der Hochschule für angewandte Kunst. Bearbeitet von Gabriele Koller und Johannes Spalt (Wien 1990).
Reden und Aufsätze I	Hugo von Hofmannsthal: ›Gesammelte Werke in zehn Einzelbänden‹. Hrsg. von Bernd Schoeller in Beratung mit Rudolf Hirsch. ›Reden und Aufsätze I: 1891–1913‹ (Frankfurt am Main: S. Fischer 1979).

Reden und Aufsätze II	Hugo von Hofmannsthal: ›Gesammelte Werke in zehn Einzelbänden. Reden und Aufsätze II: 1914–1924‹ (ebd.).
Reden und Aufsätze III	Hugo von Hofmannsthal: ›Gesammelte Werke in zehn Einzelbänden. Reden und Aufsätze III: 1925–1929‹ (ebd. 1980).
Redlich	Hugo von Hofmannsthal/Josef Redlich: ›Briefwechsel‹. Hrsg. von Helga Fußgänger (Frankfurt am Main: S. Fischer 1971).
Rilke	Hugo von Hofmannsthal/Rainer Maria Rilke: ›Briefwechsel 1899 bis 1925‹. Hrsg. von Rudolf Hirsch und Ingeborg Schnack (Frankfurt am Main: Insel 1978).
Wiegand	Hugo von Hofmannsthal: ›Briefe an Willy Wiegand und die Bremer Presse‹. Hrsg. von Werner Volke. In: ›Jahrbuch der deutschen Schillergesellschaft‹, Stuttgart, Band 7, 1963, S. 44–189.
Zifferer	Hugo von Hofmannsthal/Paul Zifferer: ›Briefwechsel‹. Hrsg. von Hilde Burger (Wien: Österreichische Staatsdruckerei 1984).

Anmerkungen

* *markiert einen Hinweis in den Anmerkungen an anderer Stelle*

Ein Tag in Rodaun

Diese Erinnerung von Christiane Zimmer-von Hofmannsthal erschien erstmals in: ›Für Rudolf Hirsch. Zum siebzigsten Geburtstag am 22. Dezember 1975‹. Hrsg. von J. Hellmut Freund. Frankfurt am Main: S. Fischer 1975, S. 187–188. 7

Christiane von Hofmannsthal: Tagebücher 1918–1923 11

2. August 1918

Poldy Passavant-Franckenstein: Leopoldine Freifrau von Franckenstein (1874–1918), die Schwester von Clemens und Georg Franckenstein, seit 1913 mit Hermann von Passavant verheiratet, war an Hirnhautentzündung gestorben. Die Familie besaß in Alt-Aussee eine Villa und ein Erbbegräbnis. 13

Sophka: eine Tochter Leopoldine und Hermann von Passavants.

4. August 1918

Rosemarie: eine Tochter Leopoldine und Hermann von Passavants. 13

Clemens: Clemens (genannt »Cle«) Freiherr von Franckenstein (1875–1942), Komponist und Dirigent; er vertonte 1896 Hofmannsthals Gedicht ›Vorfrühling‹ (Opus 12). Seit 1912 war er Leiter der Münchener Hofoper, von 1914–1918 und 1924–1934 Generalintendant der Bayerischen Staatstheater in München.

Georg F.[ranckenstein]: Hofmannsthals Jugendfreund Georg (genannt »Bui«) Freiherr von Franckenstein (1878–1953) war damals mit einer diplomatischen Mission im transkaukasischen Tiflis betraut. Nach der Unabhängigkeitserklärung vom Mai 1918 stand Grusinien (Georgien) als Republik unter dem Schutz der Mittelmächte.

bei Hellmanns zu Gast: Richard Strauss (1864–1949), Pauline Strauss (1862–1950) und Franz Strauss (1897–1980) hielten sich in der Alt-Ausseer Villa der Familie Hellmann auf. Der Wiener Großindustrielle Dr. Paul Hellmann (1876–nach Haft im Konzentrationslager 1939) und seine Frau Irene geb. Redlich (1883–Auschwitz 1944), die Schwester des mit Hofmannsthal befreundeten Historikers Josef Redlich, führten sowohl in Alt-Aussee wie in der Wiener Günthergasse 1 ein gastliches Haus. Hellmann, selbst ein hervorragender Violinist, dessen Hauskonzerte gelegentlich von Gustav Mahler, Richard Strauss und Egon Wellesz bestritten wurden, war Mitglied im Administrationsrat des »Vereins der Salzburger Festspielhausgemeinde«.

Andrian als Intendant: durch kaiserliche Ernennungsurkunde vom 18. Juli 1918 war Hofmannsthals Jugendfreund Leopold Reichsfreiherr von Andrian zu Werburg (1875–1951) zum Generalintendanten der k. u. k. Hoftheater in Wien ernannt worden. Auf sein Betreiben wurde für das Burgtheater ein »Geschäftsführendes Kollegium« gebildet, dem bis zum 4. November 1918 als erster Dramaturg Hermann
* Bahr (1863–1934) und daneben Robert Michel und Albert Heine angehörten (vgl. S. 205). Außerdem sollte Richard Strauss den seit 1911 als Direktor der Staatsoper amtierenden Hans Gregor (1866–1919) ablösen; zu einer Übernahme der Leitung kam es, gemeinsam mit Franz Schalk, jedoch erst im August 1919.

Max Mell: Hofmannsthal hatte den befreundeten Dichter Max Mell (1882–1971) seit Juli 1918 mehrfach eingeladen und ihm noch am 2. August mitgeteilt: »Lassen Sie mich hoffen, daß Sie in Aussee mir öfter einen halben, manchmal einen ganzen Tag werden widmen können, ich wüßte keinen Gedanken, der mich im voraus mehr aufheitern würde.« (Vgl. ihren ›Briefwechsel 1907–1929‹. Hrsg. von Margret Dietrich und Heinz Kindermann. Heidelberg 1982, S. 148–153).

11. August 1918

Ramgut: das oberhalb von Bad Aussee gelegene Besitztum von Gabriele (Yella, Jella) Freifrau von Oppenheimer geb. von Todesco (1854–1943), der Mutter von Hofmannsthals Jugendfreund Felix Freiherrn von Oppenheimer (1874–1938); im Sommer stand Hofmannsthal dort ein eigenes Arbeitszimmer zur Verfügung. Die Villa liegt unweit seines damals von ihm gemieteten Sommerhauses Obertressen 14. 13 *

Papa las: vgl. dazu aber auch Hofmannsthals Aufsatz ›C. F. Meyers Gedichte‹ von 1925 (Reden und Aufsätze III, S. 58–66). Von Alfred de Musset (1810–1857) las er den Prolog zur Verserzählung (1833) über die tragische Liebe zwischen Jacques Rolla und Marie und die Stanzen ›A la Malibran‹ (1836).

Gespräche über Politik . . .: Ottokar Graf Czernin (1872–1932) war als Nachfolger des ermordeten Karl Graf Stürgkh vom 22. Dezember 1916 bis 14. April 1918 österreichisch-ungarischer Außenminister; er befürwortete ein baldiges Kriegsende. – Am Vormittag des 9. August hatten sechs italienische Flugzeuge unter der Geschwaderführung von Gabriele d'Annunzio (1863–1938) über mehreren Stadtbezirken tausende von Flugblättern mit Friedensappellen abgeworfen. Anknüpfend an die Meldungen in der ›Neuen Freien Presse‹ (Nr. 19 380–19 381 vom 9.–11. August), eines der Flugzeuge habe »mit absteigender Tendenz« Rodaun passiert, nutzte Karl Kraus den Vorfall zu einer Witzelei in der ›Fackel‹ unter dem Titel ›Flieger über Rodaun‹: »Offenbar hat d'Annunzio bei Herrn Hofmannsthal notlanden und ihn fragen wollen, ob er ihm einen Gegenbesuch machen werde, aber rechtzeitig erfahren, daß dieser seit 1914 in Russisch-Polen kämpfe.« (Jg. 20, Nr. 484–498 vom 15. Oktober 1918, S. 173). *

Nachrichten von Pannwitz: ein Brief von Meta Pohl an Gerty von Hofmannsthal vom 11. August 1918. Der Kulturphilosoph Rudolf Pannwitz (1881–1969) lebte damals gemeinsam mit seiner Frau Helene geb. Otto, Elisabeth Toussaint, Meta Pohl, dem befreundeten Maler Friedrich Mauracher und den Kindern Sonja, Ilse und Erwin in 14

Fürberg bei St. Gilgen. Hofmannsthal stand seit August 1917, ausgehend von dem Werk ›Die Krisis der europäischen Kultur‹ (Nürnberg: Hans Carl 1917), mit Pannwitz in intensivem Briefwechsel und suchte ihm mit Hilfe seines Freundeskreises (u. a. den Familien Hellmann, Redlich und Ottonie Gräfin Degenfeld) finanziell zu helfen. Vgl. dazu insgesamt Hugo von Hofmannsthal / Rudolf Pannwitz: Briefwechsel 1907–1922. Hrsg. von Gerhard Schuster. Mit einem Essay von Erwin Jaeckle (Frankfurt am Main: S. Fischer, in Vorbereitung).

Frau Odhner: vgl. Anmerkung S. 207.

13. August 1918

14 *Sibylle Reuß:* (1888–1947), die spätere Gräfin Castell-Castell.

Aufführung des Misanthrope: sie kam nur als Privataufführung mit Alexander Moissi (1879–1935) und Leopoldine Konstantin (1890–1965) unter Max Reinhardt zustande.

Reinhardt u. Else Heims: Max Reinhardt (1873–1943) und seine erste Frau Else Heims (1878–1958), die in einigen Premièren Hofmannsthalscher Stücke Hauptrollen spielte, so die Cristina (1910), Dorimène in ›Der Bürger als Edelmann‹ (1912) und Donna Angela in ›Dame Kobold‹ (1920).

19. August 1918

14 *Fertsch Colloredo:* der mit Hofmannsthal befreundete Ferdinand Graf Colloredo-Mannsfeld (1878–1967) war als Nachfolger von Alexander Graf Hoyos seit 21. Januar 1917 Chef des Kabinetts. Vgl. S. 74.

Dr. Adler: nicht mit Sicherheit zu bestimmen.

auf dem Loser: der 1836 Meter hohe Hausberg von Aussee mit einer Schutzhütte.

Wassermann bei uns: Jakob Wassermann (1873–1934) kam seit 1899 14
regelmäßig von Wien nach Aussee, im Sommer 1919 übersiedelte er ganzjährig dorthin. Durch Hofmannsthals Vermittlung erwarb er im Juni 1923 die frühere Villa Andrian am See von einem holländischen Kaufmann und bezog sie nach dem Umbau durch Paul Schultze-Naumburg im Herbst 1925. Julie Wassermann, geb. Speyer (1876–1963), seine erste Frau seit 6. Januar 1901 bis zur Trennung im Dezember 1919 (Scheidung im März 1926), schrieb die Monographie: ›Jakob Wassermann und sein Werk‹ (Wien/Leipzig: Deutsch-österreichischer Verlag 1923). Vgl. die Berichte über Alt-Ausseer Sommermonate in Wassermanns Nekrolog ›Hofmannsthal der Freund‹ (Fiechtner 1963, S. 110–126). – Am 31. Mai 1918 hatte er seinen zweibändigen Roman ›Christian Wahnschaffe‹ abgeschlossen (Berlin: S. Fischer 1919).

Lili u. Gabriel: Hofmannsthals Jugendfreundin Lili von Hopfen (1873–1967), Tochter des Schriftstellers Hans von Hopfen, die geschiedene Frau des Malers Ernst Moritz Geyger (1861–1941), war mit dem Dirigenten Franz Schalk (1863–1931) verheiratet. Ihr Sohn Gabriel aus erster Ehe war ein begabter Zeichner; vgl. auch S. 33, 47. Die Familie Schalk besaß eine Villa im nahegelegenen Grundlsee (Archkogel).

Papa las: die Erwähnung bleibt unklar. Hofmannsthal las wohl Rudolf Borchardts ›Rede am Grab Eberhard von Bodenhausens‹ (vgl. S. 185) und unter anderem Goethes Gedicht ›Zueignung‹ (»Der Morgen kam...«) von 1784. Eine Ansprache von Bodenhausen selbst läßt sich nicht nachweisen. Neben der ›Rede am Grabe Eberhard von Bodenhausens‹ hoffte Hofmannsthal auch Borchardts Nekrolog ›In Memoriam Alfred Heymel‹ von 1917 als zwei »Totenreden« in der von ihm geplanten Zeitschrift abzudrucken. Der Nachruf auf Bodenhausen stand als ›Miszelle‹ in den ›Neuen Deutschen Beiträgen‹, Erste Folge, drittes Heft vom Juli 1923 (beide Texte in ›Prosa I‹. Hrsg. von Marie Luise Borchardt. Stuttgart 1957, S. 71–76 und 192–196).

2. September 1918

15 *Papa las vor:* das Fragment ›Der Zauberflöte zweiter Theil‹ (1798). Vgl. Hofmannsthals Essay ›Goethes Singspiele und Opern‹ von 1913/1914 (Reden und Aufsätze I, S. 443–448).

3. September 1918

15 *Papa arbeitet Calderon:* ›Dame Kobold‹, eine »Transcription« von ›La dama duende‹, erschien 1920 bei S. Fischer als erster Band einer Folge von ›Dramen des Calderon, teils in getreuer, teils in freier Übertragung‹, über deren Aufführung am Burgtheater Hofmannsthal noch mit Leopold von Andrian am 3. November 1918 einen Kontrakt geschlossen hatte. Die Uraufführung unter Max Reinhardt im Berliner ›Deutschen Theater‹ fand erst am 3. April 1920 statt (Dramen VI, S. 573–691).

bei Beer-Hofmann: bei Richard (1866–1945) und Paula Beer-Hofmann geb. Lissy (1879–1939).

bei Tante Mimi: Gerty von Hofmannsthals jüngere Schwester Mimi geb. Schlesinger (1886–1970) war mit dem Wiener Fabrikanten Ar-
* nold Schereschewski (1878–1959) verheiratet; sie besaß ein Bauernhaus oberhalb von St. Gilgen.

16 *Pannwitzdebâckels:* vgl. Anmerkung zu S. 14.

24. September 1918

18 *Erna schreibt:* Erna Schwind (vgl. Anmerkung zu S. 32). Dora
* Speyer (1881–1946), eine der Schwestern von Julie Speyer-Wassermann, war in erster Ehe mit dem Berliner Patentanwalt Dr. Karl Michaelis (1872–1958) verheiratet. Hofmannsthal kannte Hofrat Albert Speyer und seine fünf Töchter Dora, Julie, Paula (1874–1966), Agnes (1875–1942) und Emilie (1871–1938?) seit Mitte der neunziger

Jahre (vgl. Guy Stern: ›Hugo von Hofmannsthal and the Speyers. A Report on an unpublished Correspondence‹. In: ›Publications of The-Modern-Language-Association-of-America‹, Jg. 73, Nr. 1 vom März 1958, S. 110–115).

Nicht nur Gott...: Rudolf Borchardts Gedicht ›Einem Jüngeren in den Joram‹ von 1906 hatte Christiane im Privatdruck der ›Jugendgedichte‹ gefunden (Leipzig: im Auftrage Alfred Walter von Heymels 1912; jetzt in ›Gedichte‹. Stuttgart 1957, S. 118). Am 10. Oktober 1918 schreibt Hofmannsthal an Borchardt: »Alles Liebe von Gerty, von Christiane die sich aus Dir ein wahres Traumphantom gemacht hat und darauf zappelt daß du Dich verwirklichst.« (Borchardt, S. 141)

27. September 1918

Papa etwas Eigenes vorlesen: im Gästebuch des Ramguts ist von der 19
Hand Hofmannsthals festgehalten: »28 IX. (›Der Schwierige‹)/ 1. X. (›Dame Kobold‹)/ Hugo/ Gerty/ Jakob Wassermann / Else Gurlitt / Christiane / Irene Hellmann« (Deutsches Literaturarchiv, Marbach am Neckar).

Wellesz: der Komponist Egon Wellesz (1885–1974), damals Dozent *
an der Wiener Universität, spielte aus der bis 1920 nach einem Libretto von Jakob Wassermann entstandenen zweiaktigen Oper ›Die *
Prinzessin Girnara‹ (Opus 27). Nach Texten Hofmannsthals veröffentlichte er 1921 das Ballett ›Achilles auf Skyros‹ und 1923 die Oper ›Alkestis‹. Als einem der bedeutendsten Musikhistoriker seiner Generation gelang ihm u. a. 1917 die Entzifferung der byzantinischen Notation. Vgl. Egon und Emmy Wellesz: ›Egon Wellesz. Leben und Werk‹. Hrsg. von Franz Endler (Wien/Hamburg: Zsolnay 1981, S. 105ff., 199ff.).

1. Oktober 1918

19 *Else Gurlitt:* die Schwester des Reformpädagogen Ludwig Gurlitt (1855–1931), für den Hofmannsthal bereits 1907 mit einem Aufsatz eintrat (Reden und Aufsätze I, S. 619–621). Rudolf Pannwitz, dessen frühe Schriften wie ›Der Volksschullehrer und die deutsche Sprache‹ (1908) oder ›Die Erziehung‹ (1909) ähnlichen Zielen galten, war damals mit der Tochter des mit Gurlitt befreundeten Pädagogen Berthold Otto (1859–1933) verheiratet.

Falsche Zungen: nach dem Druck in Borchardts ›Jugendgedichten‹; unter der Überschrift ›Im Tone des Volkes I‹ in ›Gedichte‹ (Stuttgart 1957, S. 34).

20 *Gesang im Dunkeln:* ebd., S. 26.

Anfang Oktober 1918

21 *Karfreitag II:* die erste Strophe des Gedichts von Leopold von Andrian erschien unter dieser Überschrift innerhalb der »Bruchstücke aus unvollendeten Gedichten« in seiner Sammlung ›Das Fest der Jugend. Des Gartens der Erkenntnis erster Teil und die Jugendgedichte‹ (Berlin: S. Fischer 1919, S. 76); die zweite Strophe ist nur in einem auf 150 Exemplare limitierten Privatdruck der ›Gedichte‹ angefügt (Den Haag: De Zilverdistel 1913; gedruckt bei Joh. Enschedé en Zonen, Haarlem) und dadurch auf die Vorkriegszeit datierbar (›Frühe Gedichte‹. Hrsg. von Walter H. Perl. Hamburg: Hauswedell 1972, S. 35).

1. November 1918

21 *Der Nationalrat:* ein Manifest Kaiser Karls I. vom 17. Oktober 1918 hatte zwar versprochen, die österreichische Reichshälfte föderativ umzugestalten, kam jedoch zu spät, um eine Erklärung des ungarischen Parlaments zu verhindern, wonach das Land künftig nur noch

in Personalunion mit Österreich verbunden sei. Am 21. Oktober wurde in Wien eine deutsch-österreichische Nationalversammlung eröffnet; während die früheren Kronländer der Monarchie nach und nach ihre Eigenständigkeit proklamierten und ringsum die Fronten zusammenbrachen, übernahm der von der Provisorischen Nationalversammlung Deutsch-Österreichs im Landhaus an der Herrengasse gewählte »deutsch-österreichische Staatsrat« mit einem Appell an »Ruhe und Selbstzucht« die Regierungs- und Vollzugsgewalt. Dr. Viktor Adler wurde zum Staatssekretär des Äußeren ernannt (›Neue Freie Presse‹, Nr. 19 463 vom 31. Oktober 1918).

in die Stadtwohnung: die kleine Dachwohnung im Hause Wien I, Stallburggasse 2 hatte Hofmannsthal seit Februar 1917 als Stadtquartier gemietet; sie war von dem befreundeten Bühnenbildner und Architekten Oskar Strnad (1879–1935) eingerichtet worden.

4. November 1918

Dr. Geiger: der Lyriker und Übersetzer von Pascoli und Petrarca 22
Benno Geiger (1882–1965) war Sohn des Bürgermeisters von Rodaun. 1919 erschien als Privatdruck eine Sammlung neuer Gedichte ›Das Fenster in der Mitternacht‹, darin S. 89f. eine ›Ode an Hofmannsthal‹ und S. 99f. die ›Sapphische Ode an R. A. Schröder‹. Vgl. auch Hofmannsthals ›Vorwort zu Handzeichnungen alter Meister aus der Sammlung Benno Geiger‹ von 1920 (Reden und Aufsätze II, S. 331–335).

Unsere Resi: das Dienstmädchen (1900–1923) der Familie.

genug Bürgergarde: als ehemaliger Landsturmoffizier hatte Hof- 22*
mannsthal mit anderen Rodauner Bekannten, darunter Benno Geiger und Maximilian Wimmer, zur Gründung einer freiwilligen Miliz aufgerufen, um Plünderungen und Übergriffe bei der »Demobilisierung« der Truppen zu verhindern; diese ›Bürgerwehr‹ bestand seit Mitte November in fast allen Außenbezirken von Wien für wenige Wochen neben der polizeilichen ›Stadtschutzabteilung‹ und der offi-

ziellen ›Volkswehr‹ (vgl. Benno Geiger: ›Memorie di un Veneziano‹. Firenze 1957, S. 461).

Friedensbedingungen: der Waffenstillstand zwischen Österreich-Ungarn und den Alliierten vom 3. November sah eine völlige Demobilisierung vor und verlangte die Räumung von Südtirol bis Brenner, Tarvis und Idria und den Abzug aller deutschen Truppen. Gleichzeitig kam es zu Massengefangennahmen durch italienische Einheiten (›Neue Freie Presse‹, Nr. 19 467 vom 4. November 1918, S. 2).

Graf Czernin: vgl. Anmerkung zu S. 13.

Graf Tisza: Stephan Graf Tisza (1861–1918), von 1913 bis zum Thronwechsel 1917 ungarischer Ministerpräsident, wurde am 30. Oktober 1918 durch meuternde Soldaten ermordet.

5. November 1918

22 *großer Alarm in Mauer:* die ›Neue Freie Presse‹ berichtete in diesen Tagen wiederholt über Ausbrüche aus den Kriegsgefangenenlagern. Am 4. November 1918 schreibt Hofmannsthal an Rudolf Pannwitz: »Ihre geistige Situation verstehe ich völlig. Die unsrige ist im Moment ein bischen ungeistig. Vor 2 Stunden hatten wir einen hässlichen kleinen Alarm, Russen u. Pöbel plündern in Atzgersdorf u. Mauer, Liesing brennt (die nächsten Dörfer) u.s.f. Mitten in der Panik musste ich lachen über das echt u. unzerstörbar Österreichische: *nachmittag* sollen wir Gewehre bekommen – ja, aber wenn wir vormittag todtgeschlagen werden! –«

Marie: eine Hausangestellte der Familie.

7. November 1918

23 *Die Deutschen besetzen Nordtirol!:* der Waffenstillstand zwischen Österreich-Ungarn und der Entente legte fest, daß das Gebiet der

Monarchie jedem strategischen Zugriff offen sein müsse. Um einem befürchteten Einmarsch der Italiener in Süddeutschland zuvorzukommen, hatten reichsdeutsche Truppen die bayrische Grenze überschritten und Innsbruck, Kufstein und Salzburg besetzt (›Neue Freie Presse‹, Nr. 19470 vom 7. November 1918, S. 2). Am selben Tag mußte König Ludwig III. vor den revolutionären Truppen aus München fliehen; am 8. November wurde durch Kurt Eisner (1867–1919) *
der »Freistaat Bayern« ausgerufen. Vgl. Anmerkung zu S. 44.

10. November 1918

die Memoires der Marie Bashkirtseff: das seit 1873 geführte ›Journal‹ 24
der russischen Malerin Marie Bashkirtseff (1860–1884) hatte Hofmannsthal gleich nach Erscheinen 1893 unter dem Titel ›Das Tagebuch eines jungen Mädchens‹ gewürdigt (Reden und Aufsätze I, S. 160–162).

12. November 1918

Lorle Karg: Leonore Karg von Bebenburg (1876–1948), die Schwe- 24
ster Edgar Karg von Bebenburgs (1872–1905), seit 1916 mit dem Ministerialrat Dr. Stefan Worms verheiratet. Über Karg Bebenburgs Freundschaft mit Hofmannsthal vgl. ihren ›Briefwechsel‹, hrsg. von Mary E. Gilbert (Frankfurt am Main: S. Fischer 1966).

aus Edgars Tagebuch: diese Aufzeichnungen haben sich nicht gefunden.

Papa's Jugendbriefe: nicht veröffentlicht. 25

Dostojewsky: ›Eine dumme Geschichte‹ (1862) und ›Bei nassem Schnee‹ (1864) fand Christiane in dem von E. K. Rahsin übertragenen Sammelband ›Aus dem Dunkel der Großstadt‹ (München: Piper 1916). Vgl. die Leseliste S. 62.

25 *zum deutschen Reich:* Staatskanzler Karl Renner hatte bereits am 30. Oktober 1918 die deutsche Reichsregierung um Wahrnehmung der deutsch-österreichischen Interessen gebeten. Daß Deutsch-Österreich – nicht zuletzt aus wirtschaftlichen Gründen – künftig Bestandteil der deutschen Republik sein solle, beschloß die provisorische Nationalversammlung in Wien am 12. November 1918. Dieses Vorhaben stieß auf den Widerstand der Alliierten und wurde durch Artikel 88 des Versailler Vertrags ausdrücklich verboten.

»das Buch Joram«: ›Das Buch Joram. Die Geschichte des Heimkehrenden‹ erschien zunächst als Privatdruck in 305 Exemplaren (Basel: Weihnachten 1905); die hier gemeinte erste öffentliche Ausgabe kam mit einem Nachwort 1907 im Insel-Verlag heraus (›Gedichte‹. Stuttgart 1957, S. 377–397).

13. November 1918

26 *Wache gestanden:* vgl. Anmerkung zu S. 22.

15. November 1918

26 *Gilbert Murray:* Sir George Gilbert Murray (1866–1957) seit 1908 Professor für griechische Sprache und Literatur in Oxford; seine englischen Übersetzungen griechischer Dramen gingen zwischen 1905 und 1912 mit großem Erfolg über Londons Bühnen. Im Januar 1912 führte Max Reinhardt die Übertragung des sophokleischen ›Ödipus‹ in Covent Garden auf. Murrays ›A History of Ancient Greek Literature‹ erschien zuerst 1903. Sein Werk ›The Rise of Greek Epic‹ (1907) befindet sich mit Anstreichungen in Hofmannsthals Bibliothek. Murray ist mit seiner altgriechischen Elegie in der Festschrift ›Eranos‹ (1924) vertreten. Hofmannsthal traf ihn während seines Londoner Aufenthaltes Anfang Juni 1925 (vgl. S. 286).

Walther Rathenau: die auch in der Leseliste S. 62 verzeichnete Broschüre ›An Deutschlands Jugend‹ (Berlin: S. Fischer 1918). Zu Hofmannsthals sehr distanzierter Beurteilung von Rathenau (1867–1922) vgl. etwa Rudolf Borchardts ›Frühstück zu acht Gedecken‹ (›Prosa VI‹. Hrsg. von Marie Luise Borchardt, Ulrich Ott und Gerhard Schuster. Stuttgart 1990, S. 243–246, 258f.).

17. November 1918

Woodrow Wilson: die Friedensbemühungen des seit 1916 amtieren- 27
den amerikanischen Präsidenten gipfelten in seinem Vierzehn-Punkte-Programm, das u. a. eine künftige ›League of Nations‹ vorsah. Am 20. Oktober 1918 hatte Wilson das österreichische Waffenstillstandsangebot unter der Bedingung akzeptiert, daß die Selbständigkeitswünsche der Völker der Monarchie anerkannt werden.

Gretl: Grete Wiesenthal (1885–1970) hatte damals nach einer Deutschland-Tournee (Berlin, Nürnberg u. a.) mit ihrer Folge von dreißig Tanzabenden im Großen Konzerthaus-Saal Wien mit Carl Goldlewski, Liane Haid und Toni Birkmeyer begonnen. Vgl. Leonhard M. Fiedler und Martin Lang: ›Grete Wiesenthal. Die Schönheit der Sprache des Körpers im Tanz‹ (Salzburg 1985).

Erwin: der mit Hofmannsthal entfernt verwandte Maler und Bühnen- *
bildner Erwin Lang (1886–1962), ein ehemaliger Mitschüler Oskar Kokoschkas in der ›Fachklasse für Malerei und Graphik‹ an der Wiener Kunstgewerbeschule des k. k. Österreichischen Museums für Kunst und Industrie, war von 1910 bis 1923 mit Grete Wiesenthal verheiratet. Vgl. seine Holzschnittfolge von neun Bildern: ›Grete Wiesenthal. Mit einer Einleitung von Oscar Bie‹ (Berlin: Erich Reiss 1910; Lang S. 145 Nr. 41). Er war von Oktober 1914 bis 1917 Kriegsgefangener in Spaskoje (vgl. seine zehn Blätter: ›Rußland‹; Lang, S. 146 Nr. 48), bis 1920 hielt er sich nach einjähriger Irrfahrt durch Sibirien im Hause des Missionars und Sinologen Richard Wilhelm in Tsingtau (China) auf, wo er u. a. mit dem Gelehrten Lai Nai Süan zusammentraf (Lang, S. 8f., 78f.). Aus seiner Verehrung für die konfuzianische
Welt, die zahlreiche Holzschnitte und die 1922 erschienene Schrift *
›Hoffnung auf China‹ bezeugen, erklären sich Christianes Bemerkun-

gen S. 83 f. und 109. 1922 erschien im Avalun-Verlag Wien und Leipzig ein auf 225 Exemplare limitierter Luxusdruck des ›Jedermann‹ mit den bereits 1913/14 entstandenen dreizehn Holzschnitten Langs (Lang, S. 146 Nr. 46). Zu seinen damaligen Arbeiten vgl. das ›Werkverzeichnis der Holzschnitte‹ (Lang, S. 145–147), außerdem die Erinnerungen von Erwin Lang: ›Hofmannsthals fördernde Freundschaft‹ (Fiechtner 1963, S. 201–206). Nach seiner Rückkehr 1920 lebte Erwin Lang zunächst bei seiner Mutter Marie Lang (1858–1934), einer bekannten Journalistin und Frauenrechtlerin. Vgl. Hofmannsthals Briefe an ihn im ›Agathon-Almanach‹ auf das Jahr 1947, Wien, S. 308–314.

Martin: Martin Lang (geb. 1911), der Sohn von Grete Wiesenthal und Erwin Lang, war ein Patenkind Hofmannsthals.

21. November 1918

28 *Gretl hat wunderschön getanzt:* unter der musikalischen Leitung von
* Arthur Guttmann (vgl. Anmerkung zu S. 78) tanzte Grete Wiesenthal am 19. November im Großen Konzerthaus-Saal Wien u. a. den ›Teufelstriller‹ von Giuseppe Tartini, den ›Liebesnarr‹ von Johann Strauß und ein Menuett von Chopin. Die bereits als ausverkauft angekündigte Vorstellung wurde dort am 28. November wiederholt.

24. November 1918

28 *Synnöve's Vater:* vgl. Anmerkung zu S. 33.

in der »natürlichen Tochter«: Hofmannsthal hatte am 22. November mit Christiane und ihren Schulfreundinnen Adelgunde und Elisabeth Krippel (vgl. ›Für Christiane‹, S. 9 f.) eine Aufführung im Hofburgtheater besucht.

Das Exemplar: die Erstausgabe des Romans von Annette Kolb (1875–1967) erschien 1913 bei S. Fischer. Die Dokumente der persönlichen Beziehung hat Rudolf Hirsch veröffentlicht: ›Annette Kolb und Hugo von Hofmannsthal. Ein Briefwechsel‹. In: ›Neue Zürcher Zeitung‹, Fernausgabe Nr. 159 vom 13. Juli 1979, S. 25.

»Minna v. Barnhelm«: eine Aufführung im Hofburgtheater am 23. November 1918.

Hermann Bahr: vgl. Anmerkung zu S. 13. Christiane bezieht sich auf *
einen Brief, den ihr Bahr zu Weihnachten 1904 geschrieben hatte: »Liebe Ninane! Dieser finstere schwarze kleine Bär soll Dir viele Grüße von seinem Vetter bringen, der auch so bös ausschaut, aber Dich furchtbar lieb hat und wünscht, daß es Dir immer nur gut und wunderschön ergehen soll, weil Du ein so liebes Kind bist. Bitte, sag auch der Mama und dem Papa, daß ich sie sehr schön grüßen lass. Herzlichst Dein H.« (›Für Christiane‹, S. 11)

Addy Redlich: ein Neffe von Irene Hellmannn; der Sohn ihres Bruders, des Großindustriellen und Bürgermeisters von Göding, Fritz Redlich (1868–1921).

Stellen aus dem »Exemplar«: in der Erstausgabe S. 37, 21, 19.

26. November 1918

zur Ottonie: Ottonie Gräfin von Degenfeld-Schonburg (1882–1970) 30
lebte auf dem Gut Hinterhör bei Neubeuern am Inn/Oberbayern. *

»Aglavaine et Sélysette«: das Drama von Maurice Maeterlinck; vgl. die Leseliste S. 62.

ob es in Oesterreich Eisenbahnen gäbe!: in seinem Feuilleton ›Boykott 31
fremder Sprachen?‹ (›Neue Freie Presse‹, 27. September 1914), hatte sich Hofmannsthal auf die Pariser Begegnungen mit Maeterlinck vom Frühjahr 1900 bezogen: »Idiotie, nach dem eigentlichen Stammsinn dieses Fremdwortes, heißt nichts weiter als Selbstbeschränktheit. Idiotie ist die hervorstechendste Eigenschaft unserer westlichen

Feinde. Maurice Maeterlinck fragte mich einmal, als ich ihm von der Herrlichkeit und von der Verschiedenheit der Landschaften unseres Vaterlandes sprach, ›ob es in diesen Ländern denn auch Eisenbahnen gäbe‹.« (Reden und Aufsätze II, S. 353)

30. November 1918

31 *Rosenkavalieraufführung:* am 27. November 1918.

2. Dezember 1918

31 *Hauptmanns »Griechischer Frühling«:* das Harry Graf Kessler gewidmete Reisebuch (Berlin: S. Fischer 1907); vgl. die Leseliste S. 62.

Onkel Fritz: Friedrich Schlesinger, ein Bruder Gerty von Hofmannsthals; er ist 1938 im Konzentrationslager Dachau umgekommen.

bei Duschnitz in Döbling: wohl die Großeltern von Mitzerl Strakosch (vgl. Anmerkung zu S. 53).

Gutheil-Schoder: die dramatische Sopranistin Marie Gutheil-Schoder (1874–1935), von 1900 bis 1927 Mitglied der Wiener Oper, sang u. a. in den Premieren der ›Elektra‹ (Titelrolle 1909) und des ›Rosenkavalier‹ (Octavian 1911), später auch Marschallin, Färberin und Helena.

Emmy Heim: die Konzertsängerin und Gesangspädagogin Emmy
* Heim war in erster Ehe mit Emil Alphons Rheinhardt (vgl. Anmerkung zu S. 52) verheiratet. Sie beide porträtierte Oskar Kokoschka 1912 in dem Doppelbildnis ›Sposalizio‹ (Allen Memorial Art Museum, Oberlin / Ohio); 1916 entstand seine Lithographie von Emmy Heim.

32 *Joseph Redlich:* der Bruder (1869–1936) von Irene Hellmann; Historiker und Jurist, von 1907 bis 1918 Reichsrat-Abgeordneter, 1918 unter Heinrich Lammasch Finanzminister im letzten kaiserlichen Kabi-

nett, 1926 bis 1934 Professor und Leiter des Instituts für vergleichendes Recht an der Harvard University in Cambridge/Mass. Sein Werk ›Das österreichische Staats- und Reichsproblem. Geschichtliche Darstellung der inneren Politik der habsburgischen Monarchie von 1848 bis zum Untergang des Reiches‹ erschien 1920.

5. Dezember 1918

an der spanischen Krankheit: die »spanische Gripppe« grassierte seit 32
Mitte November 1918 auch in Österreich.

8. Dezember 1918

die Elektrischen beinahe eingestellt: die versorgungspolitischen Spar- 32
maßnahmen des Staatsamtes für Verkehrswesen sahen eine Verkürzung der Endstationen und Vergrößerung der Fahrtintervalle vor; Außenbezirke wie Rodaun waren davon besonders betroffen (›Neue Freie Presse‹, Nr. 19 492 vom 29. November 1918, S. 2 und Nr. 19 494 vom 1. Dezember 1918, S. 10).

Schwindmädeln: Christianes Schulfreundinnen Erna und Marianne *
Schwind waren Nachkommen des Malers Moritz von Schwind.

15. Dezember 1918

Synnöve ist gestorben: am 14. April 1919 schrieb Hofmannsthal an 33
Gräfin Degenfeld: »Erinnern Sie sich der reizenden finnischen Schwedin die ich kennen gelernt und so lieb gewonnen hatte, die so fabelhaft gebildet war, die ich zuerst in Kristiania sah und dann war sie in Stockholm auch wieder da (bestimmt hab ich Ihnen damals von
ihr erzählt: sie hieß Frau Odhner, war eine geborene Griepenberg) – *
sie schrieb mir dann manchmal und dann nahm Christiane die Correspondenz auf und hatte eine ›Freundin‹ an ihr und freute sich so, im nächsten Jahr zu ihr hinzureisen – auf einmal, zwei Tage vor Weih-

nachten liegt ein Telegramm da von dem Mann: meine gute Frau gestern an Grippe gestorben.« (Degenfeld, S. 397)

19. Dezember 1918

35 *Gütersloh, Blei:* Albert Paris Gütersloh (1877–1973) und Franz Blei (1871–1942) gaben von Dezember 1918 bis 1921, zunächst als Wochenschrift, ›Die Rettung. Blätter zur Erkenntnis der Zeit‹ heraus (Wien: K. Harbauer bzw. Hellerau: J. Hegner).

* *Hans:* Hans Ferdinand Redlich (1903–1968), ein Sohn Josef Redlichs aus erster Ehe, stand damals im Briefwechsel mit Rudolf Pannwitz und geriet mit seinen schriftstellerischen und kompositorischen Versuchen stark unter dessen Einfluß. Vgl. S. 45.

in Pannwitz dionysischen Tragödien: als erster Band der ›Werke‹ waren 1913 im Verlag Hans Carl ›Dionysische Tragödien‹ erschienen. Das Buch enthält die Stücke: ›Der Tod des Empedokles‹, ›Philoktetes‹, ›Der glückliche König Kroisos‹, ›Die Befreiung des Oidipus‹, ›Iphigenia mit dem Gotte‹. Vgl. die Leseliste S. 63.

der Borchardt: der in hundert Exemplaren hergestellte Privatdruck von ›Rudolf Borchardts Jugendgedichten‹ (Leipzig: im Auftrag von Alfred Walter von Heymel 1912). Am 11. Juni 1919 schrieb Hofmannsthal an Ottonie Gräfin Degenfeld: »Das Kind hat ein Gefühl, mit welchen Menschen ich unbedingt zusammenhänge, so haftet sie an Ihnen und in phantastischer Weise auch an Borchardt, den sie nie gesehen hat, freilich vermitteln die Gedichte, wenn man sie zu lesen versteht, eine ungeheure Gegenwart.« (Degenfeld, S. 402)

23. Dezember 1918

35 *im Rathaus:* wohl in Hietzing; eine Aktion des ›Bundes österreichischer Frauenvereine‹, in dem Lili Schalk führend tätig war (vgl. S. 125).

25. Dezember 1918

Papa's Gedichte + kleine Dramen: diese drei vom Insel-Verlag zuerst 36
1907 in gleichartiger Ausstattung publizierten Bände sind in Christianes Nachlaß erhalten: ›Die gesammelten Gedichte‹ (Leipzig, dritte Auflage 1910) und ›Kleine Dramen‹ (Leipzig, zweite Auflage 1909); darin die Widmungen: »Christiane zu Weihnachten 1918 von ihrem Vater« und »Für Christiane zu Weihnachten 1918 H.«

die Handschrift des Borchardt Gedichtes: nicht mit Sicherheit zu bestimmen.

Odyssee in Schröders Übersetzung: in der von Harry Graf Kessler 1909/11 als Pressendruck veranstalteten Erstausgabe ist dieser Gesang überschrieben: ›Die Gespräche des Odysseus und der Penelopeia. Das Fußbad‹. Eine durchgefeilte Fassung der Übersetzung erschien Ende November 1911 im Insel-Verlag. Vgl. Hofmannsthals Essay ›Ein deutscher Homer von heute‹ von 1912 (Reden und Aufsätze I, S. 412–424).

31. Dezember 1918

Eberhardt: Eberhard Freiherr von Bodenhausen-Degener, gestorben 36
am 6. Mai 1918.

2. Januar 1919

Trude Schönberg: die 1902 geborene Tochter von Arnold Schönberg 38
(1874–1951) aus erster Ehe. Der Komponist lebte seit April 1918 unter dürftigen finanziellen Umständen mit seiner Familie in Mödling, Bernhardgasse 6; er gab dort Gruppen- und Einzelunterricht. Neben Entwürfen zur ›Jakobsleiter‹ entstand damals u. a. der Plan zur ›Komposition mit nur zwölf aufeinander bezogenen Tönen‹.

9. Januar 1919

38 *Baronin Thienen:* eine der Gönnerinnen von Rudolf Pannwitz.

11. Januar 1919

38 *Burckhardt:* vgl. die Leseliste S. 63.

Bui Fr.[anckenstein]: vgl. dazu Georg Franckensteins Beschreibung in: ›Facts and Features of my Life‹ (London: Cassell 1939, S. 212–218).

14. Januar 1919

39 *Haguenin:* François Emile Haguenin (1872–?) Professor für Romanistik an der Berliner Universität, während des Krieges Presseattaché an der französischen Gesandtschaft in Bern. Harry Graf Kessler führte dort mit ihm 1917/18 inoffizielle Sondierungsgespräche über die Voraussetzungen eines baldigen Friedensschlusses. 1918/19 war Haguenin Frankreichs Vertreter in der internationalen Ernährungskommission. Den Inhalt des Gesprächs berichtet Hofmannsthal Josef Redlich am 13. Januar 1919 (vgl. Redlich, S. 41 f.).

die Wahlaufregung: die Wahlen zur konstituierenden Nationalversammlung fanden am 16. Februar statt.

Dr. Bauer: der sozialdemokratische Politiker Otto Bauer (1882–1938) war seit 1907 Redakteur der Wiener ›Arbeiterzeitung‹, vom November 1918 bis Juli 1919 österreichischer Staatssekretär.

Rose Friedmann ... Louis: Rose Friedmann geb. Edle von Rosthorn (1864–1919) und der Wiener Industrielle Louis Philipp Friedmann (1861–1939) waren auch mit Hofmannsthals Eltern befreundet; ihren Salon beschreibt Schnitzler in seinem Roman ›Der Weg ins Freie‹ (1908).

Fannerl: Näheres nicht ermittelt. 39

das kleine Mäderl: Edgar Karg von Bebenburg hatte mit der Bildhauerin Elsa Kalmàr-Koevesháza (1876–?) eine Tochter Lili, die am 31. Januar 1905 geboren wurde. 40

18. Januar 1919

den Liebknecht u. die Rosa Luxemburg: Karl Liebknecht (1871–1919) und Rosa Luxemburg (1870–1919) wurden bei der Niederschlagung des Spartakus-Aufstandes von »weißen« Regierungstruppen gefangengesetzt und am 15. Januar 1919 von Freikorps-Offizieren bei einem angeblichen Fluchtversuch erschossen. 40

19. Januar 1919

Rudi: der mit Hofmannsthal befreundete Dichter Rudolf Alexander Schröder (1877–1962). 40

Dora: die Schulfreundin Dora Hetzl. 41

Gundi: die Schulfreundin Adelgunde Krippel.

Susi: die Schulfreundin Susanne Goller.

4. Februar 1919

Poldy A.[ndrian]: der entlassene Generalintendant der Wiener Hoftheater (vgl. Anmerkung zu S. 13) lebte damals abwechselnd in Solothurn, Feldkirch und der elterlichen Villa in Alt-Aussee; seine verstärkte Hinwendung zum Katholizismus bezeugt die Vorrede zur Neuausgabe seines Jugendwerks ›Der Garten der Erkenntnis‹ (Berlin: S. Fischer 1919). 42

beim Beerenmoos: das Bärenmoos, eine Waldwiese mit berühmtem Dachsteinblick; sie wurde von den Dichtern Joseph Christian von Zedlitz und Nikolaus Lenau gern besucht.

8. Februar 1919

42 *Paul Hellmann:* vgl. Anmerkung zu S. 13. Sein Bruder Otto Hellmann (geb. 1882) ist 1939/1940 in einem Konzentrationslager ums Leben gekommen.

9. Februar 1919

43 *gegen die Blaalm:* die Blaa-Alpe (Niederalpe) mit Jausenstation am Nordhang des Loser.

11. Februar 1919

43 *die alten Kauntzleute:* Jakob Wassermann schildert sie in seiner Erzählung ›Die Kaunzin‹ von 1926; vgl. das ›Tagebuch aus dem Winkel‹ (Neuausgabe mit einem Nachwort von Dierk Rodewald. München 1987, S. 9–18).

15. Februar 1919

43 *Cle und Gertrud Franckenstein:* Clemens und seine irische Frau Mary Gertrude Toner.

27. Februar 1919

*44 *Eisner ermordet:* das Attentat auf Kurt Eisner, den Ministerpräsidenten einer aus SPD und USPD gebildeten Regierung des »Freistaates Bayern« (vgl. Anmerkung zu S. 23) durch den Grafen Anton von Arco auf Valley hatte die Ausrufung der Räterepublik zur Folge.

12. März 1919

ein Brief für mich von Borchardt: aus Potsdam vom 22. Februar 1919; 44
darin spielt Borchardt an auf seinen ersten Aufenthalt in Wien und die Besuche in Rodaun ab Ende Februar 1902; er war Mitte April, noch vor Christianes Geburt, ohne Abschied nach Italien gereist und setzte sich erst im Oktober 1906 wieder mit der Familie in Verbindung: »Meine liebe Christiane Hofmannsthal / Das war einmal ein reizender Gedanke von Ihnen, Ihrem ältesten Bekannten das erste Lebenszeichen zu senden, gerade in einer Stunde in der Sie ihn so grämlich und verdrossen wussten, dass keine Zeile irgend eines anderen Menschen auf Erden ihn erfreuen konnte als diese ein wenig chimärische! Aber wie Sie sich verändert haben seitdem, das ist schon wirklich nicht zu sagen: ich hätte Ihre Handschrift nie wiedererkannt. Erst als ich Ihre Unterschrift sah sagte ich mir ›ja natürlich, das kann ja nur die Christiane Hofmannsthal sein!‹ Sagen Sie übrigens nicht gar so sicher, dass Sie mich gerne haben, denn Sie glauben nicht, wie auch ich mich seitdem verändert habe! Nein gewiss, nicht mehr zum kennen! Damals war ich so sanft und bescheiden, innig, schlicht, – kurz ein herziger Kerl, und darf mit sehr wenig Erröten sagen, es ist kein Wunder, dass ich Ihnen so gefiel – so sehr dass Sie sich beeilten anzukommen um mich noch zu sehen. Jetzt, wo ich sehr grob, ungebildet, rechthaberisch, unbedingt, und eben ein richtiger Preusse bin, würden Sie vielleicht eher wegreisen, wenn ich einmal käme! Und wann komme ich denn einmal! Ich fange an nicht mehr daran zu glauben. Aber wo der Glaube aufhört sollte die Hoffnung anfangen, und damit schütteln wir uns die Hand./ Ihr ältester Freund / Borchardt.« (Deutsches Literaturarchiv, Marbach am Neckar)

14. März 1919

in Deutschland: mit Bezug auf Gerhart Hauptmann (1862–1946), Ri- 44
chard Dehmel (1863–1920), Thomas Mann (1875–1955), Reinhard Goering (1887–1936), Fritz von Unruh (1885–1970) und Carl Sternheim (1878–1942), deren Werken Hofmannsthal vielfach gleichgültig oder ablehnend gegenüberstand.

31. März 1919

45 *bei Karplus:* Paul und Valla Karplus erscheinen auch im Gästebuch Jella Oppenheimers (vgl. Anmerkung zu S. 13).

Hans Redlich: vgl. Anmerkung zu S. 35.

46 *Martha Stross:* Marta Stross geb. Karlweis (1889–1965) war mit Walther Stross, einem Bruder von Emmy Wellesz, verheiratet. Im Sommer 1915 hatte sie Jakob Wassermann im Hause ihrer Schwägerin kennengelernt und zog mit ihm im Sommer 1919 nach Alt-Aussee; sie heirateten 1926, nach seiner Scheidung von Julie Wassermann-Speyer.

Borchardt hat geschrieben: wohl der Brief vom 19. März 1919 (Borchardt, S. 143–146; vgl. Degenfeld, S. 397). Die Ausgabe von ›Rudolf Borchardts Schriften‹ begann 1920 bei Rowohlt zu erscheinen, zuerst die Bände ›Jugendgedichte‹ (Januar) und ›Prosa I‹ (Juni), daneben als bibliophile Einzeldrucke: ›Swinburne Deutsch‹ (Dezember 1919), ›Verkündigung‹ (Mai 1920), ›Der Durant‹ (August 1920) und ›Die halb gerettete Seele‹ (Oktober 1920); vgl. die Leseliste S. 62, 64. Hofmannsthal plante im Herbst 1920 einen Essay über Borchardt, dessen Entwürfe Rudolf Hirsch veröffentlicht hat (›Philobiblon‹, Hamburg, Jg. 13, Heft 3 vom August 1969, S. 221–226).

23. April 1919

47 *Großmama:* Gerty von Hofmannsthals Mutter Franziska Schlesinger geb. Kuffner entstammte einer vermögenden Wiener Brauer-Familie. Ihr Mann Emil Schlesinger (gest. 1899) war Generalsekretär der Anglo-Österreichischen Bank.

6. Mai 1919

47 *Onkel Hans:* Gerty von Hofmannsthals Bruder, der Maler Hans Schlesinger (1875–1932), ein Jugendfreund von Hofmannsthal, trat

1915 in den Dominikanerorden ein und empfing 1919 als Pater Antonin die Weihen. Arthur Schnitzler notierte am 3. September 1919 in seinem Tagebuch: »Onkel Hans ist da, Bruder Gertys, früher Maler, Convertit, Ordensbruder, lebt in Rom. Jetzt Urlaub. Wohnt (Gelübde der Armut) bei Bauern. Wie er hier bei seinen Gastgebern erscheint, rufen sie aus: ›Jessas muß der Herr von Schlesinger in so ein Aufzug daherkommen‹.« (Arthur Schnitzler: ›Hugo von Hofmannsthal. Charakteristik aus den Tagebüchern‹. Hrsg. von Bernd Urban. ›Hofmannsthal-Forschungen‹, Band III, Freiburg 1975, S. 46.)

sein Gedicht: das Jugendgedicht ›Mit Narzissen‹ beginnt: »Dies sind die Blumen der freundlichen Frühjahrserde...« (›Gedichte‹, S. 52).

obwohl es einen Krieg... gibt: verursacht durch die tschechoslowakischen, südslawischen und rumänischen Gebietsansprüche auf Ungarn.

Onkel Arnold: vgl. Anmerkung zu S. 15. 48

Ludendorff: Erich Ludendorff (1865–1937) war seit 1916 als erster Generalquartiermeister Mitglied der Deutschen Heeresleitung und trug wesentlich die Mitverantwortung für die militärische Kriegsführung.

Graf Rantzau: Ulrich Graf von Brockdorff-Rantzau (1869–1928), seit Dezember 1918 Reichsaußenminister, führte die deutsche Delegation in Versailles.

17. Mai 1919

Exemplar Schröder Gedichte: Rudolf Alexander Schröder: ›Elysium. 48
Gesammelte Gedichte‹ (Leipzig: Insel Verlag 1912).

Bertha Zuckerkandl: Berta Szeps-Zuckerkandl (1863–1945), die Witwe des Anatomen Hofrat Emil Zuckerkandl, Journalistin und Übersetzerin. Vgl. ihr auf 1920 datiertes ›Gespräch über Österreich‹

mit Hofmannsthal (Helmut A. Fiechtner: Hugo von Hofmannsthal. Die Gestalt des Dichters im Spiegel der Freunde. Wien 1949, S. 337f.).

Oskar Fried: der Humperdinck-Schüler Oscar Fried (1871–1942) war seit 1907 Dirigent der Wiener ›Gesellschaft der Musikfreunde‹.

20. Mai 1919

49 *Theateraufführung:* Moissis Gastspiel an der ›Neuen Wiener Bühne‹ war soeben bis zum 29. Mai verlängert worden; am 19. Mai spielte er dort zum erstenmal den Saryncev in Tolstois fünfaktigem Drama von 1896/1900.

Moissi: Alexander Moissi (1879–1935), seit 1903 Schauspieler im Ensemble Reinhardts, spielte in Stücken Hofmannsthals u. a. den Orest (›Elektra‹ 1905), Kreon (›Ödipus und die Sphinx‹ 1906), Florindo (›Cristinas Heimreise‹ 1910), Jedermann (1911, 1920) und den Bettler im ›Salzburger Großen Welttheater‹ (1922).

Adolf Busch: der berühmte Geiger (1891–1952) konzertierte damals in Wien.

Nostitz: Alfred von Nostitz-Wallwitz (1870–1953), sächsischer Diplomat und Politiker, seit 1916 Gesandter in Wien, im November 1918 für wenige Wochen sächsischer Innenminister. Er und seine Frau Helene geb. von Beneckendorff und Hindenburg (1878–1944) waren seit 1905 mit Hofmannsthal befreundet. Vgl. den ›Briefwechsel‹. Hrsg. von Oswalt von Nostitz (Frankfurt am Main: S. Fischer 1965, S. 149–153).

Stolbergs: Heinrich Wilhelm Prinz zu Stolberg-Wernigerode (1870–1931), von 1914 bis 1920 Botschaftsrat an der Deutschen Botschaft in Wien.

Dr. Burckhardt: Carl Jacob Burckhardt (1891–1974), von 1918–1922 Legationssekretär an der schweizerischen Gesandtschaft in Wien.

Vgl. den erstmals 1956 erschienenen ›Briefwechsel‹ mit Hofmannsthal (Frankfurt am Main: S. Fischer); Burckhardt hat die Jahre der Freundschaft seit 1942 wiederholt geschildert, u. a. ›Erinnerungen an Hofmannsthal und Briefe des Dichters‹ (Basel: Benno Schwabe & Co. 1943) und ›Begegnungen mit Hugo von Hofmannsthal‹ (›Die Neue Rundschau‹, Frankfurt, 65. Jg., Heft 3/4, 1954, S. 341–357). Beide Essays in: Carl J. Burckhardt: ›Gesammelte Werke‹, Bd. 4, ›Porträts und Begegnungen‹ (Bern / München / Wien: Scherz 1971, S. 31–77).

24. Mai 1919

ein Stück Cristina: diese in zwei Szenen gefaßte, verkürzende Umfor- 49
mung des ersten Aktes von ›Florindos Werk‹ wurde dann am 7. Januar 1921 in den Kammerspielen des Berliner ›Deutschen Theaters‹ zusammen mit dem ›Abenteurer und die Sängerin‹ aufgeführt (Dramen IV, S. 293–330).

3. Juni 1919

Tage in Ernstbrunn: der Besitz der Fürsten Reuß-Köstritz, eine ba- 50
rocke Anlage um vier Höfe mit einem großen »Rittersaal« aus dem 18. Jahrhundert, liegt südwestlich von Mistelbach / Niederösterreich. Christiane besuchte die auch mit dem Vater befreundete Prinzessin Antonie geb. Gräfin Castell-Castell (1896–1971) und Heinrich XXXIX. Prinz Reuß.

21. Juni 1919

nichts mit Neubeuern: ein Besuch Christianes bei Ottonie Gräfin De- 50
genfeld wurde von Hofmannsthal seit Mitte April 1919 brieflich geplant. »Christiane freut sich so namenlos darüber daß Sie sie nach Hinterhör haben wollen. Und ich bin auch sehr froh, wenn Sie's tun. Ich glaube bestimmt, sie wird Ihnen nicht beschwerlich sein, sie ist

ein verständiges unschwieriges Geschöpf, das ist das Beste an ihr. Und ihr täts unendlich gut, in tausend Punkten. Sie könnten recht viel an ihr erziehen, denn sie hat doch recht viele kleine Unarten und Nachlässigkeiten an sich und jetzt wäre noch der rechte Moment; aber Gerty ist ja so gar nicht erziehlich, und wirklich ists für die Mütter schwerer, für eine Andere viel leichter.« (Degenfeld, S. 397) Durch Einreisebehinderungen nach Deutschland kam der Aufenthalt erst im September zustande (vgl. S. 56 ff. und Anmerkung).

Josef Redlich hat sich verlobt: Redlich heiratete in zweiter Ehe am 10. August 1919 Gertrud Flaschar (vgl. Redlich, S. 44, 204 f.).

daß Borchardt heiraten will: die Ehe mit Marie Luise (Marel) Voigt (1896–1989), einer Tochter von Schröders Schwester Lina, wurde erst am 16. November in Horn bei Radolfzell am Bodensee geschlossen; Hofmannsthal war Pate des am 27. April 1921 geborenen ersten Sohnes Kaspar.

komische Geschichte: diese Zeitungsmeldungen über Ernst Toller (1893–1939) glossierte Karl Kraus in der ›Fackel‹ (Jg. 21, Nr. 514–518 von Ende Juli 1919, S. 1–20).

51 *Müller-Hofmann:* der Maler und Graphiker Willy Müller-Hofmann (1885–1948), u. a. ein Schüler Franz von Stucks, war in Wien seit 1919 als Leiter der Malklasse Professor an der dortigen Kunstgewerbeschule. Er gehörte seit 1913 zum Freundeskreis Bodenhausens und Hofmannsthals. 1921 vollendete er eine Allegorie der ›Justitia‹ im Hauptsaal des Obersten Gerichtshofes im Wiener Justizpalast.

3. Juli 1919

51 *der Friede:* die Unterzeichnung der Friedensbedingungen der Entente, zunächst nur für das Deutsche Reich in Versailles; der Vertrag zwischen Deutsch-Österreich und den Siegermächten wurde erst am 10. September 1919 in St. Germain-en-Laye geschlossen.

à la Bela Kun: Staatspräsident Michael Graf Károlyi hatte am 21. März 1919 die Herrschaft an den Kommunistenführer Béla Kun (1886–um 1940) übergeben; er verwandelte Ungarn vom 21. März bis 1. August 1919 in eine Räterepublik.

im Schönbrunner Schloßtheater: am 1. Juli 1919 wurde dort Franz Bleis (1871–1942) Lustspiel ›Logik des Herzens‹ (1916) gegeben.

23. Juli 1919

in Ferleiten: zwischen dem 15. Juli und 9. August 1919 war Hof- 52
mannsthal allein im Fuscher Tal, um das Märchen der ›Frau ohne Schatten‹ zu vollenden. Vgl. die Briefe, S. 123–125.

Emmy W.: die Kunsthistorikerin Emmy Wellesz (1889–1987), Gattin des Komponisten (vgl. Anmerkung zu S. 19). Vgl. ihren Essay ›Caritas in Hofmannsthals Werk und Leben‹ (›Hofmannsthal-Blätter‹, Heft 35/36, S. 140–146) und das Porträt von Hilde Spiel: ›Die Zeitgenossin‹ (›Frankfurter Allgemeine Zeitung‹, Nr. 230 vom 4. Oktober 1986, Beilage ›Bilder und Zeiten‹).

Rheinhardt: der Lyriker und Erzähler Emil Alphons Rheinhardt (1889–Konzentrationslager Dachau 1945) war in erster Ehe mit
Emmy Heim, in zweiter Ehe mit der Gesangspädagogin Gerty von *
Landesberger verheiratet. Für die von ihm im Verlag Paul List betreute Reihe ›Epikon. Eine Sammlung klassischer Romane‹ schrieb Hofmannsthal 1925 seinen Essay über Stifters ›Nachsommer‹ (Reden und Aufsätze II, S. 220–227).

Bruder Karlweis: Oskar Karlweis (1894–1956), der Bruder von Marta Stross geb. Karlweis, war von 1912 bis 1920 Schauspieler am Stadttheater Wien und 1921 bis 1923 in München; er verkörperte bei der Uraufführung 1921 des ›Schwierigen‹ den Stani (vgl. Anmerkung zu S. 108).

Burckhardt: vgl. die Leseliste S. 61.

24. Juli 1919

53 *Mitzerl Strakosch:* eine Tochter des Industriellen Siegfried von Strakosch-Feldringen (1867–1933) und seiner Frau Wally geb. Duschnitz (1884–1970). Ihre Schwester Lilly (geb. 1911) heiratete 1931 Arthur Schnitzlers Sohn Heinrich.

29. Juli 1919

54 *die Schwarzwaldkolonie:* Eugenie (»Genia«) Schwarzwald (1872 bis 1940), die Gattin des Sektionschefs im österreichischen Finanzministerium und Direktors der Anglo-Austrian-Bank, Hofrat Hermann Schwarzwald (1871–1939), hatte 1901 eine Privatschule für Mädchen gegründet (Wien I., Wallnerstraße 9); an ihr lehrten u. a. Adolf Loos, Arnold Schönberg, Egon Wellesz, Oskar Kokoschka und Hans Kelsen. 1915 wurden in dieser Schule, die 1907 das Recht zur Abhaltung von Reifeprüfungen erhalten hatte, rund tausend Schüler koedukativ unterrichtet. Ferienheime für Kinder bestanden u. a. in St. Wolfgang und Grundlsee. Am 6. Juni 1918 begann die von Eugenia Schwarzwald und Emmy Heim organisierte Aktion ›Wiener Kinder aufs Land‹. (Vgl. Alice Herdan-Zuckmayer: ›Genies sind im Lehrplan nicht vorgesehen‹. Frankfurt am Main: S. Fischer 1979, S. 32–40, 167–170)

Hilde Zissermann: Hilde Zissermann geb. Mathias; ihr Mann war bis zur Oktoberrevolution 1917 Direktor der Transsibirischen Eisenbahn; sie lebte danach mit ihren vier Kindern wieder in Österreich.

seine Übersetzung: Francis Jammes: ›Das Paradies. Geschichten und Betrachtungen‹. Übertragen von E. A. Rheinhardt (Leipzig: Kurt Wolff 1919; ›Der Jüngste Tag‹, Band 58/59).

5. August 1919

das geistliche Lied: das 1919 entstandene ›Geistliche Lied‹ für mittlere Singstimme, Klavier, Geige und Bratsche nach einem Text von Francis Jammes (Opus 23). 54

die Oper: vgl. Anmerkung zu S. 19.

11. August 1919

in die Bachmühle: ein Gasthaus an der Ischlerstraße in Lupitsch bei Alt-Aussee. 54

18. August 1919

seine Gedichte: von Rheinhardt erschien 1919 die Sammlung ›Tiefer als Liebe‹ (Berlin: S. Fischer), 1920 ›Die unendliche Reihe. Gedichte und Aufrufe‹ (Wien: Ed. Strache); vgl. auch die Leseliste S. 64. 55

2. September 1919

Papas »Märchen«: ›Die Frau ohne Schatten‹ (Berlin: S. Fischer 1919). 56

Papa liest … vor: die Sammlung der Prosagedichte ›Connaissance de l'Est‹ erschien zuerst 1900; vgl. Anmerkung zu S. 86, 128.

17. September 1919

nach Leopoldskron: Max Reinhardt hatte das Lustschloß der Fürsterzbischöfe von Salzburg im April 1918 aus dem Besitz des bayerischen Königshauses erworben. 56

57 *alles von Papa:* die einzelnen Stadien der Vorbereitung von Festspielen in Salzburg und Hofmannsthals Anteil daran dokumentieren Edda Fuhrich und Gisela Prossnitz: ›Die Salzburger Festspiele. Ihre Geschichte in Daten, Zeitzeugnissen und Bildern‹. Band I: 1920–1945 (Salzburg 1990).

Gertrudt Eysoldt: (1870–1955) war seit 1902 Mitglied in Reinhardts Ensemble; sie verkörperte u. a. in Uraufführungen Hofmannsthalscher Stücke die Rolle der Elektra (1903), den Schwertträger des Kreon in ›Ödipus und die Sphinx‹ (1906), die Mutter Claudios in ›Der Tor und der Tod‹ (1908) und die Werke im ›Jedermann‹ (1911). 1920 übernahm sie gemeinsam mit Maximilian Sladek für zwei Jahre die Direktion des ›Kleinen Schauspielhauses‹ in Berlin.

nach Neubeuern: der Besuch war von Hofmannsthal seit dem April brieflich geplant worden (vgl. Anmerkung zu S. 30). Wenige Tage zuvor, am 11. September, hatte er Ottonie Degenfeld mitgeteilt: »Ich bin sehr froh, daß Sie Christiane nun doch hinnehmen können u. wollen, es liegt mir mehr daran als ich sagen kann und sie freut sich auch unsäglich darauf, sie spürt genau, wer ihr gut tun kann, wen sie nötig hat, überhaupt ist das leichte und freie Annehmen u. Aufnehmen eine ihrer besten Seiten. Schlechtes hat sie überhaupt nicht im Character, viel gute natürliche Anlagen, ein natürliches Gleichgewicht, Tact, bon sens, auch Discretion u. Bescheidenheit – aber noch zu wenig Erziehung – weiß nicht – au pied de la lettre – wie man geht und steht und sitzt, redet bald zu frei, zu viel, ist gar zu unbekümmert, auch im Leiblichen, schaut sich nicht in den Spiegel.« (Degenfeld, S. 412)

die Julie: Ottonie von Degenfelds Schwägerin Julie Freifrau von Wendelstadt (1871–1942).

20. September 1919

57 *junge Schwedin:* die Heilgymnastin Sif Hellgren; sie heiratete Alexis Baron von Engelhardt.

Feri Hügel... Hans Wilke: Fery von Hügel (1900–198?) und Hans Wilke Freiherr von Bodenhausen (1901–1937), Neffen von Ottonie Gräfin Degenfeld.

25. September 1919

den wundervollen Isenheimer Altar: Mathias Grünewalds 1509/11 ent- 58
standenes Werk war 1917 aus dem Unterlinden-Museum in Colmar vor drohenden Fliegerangriffen nach München in Sicherheit gebracht worden; dort wurde der Altar umfassend restauriert und zunächst in der Alten Pinakothek ausgestellt.

29. September 1919

in Palestrina: das Hauptwerk von Hans Pfitzner (1869–1949) war 58
zuerst am 12. Juni 1917 im Münchener Nationaltheater aufgeführt worden.

Christa: die jüngste Tochter (1909–1985) Eberhard von Bodenhausens war Hofmannsthals Patenkind.

11. Oktober 1919

Premiere: ›Die Frau ohne Schatten‹ in der Wiener Oper unter der 59
musikalischen Leitung von Franz Schalk.

die Bühnenbilder: nach Entwürfen von Alfred Roller (1864–1935), dem damaligen Ausstattungschef der Wiener Oper.

19. Oktober 1919

der Isepp: der mit der Familie von Hofmannsthal befreundete Maler, 59
Holzschnitzer und Restaurator Sebastian Isepp (1884–1957) aus

Nötsch in Kärnten gehörte zum Kreis um Oskar Kokoschka und Adolf Loos, die er beide 1924 nach Paris begleitete.

22. Dezember 1919

60 *Lili Landesberger:* Elisabeth (1895–1920), eine Schwester von Gerty von Landesberger, Tochter des Bankiers Julius von Landesberger (1865–1920) und dessen erster Frau Else geb. Stoerk (1869–1945). Sie heiratete den Industriellen Walter Stross, einen Bruder von Emmy Wellesz, nach seiner Scheidung von Marta Karlweis.

Thomas Mann: aus Anlaß von Proben und der Aufführung seines Dramas ›Fiorenza‹ hielt sich Thomas Mann vom 4. bis 13. Dezember 1919 in Wien auf. Am 5. Dezember notierte er: »... zu Hofmannsthals in ihr hübsches Mansarden-Stadtquartier. Ausbleiben der Damen, die in der Oper. Gespräch mit H., auf der Treppen-Fensterbank sitzend. Dann Abendessen im Atelier mit ihm, seiner Frau, Tochter und Müller-Hofmann. Um 11 Uhr zu Bette.« (›Tagebücher 1918–1921‹. Hrsg. von Peter de Mendelssohn. Frankfurt am Main: S. Fischer 1979, S. 335). Vgl. auch Willy Müller-Hofmanns Erinnerung an diesen »hochberühmten Gast aus dem Reich« in seinem ›Dank an Hofmannsthal‹ (Fiechtner 1963, S. 145 f.).

der Spengler: das für Thomas Mann damals bedeutsame Werk ›Der Untergang des Abendlandes. Versuch einer Morphologie der Weltgeschichte‹ von Oswald Spengler (München: Beck 1918).

meine Hexameter: mit Bezug auf die 1919 erschienene Idylle ›Gesang vom Kindchen‹ (Berlin: S. Fischer). Hofmannsthal hatte ein Exemplar des Märchens der ›Frau ohne Schatten‹ »zum Dank für die Idylle vom Kindchen« übersandt. (›Tagebücher 1918–1921‹, S. 326; 24. November 1919)

61 *Bücher Sommer 1918–1919:* Christianes Lektüreliste, die mit Über-
* schneidungen bis 1923 fortgeführt wird (vgl. Anmerkungen zu S. 86 und 115), geht erkennbar auf die Einflüsse und Empfehlungen des

Vaters zurück. Die Nachweise der hier alphabetisch nach ihren Verfassern geordneten Titel beschränkt sich auf das Jahr der Erstausgabe und, soweit mit Sicherheit zu bestimmen, auf die von Christiane benutzte Übersetzung. Verschreibungen im Text wurden stillschweigend berichtigt. Zu den einzelnen Lektüreeindrücken im Tagebuch selbst vgl. das Personenregister.

Andoux, Marguerite (1863–1937): ›Marie-Claire‹, Roman (1910).

Andrian, Leopold von (1875–1951): ›Der Garten der Erkenntnis‹, Erzählung (1895).

Balzac, Honoré de (1799–1850): ›La cousine Bette‹, Roman (1846); ›Gloire et malheur de la maison du Chat-qui-pelote‹, Erzählung (1830); ›Illusions perdues‹, Romanzyklus (1837–1844); ›Splendeurs et misères des courtisanes‹, IV. Teil: ›La dernière incarnation de Vautrin‹, Roman (1847); ›La fille aux yeux d'or‹, Erzählung (innerhalb der ›Histoire des treize‹, 1843).

Bashkirtseff, Marie (1860–1884): ›Journal‹ (1893).

Bell, Ellis (d. i. Emily Jane Brontë 1818–1848): ›Der Sturmheidehof‹ (1847).

Bethge, Hans (1876–1946): ›Die chinesische Flöte. Nachdichtungen chinesischer Lyrik‹. Geleitwort und Anmerkungen von Hans Bethge (1907).

Bibel: ›Das Buch Ruth‹, ›Das Buch Esther‹, ›Das Hohelied Salomos‹.

Borchardt, Rudolf (1877–1945): ›Das Buch Joram‹ (1907); ›Villa‹, Essay (1908).

Brentano, Bettina (1785–1859): ›Goethes Briefwechsel mit einem Kinde. Seinem Denkmal‹ (1835).

Burckhardt, Jacob (1818–1897): ›Die Kultur der Renaissance in Italien‹ (1860), ›Griechische Kulturgeschichte‹ (1898–1902).

Curtius, Ernst (1814–1896): ›Griechische Geschichte bis zur Schlacht bei Chäroneia‹ (1857–1867).

Daudet, Alphonse (1840–1897): ›Fromont jeune et Risler aîné: Mœurs parisiennes‹ (1874).

Dostojewski, Fjodor M. (1821–1881): ›Arme Leute‹, Briefroman (1846); ›Helle Nächte. Sentimentaler Roman. Aus den Erinnerungen eines Träumers‹ (1848); ›Der Doppelgänger. Die Abenteuer des Herrn Goljadkin‹, Roman (1846); ›Ein schwaches Herz‹, Erzählung (1848); ›Aus dem Dunkel der Großstadt‹, der von E. K. Rahsin übertragene Novellenband (München: Piper 1916).

Fontane, Theodor (1819–1898): ›Effi Briest‹, Roman (1895).

Fustel de Coulanges, Numa Denis (1830–1889): ›La cité antique. Étude sur le culte, le droit, les institutions de la Grèce et de Rome‹ (1864).

Goering, Reinhard (1887–1936): ›Seeschlacht‹, Tragödie (1918).

Goethe, Johann Wolfgang (1749–1832): ›Wilhelm Meisters Lehrjahre‹, Roman (1795/96); Gedichte; ›Faust. Zweiter Teil‹ (1832); ›Die Wahlverwandtschaften‹, Roman (1809); ›Dichtung und Wahrheit‹ (1811 ff.).

Gogol, Nikolai V. (1809–1852): ›Der König der Erdgeister‹, Erzählung (deutsch zuerst 1846).

Hamsun, Knut (1859–1952): ›Mysterien‹, Roman (1892).

Hauptmann, Gerhart (1862–1946): ›Griechischer Frühling‹, Reisetagebuch (1908); ›Der Narr in Christo Emanuel Quint‹, Roman (1910).

Hofmannsthal, Hugo von (1874–1929): ›Cristinas Heimreise‹, Komödie (1910); ›Die prosaischen Schriften, gesammelt‹, Band 3 (1917); ›Das Gerettete Venedig‹, Trauerspiel (1905).

Huch, Ricarda (1864–1947): ›Michael Unger‹ (die 1913 erschienene Fassung des Romans ›Vita somnium breve‹ von 1903).

Jammes, Francis (1868–1938): ›Das Paradies. Geschichten und Betrachtungen‹. Übertragen von Emil Alphons Rheinhardt (1919).

Kaiser, Georg (1878–1945): ›Gas‹. Zwei Schauspiele (1918, 1920).

Keats, John (1795–1821): Gedichte.

Keller, Gottfried (1819–1890): ›Züricher Novellen‹ (1878).

Kolb, Annette (1875–1967): ›Das Exemplar‹, Roman (1913).

Landauer, Gustav (1870–1919): ›Aufruf zum Sozialismus‹, Vortrag (1911, 2. verbesserte Auflage 1919).

Loti, Pierre (1850–1923): ›Madame Chrysanthème‹, Roman (1888).

Mackail, John William (1859–1945): ›Lectures on Greek Poetry‹ (1910).

Maeterlinck, Maurice (1862–1949): ›Aglavaine et Sélysette‹, Drama (1896); ›Alladine et Palomides, Intérieur, La mort de Tintagiles: trois petits drames pour marionettes‹ (1894).

Mell, Max (1882–1971): ›Lateinische Erzählungen‹ (1904).

Meyer, Conrad Ferdinand (1825–1898): Gedichte.

Molière (1622–1673): ›Le misanthrope‹, Komödie (1666).

Musset, Alfred de (1810–1857): ›La nuit d'Octobre‹ (1837) im Gedichtzyklus ›Les nuits‹; ›Sur trois marches en marbre rose‹, ein Gedicht (1848); ›On ne badine pas avec l'amour‹, Komödie (1834).

Murray, George Gilbert (1866–1957): ›A History of Ancient Greek Literature‹ (1903).

Pannwitz, Rudolf (1881–1969): ›Der Tod des Empedokles‹, ›Der glückliche König Kroisos‹, ›Iphigenia mit dem Gotte‹ im Band ›Dionysische Tragödien‹ (1913).

Plato: ›Apologie‹, ›Kriton‹, ›Lysis‹, ›Ion‹, ›Charmides‹; vermutlich teilweise in den Übertragungen von Rudolf Kassner.

Rathenau, Walther (1867–1922): ›An Deutschlands Jugend‹, Aufruf (1918).

Rheinhardt, Emil Alphons (1889–1945): ›Der Prophet und die Liebe‹ (Privatdruck?).

Rohde, Erwin (1845–1898): ›Psyche. Seelencult und Unsterblichkeitsglaube der Griechen‹ (1890–94).

Shakespeare, William (1564–1616): ›The Tragedy of Macbeth‹ (1611); ›A Midsummer-Night's Dream‹ (1600).

Stifter, Adalbert (1805–1868): ›Studien‹ (1844–50); ›Feldblumen‹ (1840) innerhalb der Novellensammlung ›Studien‹; ›Nachkommenschaften‹, Erzählung (1864).

Strauß, Emil (1866–1960): ›Freund Hein. Eine Lebensgeschichte‹, Roman (1902).

Strindberg, August (1849–1912): ›Der bewußte Wille in der Weltgeschichte. Skizze zu einem Buch‹ (1903).

Swinburne, Algernon Charles (1837–1909): Gedichte.

Taine, Hippolyte (1828–1893): ›Geschichte der englischen Literatur‹ (1863; deutsch zuerst 1878–1880).

Tolstoi, Lev N. (1828–1910): ›Volkserzählungen‹ (1881–1886); ›Und das Licht leuchtet in der Finsternis‹, Drama (1911); ›Herr und Knecht‹, Erzählung (1895); ›Der Tod des Iwan Iljitsch‹, Novelle (1886).

Turgeniew, Iwan (1818–1883): ›Clara Militsch‹, Erzählung (deutsch zuerst 1883); ›Fumée‹, Erzählung (1868).

Wells, Herbert George (1866–1946): ›The Time Machine. An Invention‹, Erzählung (1895); ›The Island of Doctor Moreau‹, Roman (1896).

Italienreise: am 25. April 1920 schrieb Hofmannsthal an Paul Hell- 65
mann: »Obwohl alle Zwischenpersonen deren wir uns zu Erlangung des ital. Visums allenfalls zu bedienen hofften, plötzlich verreist und unauffindbar sind, hoffen wir doch noch das Visum rechtzeitig zu bekommen und am 4ten Mai abreisen zu können, desgleichen hoffen wir noch Nachricht von Isepps Mailänder Freund, der sich um unsere dortige Unterbringung bekümmern soll. – Wir wollen zunächst einen Tag in Vicenza bleiben (Hotel Roma; also den 5ten) damit Christiane die herrlichen Bauten des Palladio sieht. Dann für 1–2 Tage nach Verona (Hotel Londres). Dann wäre ich gern für drei bis fünf Tage nach Mailand gegangen, teils um einiges einzukaufen, teils um ein paar Ausflüge zu machen: zur Certosa, nach Saronno, wo die herrlichen Fresken von Gaudenzio Ferrari und Luini sind, vielleicht auch nach Monza. Weiterhin würde ich gern an den Lago maggiore, für kurz, und dann ist seit 15 Jahren mein Wunsch, die Landschaft um den Lago d'Orta zu sehen; das sind lauter Landpartieen. Auch Bergamo würde man gern wiedersehen.« (Hellmannn S. 190f.) Um die Reise zu ermöglichen, hatte sich Hofmannsthal zum Verkauf sei- *
ner Rodin-Statuette und einer Landschaft Ferdinand Hodlers entschlossen; die näheren Umstände dieser Kunstverkäufe referieren Ursula Renner und Martin E. Schmid in der ›Neuen Zürcher Zeitung‹, Nr. 131 vom 9./10. Juni 1990, S. 67f.

12. Mai 1920

66 *Finetti:* der österreichische Tiermaler und Radierer Gino Ritter von Finetti (1877–?) war ein Freund Sebastian Isepps.

27. Mai 1920

69 *bei Burckhardts:* im Haus Rittergasse 20. Zu Carl J. Burckhardts Schwester Theodora Von der Mühll (1896–1983) vgl. den Nachruf von Rudolf Hirsch (›Hofmannsthal-Blätter‹, Heft 27, S. 107–112) und die von ihm edierte Folge der Briefe Hofmannsthals in ›Spiegelungen. Festschrift für Hermann J. Abs‹. Hrsg. von Werner Knopp (Mainz: v. Hase & Koehler 1986, S. 279–301).

28. Mai 1920

69 *Schönenberg:* über den Aufenthalt der Familie von Hofmannsthal im Landhaus der Burckhardts in Pratteln / Basel-Land, wo Rainer Maria Rilke seit Anfang März 1920 zu Gast war, vgl. Rilke, S. 221–223.

31. Mai 1920

70 *Porträt von Holbein:* die Sammlung der Bilder und Handzeichnungen von Hans Holbein d. J. (1497–1543), darunter das Porträt seiner Frau Elsbeth mit den beiden älteren Kindern (um 1528), befand sich bis 1928 im Museumsgebäude in der Augustinergasse.

schöne Teppiche: im Historischen Museum in der ehemaligen Barfüßerkirche.

2. Juni 1920

70 *Mädi:* Eberhard von Bodenhausens Gattin Dora geb. Gräfin Degen-

feld-Schonburg (1877–1969), die Schwägerin Ottonie Gräfin Degenfelds und Schwester von Julie Freifrau von Wendelstadt.

28. Juni 1920

Ein ganzer Winter: dieser Eintrag folgt in Heft II auf den ein halbes Jahr zurückliegenden vom 22. Dezember 1919; vgl. S. 185. 71

4. September 1920

Salzburger Zeit: während der ersten Salzburger Festspiele kam am 22., 23., 25., 26., 27. und 29. August ›Jedermann‹ in der Inszenierung Max Reinhardts auf dem Domplatz zur Aufführung; vgl. Anmerkung zu S. 107. 72

Helene Thimig: die Schauspielerin (1889–1974) war die zweite Frau Max Reinhardts.

Seitz: der Obmann der österreichischen Sozialdemokraten Karl Seitz (1869–1950) war von März 1919 bis Ende 1920 Staatsoberhaupt der Republik und ab 1923 Bürgermeister von Wien. 73

23. August 1920

Theaterbau: als Landeskonservator von Salzburg wurde Eduard Hütter (1880–1967) erst 1924 beauftragt, die 1840 errichtete zweite, größere Salzburger Winterreitschule nach den Vorstellungen Max Reinhardts zu einem provisorischen Festspielhaus umzubauen, ohne dabei die Fassade des Hofmarstallgebäudes zu verändern. Dieser mit dunklem Holz ausgekleidete Bau, 1925 mit dem ›Salzburger Großen Welttheater‹, Max Mells ›Apostelspiel‹ und Karl Vollmoellers ›Mirakel‹ eröffnet, erfuhr durch Clemens Holzmeister im folgenden Jahr seine endgültige Umgestaltung. 73

Thimig sprach über den Schwierigen: Burgschauspieler Hugo Thimig (1854–1944), der Vater von Helene. Die Wiener Erstaufführung des Lustspiels (vgl. Anmerkung zu S. 108) fand erst am 16. April 1924 im ›Theater in der Josefstadt‹ statt. Helene Thimig spielte die Helene Altenwyl, ihr Bruder Hermann (1890–1982) den Stani.

in der Aschau: die kleine Gemeinde zwischen Strobl und Ischl war Haltestelle der Salzkammergut-Lokalbahn.

27. September 1920

73 *Rudi Bing:* (geb. 1902), arbeitete damals als Lehrling in der Buchhandlung von Hugo Heller am Bauernmarkt; 1921 wechselte er in dessen Theateragentur. Bing übernahm 1950 die Direktion des ›Metropolitan Opera House‹ in New York; vgl. seinen Beitrag in ›Für Christiane‹, S. 17f.

Rothschild: der Geiger Fritz Rothschild, Gründer des Rothschild-Quartetts; er unterrichtete zeitweise auch Raimund von Hofmannsthal.

Dr. Kaufmann: der Privatgelehrte und Philosoph Dr. jur. Arthur Kaufmann (1872–1938) gehörte zu Arthur Schnitzlers engen Freunden.

74 *Vollmöller:* Karl Gustav Vollmoeller (1878–1948).

3. Oktober 1920

74 *Eva:* die erste Frau von Willy Müller-Hofmann.

Ankunft in Ernstbrunn: zur Hochzeit von Sibylle Prinzessin Reuß-Köstritz (1888–1947) mit dem Grafen Wolfgang zu Castell-Castell am 5. Oktober 1920.

Graf Max Solms: wohl der Soziologe und Historiker Maximilian Graf zu Solms-Rödelheim und Assenheim (1893–1968).

sein Bruder Rudi: Rudolf Graf von Colloredo-Mannsfeld (1876 bis 1948).

Prinz Cyrill von Bulgarien: aus der ersten Ehe des Königs Boris III.

Nora Colloredo: die Gattin Ferdinand Colloredos, Eleonore Gräfin 75
Colloredo-Mannsfeld geb. Iselin (1881–1939).

Dissy Collalto: Gräfin Giselda (geb. 1902), die Tochter des Fürsten Manfred von Collalto und San Salvatore.

Cari Wilczek: der Enkel von Hans Graf Wilczek (1837–1922).

Isy Colloredo: die Schwester von Ferdinand und Rudolf Colloredo, Isabella Gräfin Colloredo-Mannsfeld (1881–1972).

Graf Stolberg: wohl Heinrich Wilhelm Prinz zu Stolberg-Wernigerode (vgl. Anmerkung zu S. 49).

13. Oktober 1920

Erwin Lang ist zurück: aus russischer Kriegsgefangenschaft; vgl. An- 75
merkung zu S. 27.

20. Oktober 1920

die Bibel aufgeschlagen: vgl. Sprüche Salomonis 11, 27. 76

27. Oktober 1920

Tanzabend von der Gretl: das genaue Programm der gemeinsam mit 77

Toni Birkmeyer, dem ersten Solotänzer der Staatsoper, gestalteten Vorstellung, die bereits als ausverkauft angekündigt wurde, war der Tagespresse nicht zu entnehmen.

Försters: Erwin Langs Schwester Lilith und ihr Mann.

78 *Marianne Mendl:* sie unterstützte Grete Wiesenthal bei der Leitung von Kursen für Ausdruckstanz in ihrer Schule auf der »Hohen Warte« in Döbling; der Vater, der Brotfabrikant Fritz Mendl (»Anker-Brot«-Werke), finanzierte die Schule.

*78 *Gutmann:* der Dirigent Arthur Guttmann (vgl. Anmerkung zu S. 28) oder der Konzertagent Albert Gutmann.

Maurice Ravel u. Vollmöller: beide trugen sich in das Gästebuch des Rodauner Hauses ein (Besitz der Hofmannsthal-Erben). Der von Arnold Schönberg geleitete ›Verein für musikalische Privataufführungen‹ hatte am 23. Oktober im kleinen Konzerthaus-Saal neben Werken Ravels auch solche von Schönberg, Berg und Webern aufgeführt und am 22. Oktober ausschließlich Orchesterwerke von Ravel. Zu einer Zusammenarbeit zwischen Ravel und Karl Gustav Vollmoeller kam es nicht.

4. November 1920

80 *Rudi:* Rudolf Bing.

Beim Abschreiben: der Bezug läßt sich nicht eindeutig herstellen. Verwandte Gedanken finden sich in den beiden ›Kapiteln von der Holzschneidekunst‹ (Lang, S. 45–47 bzw. 123–125). Dem Tagebuchheft liegt folgendes Einzelblatt von Christianes Hand bei: »Ich bin auch Material in deinen Händen, lerne mich kennen, dann schaffe das Werk aus mir, du hast die Gewalt doch wenn du das Falsche, das nicht zu mir paßt, entstehen läßt, dann gehe ich zu Grund und kann dir nicht helfen wie ich doch will. Hab Geduld mit mir und versuch mich zu kennen.«

27. November 1920

Borchardt ist hier: der Eintrag in das Rodauner Gästebuch lautet in 82
Anspielung auf die plötzliche Abreise im Frühsommer 1902: »Rudolf Borchardt redivivus Nov 20« (Besitz der Hofmannsthal-Erben). – Die seit langem von Hofmannsthal, Borchardt und Schröder zunächst als Fortsetzung des Jahrbuchs ›Hesperus‹ (1909) besprochene und geplante eigene Zeitschrift sollte ursprünglich von allen drei Freunden herausgegeben werden. Erst im Herbst 1920 entschied sich Hofmannsthal zu einer alleinigen Übernahme der Redaktion seiner ›Neuen Deutschen Beiträge‹ (vgl. Borchardt, S. 153 ff.).

Gedichte an Marel: die seit Winter 1918 entstandenen Gedichte an 83
Marie Luise Voigt gingen nur teilweise in den 1923 bei Rowohlt veröffentlichten Zyklus ›Die Schöpfung aus Liebe‹ ein (›Gedichte‹. Stuttgart 1957, S. 261–299); so fehlen ›Februar in Berlin‹ (ebd., S. 303 f.) und ›Bildnis der Geliebten‹ (ebd., S. 305–309). ›Das Entzücken‹ erschien bereits im März 1919 in der Wiener Zeitschrift ›Die Rettung. Blätter zur Erkenntnis der Zeit‹ (Jg. 1, Nr. 12/14, S. 109 f.; ›Gedichte‹, S. 296–299).

1. Dezember 1920

die Verkündigung: im ersten, 1918 vollendeten Teil der seit 1903 83
konzipierten dramatischen Dichtung ›Die Päpstin Iutta‹ stehen der
»Jungfrau« ein mephistophelischer »falscher Bote« und der gottge- *
sandte »Bote« gegenüber. Borchardt hatte dieses in sich abgeschlossene Vorspiel ›Verkündigung‹ im Mai 1921 Max Reinhardt für eine Inszenierung im Deutschen Theater übergeben; die Uraufführung fand jedoch erst mit dem Ensemble des Burgtheaters unter Albert Heine am 10. Mai 1923 im Wiener Akademietheater statt (›Dramen‹. Stuttgart 1962, S. 6–79).

Bilder von Chinesen: vgl. Anmerkung zu S. 27. 84

Billinger: zwei weitere Holzschnittporträts entstanden 1933 (Lang, S. 147 Nr. 101 f.). Erwin Lang hatte auch Hofmannsthals Bekanntschaft mit Person und Werk des oberösterreichischen Lyrikers, Erzählers und Dramatikers Richard Billinger (1890–1965) vermittelt (vgl. Fiechtner 1963, S. 204 f. und Billingers ›Erinnerung an Hofmannsthal‹ ebd., S. 194–196). 1923 illustrierte Erwin Lang Billingers ›Lob Gottes‹ (Lang, S. 146 Nr. 76). Eine Würdigung der Lyrik gab Hofmannsthal 1924 im fünften seiner ›Vienna Letters‹ für die Zeitschrift ›The Dial‹ (Reden und Aufsätze II, S. 319 f.). Die Gedichtsammlung ›Über die Äcker‹ erschien 1923 bei Rowohlt. Vgl. auch den Brief vom 25. Juni 1922 (S. 130).

12. Dezember 1920

84 *Jakob:* Jakob Wassermann.

*86 *Bücher von Okt. 1919–[Dezember 1920]:* vgl. Anmerkung zu S. 61.

Balzac, Honoré de (1799–1850): ›Le père Goriot‹, Roman (1834/35); ›Le médecin de campagne‹, Roman (1833); ›Histoire de la grandeur et la décadence de César Birotteau‹, Roman (1838).

Bibel: ›Die Offenbarung Johannis‹.

Borchardt, Rudolf (1877–1945): ›Rudolf Borchardts Schriften: Prosa I‹ (1920); ›Der Durant. Ein Gedicht aus dem männlichen Zeitalter‹ (1920); ›Die Päpstin Iutta. Ein dramatisches Gedicht. Erster Teil: Verkündigung‹ (1920).

Brentano, Clemens (1778–1842): ›Die Geschichte vom braven Kasperl und dem schönen Annerl‹, Novelle (1817).

Claudel, Paul (1868–1955): ›L'annonce faite à Marie‹, Geistliches Spiel in vier Akten und einem Prolog (1912); ›L'échange‹, Prosa-
* drama in drei Akten (1901); ›Connaissance de l'est‹, Prosagedichte (1900).

Cook, Mabel (d. i. Mabel Collins, 1851–1927): ›The Idyl of the White Lotus‹ (1890).

Dickens, Charles (1812–1870): ›Little Dorrit‹, Roman (1855/57).

Dostojewski, Fjodor M. (1821–1881): ›Das Gut Stepantschikowo und seine Bewohner. Aus den Aufzeichnungen eines Unbekannten‹, Roman (1859); ›Der Idiot‹, Roman (1868/69); ›Der Spieler. Aus den Erinnerungen eines jungen Mannes‹, Roman (1867).

Fustel de Coulanges, Numa Denis (1830–1889): ›La cité antique. Étude sur le culte, le droit, les institutions de la Grèce et de Rome‹ (1864).

Goethe, Johann Wolfgang (1749–1832): ›Die Wahlverwandtschaften‹, Roman (1809); ›Wilhelm Meisters Wanderjahre oder Die Entsagenden‹, Roman (1821, 1829); ›Italienische Reise‹ (1829).

Hamsun, Knut (1859–1952): ›Stadt Segelfoss‹, Roman (1915); ›Unter Herbststernen‹, Roman (1906).

Hofmannsthal, Hugo von (1874–1929): ›Die prosaischen Schriften, gesammelt‹, wohl Band 1 und 2 (1907/08).

Kassner, Rudolf (1873–1959): ›Der Tod und die Maske. Gleichnisse‹ (1902).

Lermontow, Michail (1814–1841): ›Ein Held unserer Zeit‹, Roman (1840).

Mommsen, Theodor (1817–1903): ›Römische Geschichte‹, Band 1 (zuerst 1854).

Nadler, Josef (1884–1963): ›Literaturgeschichte der deutschen Stämme und Landschaften‹, Band 1: ›Die Altstämme (800–1600)‹; Band 2: ›Die Neustämme von 1300, die Altstämme von 1600–1780‹ (1912/13).

Pannwitz, Rudolf (1881–1969): ›Die Deutsche Lehre‹ (1919).

Pater, Walter (1839–1894): ›The Renaissance, Studies in Art and Poetry‹ (1873; deutsch zuerst 1902).

Strindberg, August (1849–1912): ›Die Kronbraut‹, Schauspiel (1902); ›Schwanenweiß‹, Märchenspiel (1902); ›Ein Traumspiel‹, Schauspiel (1902).

Thackeray, William Makepeace (1811–1863): ›The History of Pendennis. His Fortunes and Misfortunes, his Friends and his Greatest Enemy‹, Roman (1848/50).

Tolstoi, Lev N. (1828–1910): ›Auferstehung‹, Roman (1899).

Turgeniew, Iwan (1818–1883): Erzählungen.

21. Februar 1921

88 *Borchardts Grabrede:* vgl. S. 185.

Plan für eine Reihe von Holzschnitten: vermutlich der im Werkverzeichnis Lang aufgeführte Zyklus: ›Das Hohe Lied‹ (S. 146 Nr. 75).

27. Februar 1921

89 *Papas »Leben ein Traum«:* eine seit 1902 entstehende freie Bearbeitung von Calderons Drama ›La vida es sueño‹, 1918 übergehend in das Trauerspiel ›Der Turm‹ (1925 und 1927). Vgl. ›Sämtliche Werke XV: Dramen 13‹. Hrsg. von Christoph Michel und Michael Müller. Frankfurt am Main: S. Fischer 1990, S. 175 f.

6. März 1921

Großmama: vgl. Anmerkung zu S. 47. 90

»Platz« von Unruh: Fritz von Unruh (1885–1970): ›Platz. Ein Spiel. Zweiter Teil der Trilogie Ein Geschlecht‹ (München: Kurt Wolff 1920); vgl. die Leseliste S. 115.

Marie Luise: Näheres nicht ermittelt.

mit der Poldi: ein Modell Erwin Langs.

auf die Favoritenstraße: die Favoritenstraße, wo Erwin Lang ein Atelier gemietet hatte, verläuft stadtauswärts in südlicher Richtung durch den IV. (Wieden) zum X. Wiener Bezirk (Favorite). Dem Tagebuchheft mit Eintragungen zwischen 17. September und 21. Dezember 1921 (vgl. S. 185) liegt eine undatierte Karte von der Hand Erwin Langs bei: »Hier an der Ecke ist ein Kaffeehaus in der Favoritenstrasse da trink ich einen Kaffee und bitte mich heraus zu holen.«

13. März 1921

Theodor Däubler: (1876–1934). Christiane bezieht sich auf eine Rezi- 92
tation des gerade in neuer Bearbeitung veröffentlichten Gedichtzyklus ›Sang an Pisa‹ aus der Sammlung ›Hymnen an Italien‹ (Leipzig: Insel 1919). Am 21. März trug sich Däubler in das Gästebuch des Rodauner Hauses ein (Besitz der Hofmannsthal-Erben).

Käthe Rappaport: Näheres nicht ermittelt.

3. April 1921

Burckhardt und Von der Mühll: Carl J. Burckhardt und sein Schwager, 93
der Architekt Hans Von der Mühll (1887–1953).

auf dem Berg: dem Parapluiberg (500 Meter); von ihm aus übersieht man bei klarem Wetter die Ebene des Wiener Beckens Richtung Eisenstadt bis zum Leithagebirge und das Burgenland bis zur ungarischen Grenze.

8. April 1921

95 *von der Ausstellung:* die Kollektiv-Ausstellung der Wiener Künstlergenossenschaft wurde am 9. Mai eröffnet (›Neue Freie Presse‹, Nr. 20 334 vom 9. April 1921, S. 1–3).

9. April 1921

95 *Wiegele:* der Maler und Bildhauer Franz Wiegele (1887 bis 1944), wie Sebastian Isepp aus Nötsch in Kärnten stammend, lebte seit seiner Rückkehr aus nordafrikanischer Kriegsgefangenschaft 1917 vorübergehend in Wien. Zu seiner Verbindung mit Hofmannsthal vgl. Willi Schuh: ›»Eine Art Zauberflötestoff, zwei Grimm-Märchen«. Ein unveröffentlichter Brief an Hugo von Hofmannsthal‹. In: ›Neue Zürcher Zeitung‹, Fernausgabe Nr. 200 vom 30./31. August 1986, S. 69 (mit der Abbildung einer Porträtzeichnung des Komponisten Othmar Schoeck von Wiegele).

14. April 1921

95 *einen wunderschönen Picasso:* die 1905 entstandene Gouache ›La mort d'Arlequin‹ (66×93 cm; Zervos I 302; heute Sammlung Upperville, Virginia). In der Wohnung von Herta König, Widenmayerstraße 32 III, befand sich auch ›La famille des saltimbanques‹ (1905). Vgl. Degenfeld, S. 445.

96 *Gerty:* Gerty von Landesberger.

17. April 1921

Meine Ankunft: über einen mehrwöchigen Aufenthalt Christianes im Hause des österreichischen Kultur- und Presseattachés Paul Zifferer (1879–1929) und seiner Frau Wanda geb. Rosner hatte Hofmannsthal mit dem befreundeten Ehepaar seit Herbst 1920 korrespondiert. Am 24. November kündigte ihm Zifferer an: »Ich habe schon ein ganzes Lern- und Sehprogramm für Christiane ausgearbeitet, bereite mich ordentlich für sie vor und will ihre Gegenwart sehr genießen. Ich bin wirklich ganz ungeduldig, sie nur erst hier zu haben!« (Zifferer, S. 93) Am 11. April 1921 schreibt Hofmannsthal: »Daß ich Christiane niemandem lieber anvertraue als Ihnen und Ihrer Frau bezeuge ich nun durch die Tat. Möge ihre Gegenwart auch Ihnen beiden keine Last sondern eine kleine Belebung sein.« (Zifferer, S. 109) Über seine Bemühungen um den jungen Gast berichtet Zifferer dem Vater am 4. Mai 1921: »Christiane hat eine so nette unbefangene Art sich mit der neuen Umgebung auf guten Fuß zu stellen, das Ungewohnte in ihr Leben einzubeziehen, das Unbekannte sich vertraut zu machen. Sie hat trotz ihrer 19 Jahre genug innere Festigkeit, um sich von dem Fremden nicht verwirren zu lassen, und sie hat doch die schöne Bereitschaft der Jugend, Unerwartetes zu empfangen, das Erstaunliche willkommen zu heißen und von jeder überraschenden Begegnung sich belehren zu lassen. Sie bewundert das Fremde nicht nur auf jeden Fall, nur weil es fremd ist, aber sie ist ihm auch niemals gram und bewahrt sich eine für ihr Alter keineswegs gewöhnliche Freiheit des Urteils.« (Zifferer, S. 111 f.) 96

18. April 1921

Madame Clémenceau: Sophie Clémenceau geb. Szeps, die Schwester von Berta Szeps-Zuckerkandl, war seit 1886 mit Paul Clémenceau, dem Bruder des »Tigre«, verheiratet (vgl. Zifferer, S. 189–193). 97 *

Le Pêcheur d'ombre: die vieraktige Komödie von Jean Sarment (1897–1976) hatte am 15. April 1921 im ›Théâtre de l'Oeuvre‹ Première. Vgl. Anmerkung zu S. 101.

»Die Straße«: nicht im ›Werkverzeichnis der Holzschnitte‹ (Lang, S. 145–147).

20. April 1921

97 *Marguerite:* Näheres nicht ermittelt.

28. April 1921

100 *bei Mayrhausers:* Näheres nicht ermittelt.

30. April 1921

100 *Le grand duc:* die dreiaktige Komödie von Sacha Guitry (1885–1957) war soeben uraufgeführt worden.

2. Mai 1921

100 *Madame Sautreau ...:* die Tochter des Dramatikers Björnsterne Björnson (1832–1910) und ihre Mutter.

Le passé: die Komödie von Georges de Porto-Riche (1849–1930) aus dem Jahr 1897.

4. Mai 1921

101 *Jean Sarment:* (1897–1976), der Übersetzer Shakespeares und Schillers; er übertrug auch den ›Jedermann‹ (nicht veröffentlicht).

Crommelynck: Fernand Crommelynck (1888–1970), dessen lyrische Farce in drei Akten: ›Le cocu magnifique‹ zuerst 1920 mit großem Erfolg aufgeführt wurde; vgl. die Leseliste S. 116.

Auernheimer: Raoul Auernheimer (1875–1948) versah das Burgtheaterreferat für die ›Neue Freie Presse‹. Vgl. Donald G. Daviau: ›The Correspondance of Hugo von Hofmannsthal and Raoul Auernheimer‹ (›Modern Austrian Literature‹, Band 7, 1974, Nr. 3/4, S. 209–307). 102

5. Mai 1921

niemand als das Genie: vgl. Hofmannsthals Essay ›Napoleon‹, der eben am 4. und 5. Mai 1921 in den ›Münchner Neuesten Nachrichten‹, der ›Neuen Freien Presse‹ und der ›Prager Presse‹ erschien (Reden und Aufsätze II, S. 466–472). 102

Vildrac: das dreiaktige Drama von Charles Vildrac (Pseudonym für Ch. Messager, 1882–1971) war am 6. März 1920 im Pariser ›Théâtre du Vieux Colombier‹ uraufgeführt worden.

Mérimée: die erstmals 1829 veröffentlichte einaktige Komödie ›Le carrosse du Saint Sacrement‹ von Prosper Merimée (1803–1870).

9. Mai 1921

Augustine: Näheres nicht ermittelt. 102

11. Mai 1921

Vortrag von Pré Copeau: der Schauspieler und Theaterdirektor Jacques Copeau (1879–1949) war auch Mitherausgeber der ›Nouvelle Revue Française‹. 103

14. Mai 1921

Marie-Lore: die Tochter von Paul und Wanda Zifferer (geb. 1916). 103

17. Mai 1921

104 *Vortrag von Claudel:* diese ›Introduction à un poème sur Dante‹ hielt Paul Claudel am 17. Mai auf Einladung des ›Comité catholique de Dante‹ vor einer Lesung seiner ›Ode jubilaire pour célébrer le six-centième anniversaire de la mort de Dante‹. (›Oeuvres en prose‹. Edition établie et annotée par Jacques Petit et Charles Galpérine. Paris 1965; Bibliothèque de la Pléiade, S. 422–434; 1454 f.)

23. Mai 1921

104 *Pelléas und Mélisande:* das 1902 von Claude Debussy (1862–1918) vertonte fünfaktige Drama Maurice Maeterlincks (1862–1949).

Nora mit Desprès: Suzanne Desprès (1875–1951) in der Titelrolle des Dramas von Henrik Ibsen; sie verkörperte seit 1908 auf Tourneen auch Hofmannsthals ›Elektra‹ in der französischen Übertragung von Stéphane Epstein und Paul Stroheker. – ›Nora‹ wurde im Oktober 1920 durch Paul Zifferers Vermittlung wieder in den Spielplan des ›Théâtre de l'Oeuvre‹ aufgenommen und mit »großem Erfolg« gegeben (vgl. Zifferer, S. 87–91).

105 *Ausstellung ... Picassos:* die französische Regierung hatte nach dem Kriegsausbruch 1914 die Sammlungen von Wilhelm Uhde und Daniel-Henry Kahnweiler beschlagnahmt. Der Versteigerung von über hundert kubistischen Gemälden Picassos im Mai und Juni 1921 im Hôtel Drouot gingen jeweils Ausstellungen voraus.

unser Bild: das 1901 in Paris entstandene Selbstbildnis des zwanzigjährigen Malers mit der bewußt auf die Unterschrift König Philipps II. von Spanien (»Yo, el Rey«) anspielenden Signatur »Yo, Picasso« (73,7×60,7 cm; Zervos XXI 192), hatte Hofmannsthal am 4. November 1912 aus dem bereits auch Kubistisches umfassenden Picasso-Angebot der ›Modernen Galerie‹ Heinrich Thannhausers (München, Theatinerstraße 7) zusammen mit einer der Thuner See-Landschaften Ferdinand Hodlers (1853–1918) für insgesamt 13 000 Reichsmark erworben. Das Porträt zeigt den Künstler vor tiefblauem Hintergrund in weißem Hemd und mit einem orangefarbenen Halstuch; es befand sich in Hofmannsthals Arbeitszimmer in Rodaun (vgl. die Abbildung bei Egon und Emmy Wellesz: Egon Wellesz. Leben und Werk. Hrsg. von Franz Endler. Wien/Hamburg 1981, S. [135]) und ging im Juni 1928 als Hochzeitsgeschenk an Christiane. Die Familie verkaufte das Bild im Juli 1970 durch Christie's; erneute Versteigerung 1975 (ebenda) und 1989 (Sotheby's).

[Anfang Juni 1921]

Clémenceau: Paul Clémenceau; vgl. Anmerkung zu S. 97.

Mr. Kannolo: Näheres nicht ermittelt.

Mlle Besnard: wohl eine Tochter des Malers Albert Besnard (1849–1934).

Comtesse de Noailles: Anna Comtesse de Noailles geb. Princesse Bibesco de Brancovan (1876–1933). Hofmannsthal hatte sie während seines ersten Pariser Aufenthaltes im Frühjahr 1900 kennengelernt. Fragmente zu einem Essay über ihre Gedichte befinden sich im Nachlaß. Der 1920 erschienene Band ›Les forces éternelles‹ (Paris: Fayard & Cie) trägt die Einschrift: »à Hugo von Hofmannsthal – un poète magnifique à qui j'ai souvent pensé – témoigne de ma grande admiration« (Freies Deutsches Hochstift, Frankfurt am Main).

Maurice Barrès: der Romancier und Essayist (1862–1923), über den 106
Hofmannsthal schon 1891 geschrieben hatte (vgl. Reden und Aufsätze I, S. 118–126), war seit 1905 als Abgeordneter in der Nationalversammlung einer der führenden Vertreter der Rechtsopposition gegen die III. Republik; seine damals im Erscheinen begriffene ›Chronique de la grande guerre‹ (1920–24) belegt einen exaltierten Patriotismus. Vgl. die Studie von Ernst Robert Curtius: ›Maurice Barrès und die geistigen Grundlagen des französischen Nationalismus‹ (Bonn: Cohen 1921).

Einstein: der Physiker Albert Einstein (1879–1955).

um 8 h hab ich Paris verlassen: vgl. Paul Zifferers Brief vom 31. Mai 1921 (Zifferer, S. 114f.). Hofmannsthal dankte dem Gastgeber am 17. Juni: »Was Sie mir zu liebe an dem Kind getan haben kann ich Ihnen nur teilweise durch persönliche Dankbarkeit vergelten, teilweise durch die Freude die Ihnen künftige meiner Arbeiten vielleicht zu geben werden vermögend sein, die junge Person aber selbst durch Anhänglichkeit und dauernde Bezeigung daß sie so unschätzbarer Aufwendungen an Freundschaft nicht ganz unwert gewesen ist. Wie viel und aus wie vielen Sphären sie sich in der Luft dieser einzigen Stadt bereichert hat, das ist mir selbst erstaunlich, und es wäre Ihnen wieder lustig, zuzuhören wie ihre Erzähllust wie eine muntere und unerschöpfliche Quelle sprudelt, in dem eine kleine Welle die andere treibt und die Buben mit offenem Mund und amüsierten Augen dasitzen und sich von der gescheiten Schwester erzählen lassen, bis man sie auseinander und in die Betten jagt.« (ebd., S. 117f.)

Frau Burckhardt: Hélène Burckhardt geb. Schazmann (1871–1949), die Mutter Carl J. Burckhardts; vgl. Hofmannsthals Briefe an sie in der ›Neuen Rundschau‹ Jg. 70, 1959, S. 375–396, 557.

5. Juni 1921

106 *die heilige Elisabeth:* das Oratorium ›Legende von der heiligen Elisabeth‹ (1862) von Franz Liszt (1811–1886).

29. August 1921

107 *in Salzburg:* Aufführungen des ›Jedermann‹ auf dem Domplatz bzw.
* in der Großen Reitschule (15. bis 19. August); am 17. bis 19. August im Stadttheater und im Naturtheater Mirabellgarten Tanzabende mit Tamara Karsavina (1885–1978) und Laurent Novikoff vom ehemaligen kaiserlich russischen Ballett; am 17. August Max Mells Schauspiel ›Der Barbier von Beriac‹ u. a.

Abende in Leopoldskron: darauf bezieht sich Christianes ›Erinnerung an Max Reinhardt‹: »Schloß Leopoldskron war damals eben glanzvoll hergerichtet und wurde in herrschaftlicher Weise bewohnt, mit Dienern in Livree und häufigen dinner parties mit Kerzenlicht und Musik. Ich erinnere mich an einen solchen Abend, zu dem ich mit meinen Eltern auch eingeladen war. Man saß an kleinen Tischen, mein Vater neben einer sehr reichen Amerikanerin. Plötzlich, mitten während des Essens, sprang mein Vater auf, rief laut nach meiner Mutter und verließ mit ihr den Saal. Die Tischdame war ihm so auf die Nerven gegangen, daß er es nicht länger aushielt. Reinhardt stand kopfschüttelnd da und sagte: ›Was hat denn der Hofmannsthal, er ist ja wie ein kleines Kind, das im Augarten seine Mutter verloren hat‹.« (›Hofmannsthal-Blätter‹, Heft 35/36, S. 130).

Bertha Seeland: die damalige Freundin von Sebastian Isepp.

22. November 1921

viel für den Papa zu tun: Korrespondenz und Schreibarbeiten beim 108
Abschluß des ›Salzburger Großen Welttheaters‹ und der ersten Fassung des ›Turm‹. Vgl. Hofmannsthal an Zifferer, 11. November 1921: »... und man zerschreibt sich endlich (Fräulein Sekretärin aber befindet sich in München in ›Zeitschriftengründungsangelegenheiten‹) ...« (Zifferer, S. 126).

Der »Schwierige«: die Uraufführung hatte im Residenztheater unter der Regie von Kurt Stieler am 8. November 1921 in Abwesenheit Hof- *
mannsthals stattgefunden. In den Hauptrollen: Gustav Waldau (Hans Karl Bühl), Hertha von Hagen (Crescence), Oskar Karlweis (Stani), Eugen Gura (Altenwyl), Elisabeth Bergner (Helene Altenwyl), Hilde Herterich (Antoinette Hechingen) und Otto Wernicke (Neuhoff).

Otto: wohl Otto Hellmann.

Mädy – und Luli: Dora von Bodenhausen und ihre Tochter Julie (1903–1951).

Wolde: Ludwig Wolde (1884–1949), der Mitbegründer der ›Bremer Presse‹.

in der Bremer Presse: die 1913 von Willy Wiegand und Ludwig Wolde begründete ›Bremer Presse‹ domizilierte seit 1919 im ehemaligen Landhaus Thomas Manns in Bad Tölz; im April 1921 übersiedelte man nach München, Georgenstraße 16a.

Frieda Thiersch: die Buchbinderin Frieda Thiersch (1889–1947).

Frau Borchardt: die Malerin Karoline Borchardt-Ehrmann (187?–Konzentrationslager Theresienstadt 1942?), eine Schülerin Walter Leistikows, arbeitete nach der Scheidung von Rudolf Borchardt im Herbst 1919 als Setzerin und Korrektorin für die Bremer Presse.

einen Vortrag: Jakob Wassermanns Vortrag im Residenz-Theater ›Was bedeutet die Gestalt?‹, bei dem auch Thomas Mann anwesend war, ging später unter dem Titel ›Rede über die Gestalt‹ in den Essayband ›Lebensdienst‹ ein (Leipzig/Zürich: Grethlein & Co. 1928).

109 *bei Thomas Mann:* dieser vermerkte am 17. November 1921: »Sonnabend [19. November] werden Hofmannsthals mit Tochter und B. Björnson mit Frau bei uns zu Mittag essen.« Die zweite Begegnung ergibt sich aus einer Notiz vom 20. November: »Hofmannsthals sind gestern Abend nach Berlin gereist, kehren in 10 Tagen zurück u. haben mich eingeladen, dann den ›Schwierigen‹ mit ihnen zu sehen.« (›Tagebücher 1918–1921‹. Hrsg. von Peter de Mendelssohn. Frankfurt am Main 1979: S. Fischer, S. 554f.)

109 *Marlo Meyer Wolde:* die Schwester Ludwig Woldes.

109 *Alberti:* der Lyriker und Dramatiker Herbert Alberti, ein Freund Rudolf Alexander Schröders.

31. Dezember 1921

Jade-Stein: Christiane behielt diesen Stein bis ins Alter. 109

8. Februar 1922

das Welttheater vorgelesen: vgl. auch Hofmannsthals Brief an Arthur Schnitzler vom 28. Januar 1922 (›Briefwechsel‹. Hrsg. von Therese Nickl und Heinrich Schnitzler. Frankfurt am Main: S. Fischer 1964, S. 295). Berta Szeps-Zuckerkandl erinnerte sich später an diese abendliche Lesung: »Hofmannsthal stellte eine Liste auf, ich fügte noch einige Namen hinzu. Schließlich hatten wir hundert Gäste beisammen. In der Ecke der Bibliothek saß Hofmannsthal, um ihn blieb ein weiter Raum frei. Die Zuhörer drängten sich bis an die hintere Wand des zweiten Zimmers. Ganz vorn saßen die Freunde: Hermann Bahr, Beer-Hofmann, Arthur Schnitzler, Felix Salten. Hofmannsthal war bleich und sichtlich erregt. Er begann zu lesen. Mein Genuß war nicht ganz ungeteilt. Immer hatte ich Angst, es könnte ihn irgend etwas stören. Doch alles ging gut, bis zur zweiten Hälfte: Plötzlich stockte Hofmannsthal, wurde leichenblaß, stand auf und flüsterte: ›Ich fühle mich nicht wohl‹. Seine Frau bettete den halb Ohnmächtigen auf den Teppich in meinem Schlafzimmer, den Kopf so tief wie möglich gelagert. Nach ein paar bangen Minuten war das Unwohlsein vorüber. Trotz aller Bitten, sich zu schonen, las er zu Ende.« (›Österreich intim. Erinnerungen 1892–1942‹. Hrsg. von Reinhard Federmann. Berlin 1970, S. 147) 111

Anfang Juli 1922

Wir fahren nach Deutschland: eine Radtour mit den Brüdern Franz und Raimund. 111

12. Juli 1922

112 *4 Tage München:* Zu ihrem Urteil über die Münchener Inszenierung der ›Dama Kobold‹ durch Karl Zeiss (1871–1927) im Residenz-Theater, das sie dem Vater berichteten, vgl. ›Hofmannsthal-Blätter‹, Heft 30, S. 65.

mit Wolde u. Wiegands: Ludwig Wolde, Willy Wiegand und Frieda Thiersch.

11. September 1922

112 *in Lugano:* gemeinsam mit Dory Von der Mühll.

Welttheater und Salzburg: die Uraufführung durch Max Reinhardt in der Kollegienkirche am 12. August 1922 (mit Wiederholungen zwischen dem 13. und 24. August), Vorstellungen von Mozarts ›Don Giovanni‹, ›Così fan tutte‹ und ›Figaros Hochzeit‹.

Ende Dezember 1922

113 *in Lutz Woldes Berliner Wohnung:* Berlin W, Hohenzollernstraße 15 (vgl. Anmerkung zu S. 137).

Edmund Reinhardt: der Bruder (1874–1929) von Max Reinhardt fungierte als geschäftlicher Leiter seiner Theater.

Pallenberg wiedergesehen: der Schauspieler Max Pallenberg (1877–1934); vgl. Anmerkung zu S. 132.

Besuch bei Liebermann: dem Maler Max Liebermann (1847–1935) in seinem Haus am Pariser Platz Nr. 7. Vgl. den Brief Hofmannsthals an Christiane vom 28. November 1922, S. 132f. und seinen Glückwunsch zu Liebermanns achtzigstem Geburtstag 1927 (Reden und Aufsätze III, S. 194).

Bremen bei Rudi: über diesen Aufenthalt im Hause Rudolf Alexander Schröders und seiner Schwester Dora vgl. den Briefbericht des Freundes an Hofmannsthal vom 23.–25. Dezember 1922 (›Hofmannsthal-Blätter‹, Heft 25, S. 24–28, hier S. 26). 114

in meinem Zimmer: Christiane wohnte damals in Berlin W, Matthäikirchstraße 4 bei der Innenarchitektin Ilse Dernburg (1880–1964), einer Cousine von Katia Mann.

Walter M.: Näheres nicht ermittelt.

K.[äthe] R.[iezler]: die mit dem Diplomaten Kurt Riezler (1882–1955) verheiratete Tochter Max Liebermanns.

den falschen Borchardt: Ernst Borchardt hatte 1905 mit »Botschaften« vor dem Charakter des damals nach Italien verschwundenen Bruders Rudolf gewarnt, die Hofmannsthal »verdüstern wollten und wirklich verdüsterten« (Borchardt, S. 12). Vgl. auch Borchardts ›Frühstück zu acht Gedecken‹ (›Prosa VI‹. Stuttgart 1990, S. 256).

Frau Feist: Hermine Feist-Wollheim, die Mutter des mit der Familie Thomas Manns und mit Rudolf Borchardt befreundeten Schriftstellers und Übersetzers Hans Feist (1887–1952).

Rudolf Großmann: der Maler und Illustrator (1882–1941) gehörte zu den Mitarbeitern an Julius Meier-Graefes ›Marées-Drucken‹.

Stefan Großmann: (1875–1935), von 1920 bis 1925 Herausgeber der bei Rowohlt erscheinenden Wochenschrift ›Das Tagebuch‹, an der Hofmannsthal selbst mit empfehlenden ›Bücherbriefen‹ gelegentlich mitarbeitete. Arthur Schnitzler (den Großmann meist negativ rezensierte) notiert unter dem Datum des 22. September 1923 eine durch Berta Szeps-Zuckerkandl übermittelte Information: »Christiane Sekretärin bei Stefan Großmann! Nein, das müßte nicht sein.« (›Hofmannsthal-Forschungen‹, Band III, Freiburg 1975, S. 113).

gemischt mit falschem Boten: vgl. Anmerkung zu S. 83.

bei Stuckens: bei Eduard Stucken (1865–1936) und seiner ersten Frau Ania geb. Lifschütz. Den Roman ›Die weißen Götter‹ verzeichnet die Leseliste S. 117. Bei einem Besuch am 16. März 1923 erhielt Christiane dann das Exemplar Nr. »a« von Stuckens limitiert erschienenem Band mit fünfzig Originallithographien ›Grotesken‹ (Berlin: Erich Reiss 1923) mit der Widmung: »Für Christiane von Hofmannsthal von ihrem betagten Verehrer Eduard Stucken.« Vgl. auch S. 134, 149f. Stuckens Bearbeitung ›Die Opferung des Gefangenen. Ein Tanzschauspiel der Indianer aus vorkolumbianischer Zeit‹ brachte Hofmannsthal in den ›Neuen Deutschen Beiträgen‹, Zweite Folge, erstes Heft vom April 1924 (vgl. Reden und Aufsätze II, S. 204–206). Es wurde 1924/25 von Egon Wellesz als ›Kultisches Drama in einem Akt für Tanz, Sologesang und Chöre‹ vertont (Opus 40).

18. Februar 1923

115 *Drei Tage bei Ottonie:* zu den diesem Besuch voraufgehenden »Confusionen« und die für Hinterhör geplanten Verlagsberatungen Hofmannsthals mit Willy Wiegand vgl. Degenfeld, S. 463 ff. und Wiegand, S. 82.

* *Bücher ab 1921:* vgl. Anmerkung zu S. 61.

Balzac, Honoré de (1799–1850): ›Une ténébreuse affaire‹, Roman (1841); ›Ferragus‹, Erzählung (innerhalb der ›Histoire des treize‹, 1843).

Barrès, Maurice (1862–1923): ›Le voyage de Sparte‹ (1906).

Beckford, William (1760–1844): ›Vathek. An Arabian Tale‹ (1786).

Bernardin de Saint-Pierre, Jacques-Henri (1737–1814): ›Paul et Virginie‹, Roman (1788).

Boccaccio, Giovanni (1313–1375): ›Sei novelle molto aggradevoli di

Messer Boccaccio da Certaldo‹ (Leipzig: Insel-Verlag o. J.; Sammlung Pandora, Band 33).

Borchardt, Rudolf (1877–1945): ›Die Päpstin Iutta. Ein dramatisches Gedicht. Erster Teil: Verkündigung‹ (1920).

Brentano, Clemens (1778–1842): ›Das bittere Leiden unseres Herrn Jesu Christi. Nach den Betrachtungen der Gottseligen Anna Katharina Emmerich . . .‹ (1833).

Büchner, Georg (1813–1837): ›Wozzek‹, Drama (zuerst 1879); ›Lenz‹, Novelle (1835); ›Leonce und Lena‹, Lustspiel (1842).

Carlyle, Thomas (1795–1881): ›Die Französische Revolution‹ (1837, deutsch zuerst 1844).

Claudel, Paul (1868–1955): ›La Ville‹, Drama, erste Fassung (1893); zweite Fassung (1901); ›Tête d'or‹, Drama (1901).

Crommelynck, Fernand (1888–1970): ›Le cocu magnifique‹, Komödie (Paris: La Sirène 1920).

D'Annunzio, Gabriele (1863–1938): ›Il Piacere‹, Roman (1889); ›Trionfo della morte‹, Roman (1894).

Dante (1265–1321): ›Vita Nova‹.

Dostojewski, Fjodor M. (1821–1881): ›Aus einem Totenhaus‹, Roman (1860/62); ›Die Brüder Karamasoff‹, Roman (1879/80); ›Der Jüngling‹, Roman (1875); ›Die Erniedrigten und die Beleidigten‹, Roman (1861); ›Die Dämonen‹, Roman (1871/72); Tagebücher.

Flaubert, Gustave (1821–1880): ›Madame Bovary‹, Roman (1857).

Fontane, Theodor (1819–1898): ›Effi Briest‹, Roman (1895); ›Grete Minde. Nach einer altmärkischen Chronik‹, Erzählung (1879).

France, Anatole (1844–1924): ›L'orme du mail‹ (1897), ›Le mannequin d'osier‹ (1897), ›L'anneau d'améthyste‹ (1898).

Goethe, Johann Wolfgang (1749–1832): ›Wilhelm Meister‹ (1795/1796).

Gogol, Nikolai V. (1809–1852): Erzählungen.

Grillparzer, Franz (1791–1872): ›Selbstbiographie und Bildnisse‹. Hrsg. von Ludwig Bock und Wilhelm Engelmann (1923); Briefe.

Hauptmann, Gerhart (1862–1946): ›Der Narr in Christo Emanuel Quint‹, Roman (1910).

Heimann, Moritz (1868–1925): ›Armand Carrel‹, Drama (1920).

Hitchens, Robert Smythe (1864–1950): ›Bella Donna‹, Erzählung (1909).

Immermann, Karl Leberecht (1796–1840): ›Merlin. Eine Mythe‹, Drama (1832).

Keyserling, Hermann Graf von (1880–1946): ›Reisetagebuch eines Philosophen‹, Band 1 (1919).

Kleist, Heinrich von (1777–1811): Briefe.

Lenotre d. i. Louis Léon Théodore Gosselin (1857–1935): ›Paris révolutionnaire. Vieilles maisons, vieux papiers‹ (1907).

Leopardi, Giacomo (1798–1837): Gedichte.

Lesage, Alain René: ›Le diable boîteux‹, Roman (1707).

Lichnowsky, Mechtilde (1879–1958): ›Geburt‹, Erzählung (1921).

Ljesskow, Nikolai (1831–1895): Erzählungen.

Mann, Thomas (1875–1955): ›Rede und Antwort. Gesammelte Abhandlungen und kleine Aufsätze‹ (1922).

Manzoni, Alessandro (1785–1873): ›I promessi sposi. Storia milanese del secolo XVII, scoperta e rifatta‹, Roman (1827, 1840/42).

Maupassant, Guy de (1850–1893): Erzählungen.

Mereschkowski, Dmitrij (1865–1941): ›Tolstoi und Dostojewski‹ (1903).

Molière (1622–1673): ›L'avare‹, Komödie (1668); ›Le médecin malgré lui‹, Komödie (1666).

Moritz, Karl Philipp (1756–1793): ›Anton Reiser. Ein psychologischer Roman‹ (1785–1790).

Napoleon (1769–1821): Briefe.

Nietzsche, Friedrich (1844–1900): ›Die Fröhliche Wissenschaft‹ (1887); Briefe.

Prévost d'Exiles, Antoine-François (1697–1763): ›Histoire du chevalier des Grieux et de Manon Lescaut‹, Erzählung (1731).

Racine, Jean (1639–1699): »Phèdre et Hippolyte‹, Tragödie (1677).

Remusat, Claire Elisabeth Comtesse de (1780–1821): ›Mémoires 1802–1808‹ (1880).

Richardson, Samuel (1689–1761): ›Clarissa; or the History of a Young Lady...‹, Roman (1748).

Stifter, Adalbert (1805–1868): ›Witiko‹, Erzählung (1865/67).

Strindberg, August (1849–1912): ›Ein Traumspiel‹, Schauspiel (1902); ›Der Sohn einer Magd‹, Roman (1886).

Stucken, Eduard (1865–1936): ›Die weißen Götter‹, Roman (1918/1922).

Unruh, Fritz von (1885–1970): ›Platz. Ein Spiel. Zweiter Teil der Trilogie Ein Geschlecht‹ (1920).

Varnhagen von Ense, Rahel (1771–1833): Briefe.

Verkade, Willibrord (1868–1946): ›Die Unruhe zu Gott. Erinnerungen eines Malermönchs‹ (1920).

Voltaire (1694–1778): ›Zadig, ou La destinée. Histoire orientale‹ (1748); ›Le siècle de Louis XIV‹ (1751).

Hugo von Hofmannsthal: Briefe an die Tochter 1903–1929

Weimar: 29. März 1903

Auf dem Rückweg von einer Lesereise, die Hofmannsthal seit Anfang 121
März über Breslau, Leipzig, Köln, Aachen, Bonn und Heidelberg geführt hatte, wo er das Ehepaar Bodenhausen besuchte, hielt er sich damals zum erstenmal bei Harry Graf Kessler auf, der seit 1902 als Direktor des Großherzoglichen Museums für Kunst und Kunstgewerbe in Weimar wirkte. Die Grußkarte gilt der einjährigen Christiane.

Schloß Grätz: 26. Oktober 1910

Hofmannsthal war Gast im Schloß des mit ihm befreundeten Fürsten 121
Karl Lichnowsky (1860–1928) und seiner Gattin Mechtilde geb. Gräfin von und zu Arco-Zinneberg (1879–1958). Franz von Hofmannsthal (geb. 29. Oktober 1903) war damals acht, Raimund (geb. 26. Mai 1906) fünf Jahre alt.

Aussee: 21. September 1915

Max Burckhardt: mit Bezug auf die Monographie des mit Hofmanns- 122
thal bekannten Schriftstellers und zeitweiligen Burgtheaterdirektors Max Burckhard (1854–1912): ›Franz Stelzhamer und die oberösterreichische Dialektdichtung‹ (Wien: Wiener Verlag 1905). Im Februar 1916 plante Hofmannsthal, Stelzhamers (1802–1874) Erinnerungen ›Schuljahre in Piesenham‹, die Gerhart Hauptmann 1906 im Wiener Verlag herausgegeben hatte, in seine ›Österreichische Bibliothek‹ aufzunehmen (Insel, S. 625).

122 Berlin: 21. Februar 1916

dein schönes Zeugnis: Christiane und ihre Brüder besuchten Schulen in Hietzing bei Wien.

Ferleiten: 19. Juli 1919

123 Vgl. die Anmerkung zu S. 52.

von dem Lustspiel: ›Der Schwierige‹.

Zwieselalm: eine vom Gosau-Schmied (vgl. Anmerkung zu S. 125) in knapp zwei Stunden erreichbare Hütte (1584 Meter) mit Fernsicht bis zu den Hohen Tauern.

Ferleiten: 20. Juli 1919

124 *Eisenstein:* der Wiener Buchhändler und Antiquar Jacques Eisenstein (1856–1933).

Rosa: die Köchin des Hotels.

Ferleiten: 20. Juli 1919

124 Die Korrekturen beziehen sich auf das von Christiane hergestellte Typoskript vom ersten Akt des ›Schwierigen‹.

Ferleiten: 28. Juli 1919

125 *Lili:* Lili Schalk.

zum Gosauschmied: Gasthaus am Ende eines Hochtals an der Westseite des Hallstätter Sees, zwischen Steeg und Hallstatt, Ausgangspunkt zahlreicher Wanderwege in den Dachsteinstock. *

Dachsteinhöhle: die seit 1912 erschlossene Dachstein-Mammuthöhle bei der Schönberg-Alp mit ihren großartigen Eisbildungen.

Ferrero, Band II: mit Bezug auf das sechsbändige Werk von Guglielmo Ferrero: ›Größe und Niedergang Roms‹, Band 2: ›Julius Caesar‹. Übersetzt von Max Pannwitz (Stuttgart: Julius Hoffmann 1908).

Hinterhör: 12. August 1920

Act I u II. des Schwierigen: die drei Aufzüge des Lustspiels waren zwischen 4. April und 17. September 1920 als Vorabdruck im Feuilleton der ›Neuen Freien Presse‹ erschienen; die erste Buchausgabe brachte der Verlag S. Fischer 1921 heraus. 126

nach München: Hofmannsthal hielt sich vom 31. Juli bis 19. August in Hinterhör auf (vgl. Degenfeld, S. 430, 612 f.).

Rom: 3. Mai 1921

die Stadt: Paris; vgl. Anmerkung zu S. 96. 126

der Plan für ihre Zukunft: Zifferer suchte vergeblich seine schriftstellerischen Ambitionen mit der Arbeitsbelastung als Presseattaché zu vereinbaren und hoffte, möglichst bald nach Österreich zurückzukehren. Hofmannsthal riet ihm am 11. April 1921: »Als die Basis einer Existenz in Wien erschiene Vereinigung der Correspondentenstelle eines amerik. und eines französ. Blattes.« (Zifferer, S. 109, 116). Diese Absicht ließ sich nicht verwirklichen.

Rodaun: 29. Mai 1921

127 *Frau B.[urckhardt]:* Hélène Burckhardt.

Hotel Kreuth: das Hotel Kreid am Margaretenplatz 3, unweit des Innsbrucker Hauptbahnhofs.

Metzl: Max Reinhardts damals engster Mitarbeiter Richard Metzl (1870–1941), der Schwager von Felix Salten.

Phytin: ein Pflanzenpräparat, das Hofmannsthal seit Jahren regelmäßig aus der Schweiz bezog, um seine Migräne zu lindern.

Berner Jedermann: sieben Aufführungen einer Inszenierung des Berner Stadttheaters vom 21. bis 30. Mai; am 17. Juni 1921 erwähnt Hofmannsthal »Photographien der eindrucksvollen Aufführung vor dem Berner Münster, die – in dem kleinen Bern! – fünfmal vor je 2000 Menschen wiederholt werden mußte...« (Zifferer, S. 119f.).

Hinterhör: 3. August 1921

128 *Brief (von Fischer):* in einem Schreiben vom 30. Juli 1921 hatte der Verlag die Übernahme einer Luxusausgabe des ›Jedermann‹ mit dreizehn Holzschnitten von Erwin Lang abgelehnt; sie erschien daraufhin 1922 in 225 Exemplaren im Avalun-Verlag, Hellerau bei Dresden.

* *Theater von Claudel:* die vier Bände der Sammelausgabe ›Théâtre‹ (Première Série, Paris: Mercure de France 1910–12) sind noch erhalten (Michael Hamburger: ›Hofmannsthals Bibliothek. Ein Bericht‹. In: ›Euphorion‹, Band 55, 1961, S. 15–76, hier 65f.). Den ersten Band mit den beiden Fassungen des Dramas ›Tête d'or‹ (1891/1901) benutzte er für die Arbeit an der Kinderkönig-Fassung des ›Turm‹. Vgl. Marianne Billeter-Ziegler: Hofmannsthal und Claudel (›Hofmannsthal-Blätter‹, Heft 17/18, S. 311–325), die Tagebucheintragung S. 44 und Christianes Bericht über die Begegnung zwischen Hofmannsthal und Claudel am 31. Mai 1925, S. 285.

Aussee: 5. März 1922

die zwei Seiten im Welttheater: vgl. dazu ›Sämtliche Werke X, Dramen 8: Das Salzburger Große Welttheater. Pantomimen‹. Hrsg. von Hans-Harro Lendner und Hans-Georg Dewitz. Frankfurt am Main: S. Fischer 1977, S. 114f. 129 *

an Wiegand: vgl. Wiegand, S. 62.

an Prof. Dr. Kippenberg: am 11. März; vgl. Insel, S. 849–853.

neue Auflage der Gedichte: die Einzelausgabe der ›Gedichte‹ (Leipzig: Insel-Verlag 1922) enthielt zusätzlich ›Terzinen IV‹, ›Botschaft‹, ›Ein Knabe‹, ›Gespräch‹ und ›Glückliches Haus‹ (Insel, S. 853).

Franz soll... telegraphieren: Franz von Hofmannsthal wollte damals ins Bankfach, »verdient schon Geld auf der Börse« (Tagebuchnotiz Arthur Schnitzlers vom 16. September 1923; ›Hofmannsthal-Forschungen‹, Band III, Freiburg 1975, S. 48). *

Iselsberg: 25. Juni 1922

an Frau Bahr: Anna Bahr-Mildenburg (1872–1947) übernahm in der ersten Inszenierung die Rolle der »Welt«; vgl. die entsprechenden Briefzeugnisse in ›Sämtliche Werke X‹ (wie Anmerkung zu S. 129), S. 202 ff. 130

Oberinspector Beck: ein Mitarbeiter Max Reinhardts.

schreib an Billinger: Hofmannsthal hatte Katharina Kippenberg bereits im September und Oktober 1920 mehrfach auf Richard Billinger (vgl. Tagebuch, S. 83f.) hingewiesen, dem Verlegerehepaar selbst aus den Gedichten vorgelesen und am 2. Mai 1922 eine von ihm und Max Mell mitberatene Auswahl nach Leipzig gesandt. Das Konvolut war vermutlich identisch mit Billingers Veröffentlichung ›Über die Äcker‹ (Berlin: Ernst Rowohlt 1923). Erst am 25. Mai 1925, nachdem sie

Billinger persönlich kennengelernt hatte, willigte Katharina Kippenberg in eine Buchausgabe ›Gedichte‹ ein, die 1929 erschien (vgl. Insel, S. 775, 786f., 814, 855, 945f.).

Grillparzerrede: die für eine Grillparzer-Feier des ›Bühnen-Volksbundes‹ in Hannover am 5.–8. Mai 1922 geschriebene, aber dort nicht gehaltene ›Rede auf Grillparzer‹ war soeben im Juni-Heft der von Max Rychner geleiteten Zürcher Zeitschrift ›Wissen und Leben‹ erschienen; einen Auszug brachte die ›Neue Freie Presse‹ am 23. Juli 1923 (Reden und Aufsätze II, S. 87–101).

Aufsätze von Rang: Hofmannsthal hatte im ersten Heft der ›Neuen Deutschen Beiträge‹ vom Juli 1922 den Essay des ihm seit 1907 bekannten Kulturphilosophen Florens Christian Rang (1864–1924) über ›Goethe's Selige Sehnsucht‹ veröffentlicht. Zum geplanten Abdruck eines Kapitels aus dem im Typoskript vorliegenden Werk ›Shakespeare und unsere Religion‹ und der Aufnahme der Studie ›Warum Spinoza sich selber tötete‹, die Rang am 31. Mai 1922 übersandt hatte, kam es nicht. Vgl. dazu insgesamt Lorenz Jäger: ›Neue Quellen zur Münchener Rede und zu Hofmannsthals Freundschaft mit Florens Christian Rang‹ (›Hofmannsthal-Blätter‹, Heft 29, S. 1–29, hier 22ff.).

Borchardts Dante-arbeit: das im Juli 1923 ausgelieferte dritte Heft der ›Neuen Deutschen Beiträge‹ enthielt aus Borchardts ›Dantes Comedia Deutsch‹ den XXIX. Gesang des ›Fegfeuers‹.

die Abschnitte aus dem I-King: stattdessen erschien im dritten Heft der ersten Folge der ›Neuen Deutschen Beiträge‹, übertragen von Egon Wellesz nach französischen und lateinischen Ausgaben, ein Abschnitt aus dem Buch Li-Ki: ›Über die Musik und den Staat‹ (Juli 1923).

131 *Aufsatz über Eckermann:* die Entwürfe sind im Nachlaß erhalten.

durch Bruckmann: der Münchner Verleger Hugo Bruckmann (1863 bis 1941) und seine Frau Elsa geb. Prinzessin Cantacuzène (1865 bis 1946) waren mit Hofmannsthal seit Mitte der neunziger Jahre befreundet.

Brecht: der mit Hofmannsthal befreundete Literaturhistoriker Walther Brecht (1876–1950) lehrte damals an der Universität Wien.

Cortina d'Ampezzo: 28. Juni 1922

Dr Hock: Stefan Hock (1877–1947), seit 1919 Dramaturg am Burgtheater unter der Direktion von Albert Heine, war soeben Mitarbeiter Max Reinhardts geworden; 1924–1926 fungierte er als künstlerischer Leiter des ›Theaters in der Josefstadt‹. 131

für den Bettler: Rudolf Rittner (1869–1943), Alfred Abel (1879 bis 1937), Wilhelm Dieterle (1893–1972), Werner Krauss (1884 bis 1939), Fritz Kortner (1892–1970). Die Rolle übernahm bei der Uraufführung am 12. August Alexander Moissi.

Für den Reichen: Ferdinand Bonn (1861–1933), Albert Heine (1867 bis 1949), Raoul Aslan (1886–1958). Die Rolle übernahm bei der Uraufführung am 12. August Raoul Aslan. 132

Rodaun: 28. November 1922

Besuch des Herrn Reinhold: Näheres nicht ermittelt. 132

das »Welttheater« in Amerika: der Plan, das Stück im Rahmen des New Yorker Gastspiels von Max Reinhardt aufzuführen, kam schließlich nicht zustande. Vgl. ›Sämtliche Werke X‹ (wie Anmerkung zu S. 129), S. 243 f.

das Stück: Hofmannsthal hatte, von Pallenberg in einer Komödienrolle beeindruckt, das im Herbst 1918 konzipierte Lustspiel ›Der Unbestechliche‹ während des Sommers 1922 abgeschlossen und dem Schauspieler exklusiv zugesagt. *

im Volkstheater: der Plan kam nicht zustande. 133

133 *Wegen S. Fischer:* Hofmannsthal und sein Verleger Samuel Fischer berieten seit Dezember 1921 den Plan einer sechsbändigen Ausgabe * ›Gesammelter Werke‹, die im Hinblick auf den fünfzigsten Geburtstag 1924 erscheinen sollte. Durch Hofmannsthals gleichzeitige Verbindung zum Insel-Verlag, der seit 1911 die Sammlung ›Die Gedichte und Kleinen Dramen‹ mit großem Erfolg vertrieb, ergab sich die Komplikation, Bände der künftigen Gesamtausgabe nicht auch einzeln verkaufen zu können, ohne Anton Kippenberg den Markt streitig zu machen. Die Schwierigkeiten sollten zunächst durch eine Aufteilung des Frühwerks auf mehrere Bände der Fischerschen Edition behoben werden; schließlich teilte S. Fischer im November 1922 mit, die Rohstoffpreise seien durch die Inflation so gestiegen, daß er den Plan aufgeben müsse. Jakob Wassermann, dessen Werkausgabe wie auch die Thomas Manns als Gesamtausgabe in Einzelbänden bei Fischer herauskam, hatte sich erboten, zu vermitteln. Konrad Maril teilte dann im Dezember die Bereitschaft des Verlages mit, die Ausgabe in zwei ›Serien‹ zu je drei Bänden herzustellen, die im Februar und Oktober 1924 erschienen. Vgl. dazu Samuel und Hedwig Fischer: ›Briefwechsel mit Autoren‹. Hrsg. von Dierk Rodewald und Corinna Fiedler (Frankfurt am Main: S. Fischer 1989, S. 550–560 und 1019ff.).

Frau Liebermann: Martha Liebermann geb. Marckwald. Die Ausgabe von Goethes ›Mann von fünfzig Jahren‹ war mit dreiunddreißig Federzeichnungen und einer Vignette Max Liebermanns (1847–1935) soeben bei Paul Cassirer erschienen; der Band ist in Hofmannsthals Bibliothek erhalten.

ein Lesebuch: vgl. Wiegand, S. 73; das Postskript ist demnach wohl dem Schreiben vom 27. November zuzuweisen. Der erste Band von Hofmannsthals ›Deutschem Lesebuch‹ war kurz vorher im Verlag der Bremer Presse herausgekommen.

Rodaun: 5. Dezember 1922

Nilsson: der schwedische Komponist Einar Nilson (1881–1964) 133
schrieb als ständiger Mitarbeiter Reinhardts u. a. die Musik zu ›Cristinas Heimreise‹ 1910, des Balletts ›Die grüne Flöte‹ und des ›Jedermann‹.

die Sache: eine Aufführung des ›Salzburger Großen Welttheaters‹.

Strauss: Richard Strauss (1864–1949) leitete gemeinsam mit Franz 134
Schalk seit August 1919 die Wiener Staatsoper.

betreffend die Gesammtausgabe: vgl. Anmerkung zu S. 133.

Rodaun: 11. Dezember 1922

Nachrichten von Oertel: Johannes Oertel (1879–1961), damals der *
Geschäftsführer des Musikverlages Adolph Fürstner.

bei Stucken: vgl. die Tagebucheintragung S. 114.

das »Mutterrecht«: Abschnitte aus dem Werk Johann Jakob Bachofens nahm Hofmannsthal in die ›Neuen Deutschen Beiträge‹ (›Sappho‹; Erste Folge, drittes Heft vom Juli 1923) und die zweite, erweiterte Ausgabe seines ›Deutschen Lesebuchs‹ auf (›Die etruskischen Gräber‹; Band 2, München: Bremer Presse 1926). Vgl. Anmerkung zu S. 164.

mit Herrn Reiss: der 1908 gegründete Verlag von Erich Reiss (1887–1951) publizierte u. a. das dichterische Werk von Eduard Stucken. ›Die Opferung des Gefangenen, ein Tanzschauspiel der Indianer in Guatemala aus vorkolumbischer Zeit‹ war dort als freie Übersetzung und Bearbeitung 1913 erschienen; der Text sollte in die ›Neuen Deutschen Beiträge‹ aufgenommen werden (vgl. Anmerkung zu S. 114). Reiss hatte 1919 in der Reihe seiner ›Prospero-Drucke‹ Hofmannsthals Erzählung ›Lucidor‹ mit sechs Originalradierungen von Karl Walser in 240 Exemplaren herausgebracht. Als der Verlag 1926 und 1928 in Finanzkrisen geriet, setzte sich Hofmannsthal sehr für eine Sanierung und gerade die Rettung von Stuckens Werk aus der Konkursmasse ein (vgl. Insel, S. 1022).

Dr Karl Fliess: gemeint ist der Arzt und Psychiater Wilhelm Fliess (1858–1928), bekannt durch seine Forschungen ›Über den ursächlichen Zusammenhang von Nase und Geschlechtsorgan‹ (zuerst 1902) und durch seine ›Periodenlehre‹ (Gesammelte Aufsätze, 1925). Hofmannsthal schrieb ihm am 3. Januar 1923 aus Rodaun (Privatbesitz):
»Lieber Dr Fliess
immer denke ich gerne u. dankbar an Sie; wie freundlich pflegten und berieten Sie mich damals im März 1917 – noch stärker als dies verbindet mich die Erinnerung mit Ihnen, wie Eberhard Bodenhausen Ihnen vertraute und anhing.

Nun nehmen Sie sich mit grosser Güte und Freundlichkeit meines Mädchens an: ich danke Ihnen recht sehr dafür. Sie ist ein so gutes, liebevolles, rechtliches Kind als man nur denken kann. Die kleine Bedrängnis von der sie heimgesucht ist, ist vielleicht für ein junges weibliches Wesen gar nicht klein zu nennen. Es ist doch eine rechte Beeinträchtigung des schönen noch leichten Daseins dieser Jahre. Sie trägt es musterhaft, setzt ihren reinen starken Willen daran, es für nichts zu achten. Sieben Jahre dauert das nun an; zwei Jahre etwa in der Zwischenzeit war es durch einen geschickten Dermatologen (aber nichts-als-Dermatologen) bis zur Unbeträchtlichkeit gebessert gewesen; dann wieder schlimmer.

Ich kann kaum sagen, wie es mich freuen würde wenn Sie ihr zu helfen vermöchten; wir sind beide Augenmenschen, meine Frau u. ich, so leiden wir wirklich darunter. Und wir würden so gern ihr freundliches, eine gute Seele ausdrückendes Gesicht unverstört sehen!

Zwei Dinge will ich aussprechen die ich in letzter Zeit an ihr beobachtete: sie hat immer kalte Hände, das ist das eine; und dann, erst seit etwa einem Jahr (früher kam das nie vor) fährt sie immer mit den Händen zum Gesicht: das ist schon ein kleiner nervöser, mehr unbewusster Tic geworden. Eher vielleicht Sie, als wir, könnten ihr das abgewöhnen!

Bitte sagen Sie ihr nichts von diesem Brief u. empfangen die herzlichsten und freundlichsten Grüsse Ihres Sie hoch- u. wertschätzenden

Hugo Hofmannsthal.«

Barret Clark: die New Yorker Revue ›The Freeman‹ hatte bereits *
Übertragungen einiger Gedichte Hofmannsthals veröffentlicht; sie brachte den Aufsatz ›Eugene O'Neill‹ am 21. März 1923 in einer Übersetzung ihres Herausgebers Barrett Clark; er erschien gleichzeitig deutsch im ›Tage-Buch‹, Berlin, 4. Jg., Heft 25 vom 23. Juni 1923, S. 888–892; Reden und Aufsätze II, S. 213–219. Vgl. den Brief vom 9. August 1923 (S. 147f.).

Rodaun: 22. Dezember 1922

Die Nostitzens: Alfred und Helene von Nostitz.

Wolde: Ludwig Wolde (1884–1949), der Mitbegründer der ›Bremer 137
Presse‹, gehörte zum Freundeskreis Rudolf Alexander Schröders. In seiner Wohnung in Berlin W., Hohenzollernstraße 15, die ein gesellschaftlicher Treffpunkt der zwanziger Jahre war – u.a. hielt Rudolf Borchardt hier im Winter 1918/19 seinen berühmten Zyklus von Reden ›Einleitung in den Geist der Zeit‹ und am 23. April 1923 die ›Rede über Schiller‹ –, hatte Christiane vorübergehend Unterkunft gefunden.

E und E Fischers: E. Fischer und seine Frau, die Schauspielerin Eleonore geb. Mendelssohn, eine Tochter von Giuletta Mendelssohn.

mit Rudi: Rudolf Alexander Schröder hatte für das im Februar 1923 ausgelieferte zweite Heft der ›Neuen Deutschen Beiträge‹ das Gedicht ›Die Heimkehr‹ (S. 7–17) und Aphorismen ›Zum Begriff des Witzes‹ (S. 132–142) beigesteuert; das dritte Heft vom Juli 1923 enthielt seinen ›Brief‹ über die Odyssee an Rudolf Pannwitz. Heft eins der zweiten Folge vom April 1924 brachte seine Übertragung des ersten Buchs aus Vergils ›Georgika‹ (S. 25–40).

dem Beer: Rudolf Beer, seit Herbst 1921 Direktor des Wiener Raimundtheaters. Pallenberg hatte wiederholt unter seiner Regie gearbeitet. Mitte Januar traf Hofmannsthal mit dem Intendanten zusammen und legte den Beginn der Proben auf Ende Februar, den Premierentermin auf den 16. März 1923 fest.

Clärchen: Rudolf Alexander Schröders Schwester Clara Heye.

Rodaun: 13. Januar 1923

137 *Georg Bernhard:* (1875–1944) war seit 1920 als Verlagsdirektor bei Ullstein zugleich auch (bis 1930) Chefredakteur der ›Vossischen Zeitung‹.

138 *Gesammtausgabe:* vgl. Anmerkung zu S. 133.

Rodaun: 15. Januar 1923

138 *Anzeige des Lesebuchs:* vgl. den Brief vom 25. Januar 1923 (S. 140). Erich Vogeler war Feuilletonredakteur am ›Berliner Tageblatt‹.

Artikel von Mell: vgl. die entsprechende Korrespondenz zwischen 9. Dezember 1922 und 21. Januar 1923 (›Briefwechsel 1907–1929‹. Hrsg. von Margret Dietrich und Heinz Kindermann, Heidelberg 1982, S. 176–178). Der kurze Aufsatz erschien unter dem Titel ›Deutsches Lesebuch‹ im ›Berliner Tageblatt‹, Nr. 93 vom 21. Januar 1923, S. 2.

Geheimrat Roethe: der Berliner Literaturhistoriker Gustav Roethe (1859–1926), seit 1921 Präsident der Goethe-Gesellschaft. Hofmannsthal verhandelte in diesen Wochen mit Roethe wegen eines Festvortrags zur Pfingsttagung der Gesellschaft in Weimar am 23. Mai 1923, der schließlich nicht zustande kam (Insel, S. 893–895).

139 *das Lustspiel vorlesen:* vgl. Anmerkung zu S. 141.

Rodaun: 25. Januar 1923

MeierGraefes: der Kunstkritiker Julius Meier-Graefe (1867–1935) 140
und seine Frau. Innerhalb der von ihm hrsg. Drucke der Marées-
Gesellschaft war 1922 Hofmannsthals Oper ›Ariadne auf Naxos‹ als *
Luxusausgabe in dreihundert Exemplaren mit farbigen Original-
Steindrucken von Willi Nowak erschienen.

dem Unglückstag: um die am Mittwoch, den 31. Januar 1923 fälligen, aber von Deutschland nicht aufgebrachten Reparationszahlungen in Höhe von 500 Millionen Goldmark einzutreiben, hatten die Franzosen am 29. Januar den Belagerungszustand über das Ruhrgebiet verhängt und mit der Durchführung wirtschaftlicher Zwangsmaßnahmen begonnen (vgl. Anmerkung zu S. 147).

München: 9. Februar 1923

Nach Hinterhör: vgl. den Brief an Ottonie Gräfin Degenfeld vom 141
8. Februar 1923 (Degenfeld, S. 465 f.).

München: 13. Februar 1923

Gespräch mit Pallenberg: Hofmannsthal hatte Max Pallenberg und 141
seiner Frau Fritzi Massary am Abend des 11. Februar in ihrem Haus
in Garmisch sein Lustspiel vorgelesen und die Einwände der beiden *
in den folgenden Tagen berücksichtigt (vgl. die Zeugnisse in ›Sämtliche Werke XIII, Dramen 11‹: ›Der Unbestechliche‹. Hrsg. von Roland Haltmeier. Frankfurt am Main: S. Fischer 1986, S. 115 ff. und 241 ff.)

Rudi: zu diesem Zusammentreffen mit Rudolf Alexander Schröder 142
kam es nicht.

Deinem Arbeitgeber: vgl. das Nachwort S. 178.

München: 18. Februar 1923

142 *Wagen erwartet Dich:* am 24. Februar 1924 schrieb Hofmannsthal an Theodora Von der Mühll: »Wie herzlich freue ich mich, von meiner Frau zu hören, dass Sie eine kleine Tochter bekommen haben. Was ist das nun für eine nette Kinderstube voll mit kleinen Leuten. Was wird das nächstens für eine gescheite ernsthafte kleine Dame sein mit der man über Hölderlin und Laotse reden wird! Blitzschnell geht das, ich weiss es von Christiane. Die Person ist ja über Nacht so erwachsen geworden, sie hat sich ganz losgelöst von uns, heute, gerade heute, jetzt in einer Stunde soll ich sie zum ersten Mal wiedersehen – elle daigne venir ici me voir – und ich wette sie ist schon so alt, man kann mit ihr schon *nicht mehr* über Hölderlin und Laotse reden sondern nur über viel ›wirklichere‹ Dinge.« (Rudolf Hirsch: Hugo von Hofmannsthal / Theodora Von der Mühll-Burckhardt. In: ›Spiegelungen. Festschrift für Hermann J. Abs‹. Hrsg. von Werner Knopp (Mainz: v. Hase & Koehler 1986, S. 282)

Wien: 24. März 1923

142 *die schwed. Aufführung:* zu einer Aufführung des ›Salzburger Großen Welttheaters‹ kam es erst 1935 während einer Tournee des ›Svenska Teatern‹ in den größeren Städten Skandinaviens. Vgl. Michael Muhr: ›Hofmannsthal in Skandinavien‹ (›Hofmannsthal-Forschungen‹, Band I, Basel 1971, S. 64).

Das Lustspiel: die Première des ›Unbestechlichen‹ hatte am 16. März im Wiener Raimund-Theater stattgefunden. Am 1. April 1923 teilte Hofmannsthal Paul Zifferer mit: »Der Erfolg des Lustspiels (oder Pallenbergs in dem Lustspiel) hält an. Es waren jetzt 10 ausverkaufte Vorstellungen. Auch materiell ist das sehr wohltuend, gibt für Monate das Gefühl von Freiheit.« (›Sämtliche Werke XIII, Dramen 11‹, S. 248)

Rodaun: 31. März 1923

das Beiliegende: nicht ermittelt. 143

Rodaun: 8. April 1923

nach Basel: zu diesem Aufenthalt kam es erst Mitte Mai (vgl. S. 144). 143

Fürstner: der Musikverleger Adolph Fürstner, Berlin W., Victoriastraße 34a.

Gebäude des Deutschen Theaters: in der Schumannstraße 13a.

Meier-Graefe: das Haus befand sich in Berlin-Nikolassee.

sein Exemplar »Ariadne«: vgl. Anmerkung zu S. 140.

Herrn Bosse: der Inhaber von ›Fritz Toepfers Hotel Prinz Friedrich Carl‹, Berlin N. W., Dorotheenstraße 66/67.

Rodaun: 26. April 1923

Schönenberg: 20. Mai 1923 144

Carl J. Burckhardt und Hofmannsthal unternahmen damals von Basel aus gemeinsam eine Autoreise nach Nancy (vgl. Fiechtner 1963, S. 142 f.).

Rodaun: 12. Juni 1923

Frl. Strötzel: eine Mitarbeiterin des Musikverlags Fürstner. 145

Herrn Licho: Adolf Edgar Licho (1876–1944), bis 1917 Direktor des Albert-Theaters in Dresden, trat seit 1920 in Stummfilmrollen auf

(›Der Weiße Pfau‹, ›Viktoria und ihr Husar‹, ›Menschen hinter Gittern‹, ›Das Testament des Dr. Mabuse‹), und war auch als Drehbuchautor, Regisseur und Produzent (›Licho-Film‹) in Berlin tätig. Näheres über seine Verhandlungen mit Hofmannsthal ist nicht bekannt.

Rosencavalierfilm: diese Erwähnung gegenüber Christiane ist das bis jetzt früheste Zeugnis für den Plan. Ottonie Gräfin Degenfeld gegenüber heißt es am 7. Juli 1923: »Indessen ist wieder eins von den Dingen aufgetaucht, die sich ums Geld drehen, einem Zeit kosten, einen womöglich narren – jetzt dies: einen Film aus dem ›Rosencavalier‹ zu machen. Dazu muß man fast einen Roman schreiben (mit den bekannten Figuren) denn die Oper selber gibt fast nichts Brauchbares her. Dem geb ich aber jedenfalls nur mehr 2 Wochen ...« (Degenfeld, S. 473). Vgl. auch den Brief vom 11. Juli 1923 an Carl J. Burckhardt (Burckhardt, S. 125). Der Vertrag mit Robert Wiene (1881–1938), dem Chef und Dramaturgen der österreichischen PAN-Film A. G., wurde erst im Januar 1925 geschlossen. Am 19. November 1927 heißt es rückblickend an Willy Haas: »... ich hatte in jenen Jahren (1922–23) pour faire flêche de tout bois, mehrere Filmentwürfe angefertigt, davon einen ›Rosencavalier‹ worin ich wirklich recht hübsch, romanartig, die Existenz aller der Figuren zeigte *bevor* die Handlung der Oper einsetzt. (Diese hätte nur die 30 letzten Bilder erfüllt.) Der Herr Wiene, dem ich diesen Entwurf zur Verfügung stellte, ignorierte ihn völlig, und machte aus der Handlung der Oper den stümperhaftesten und plumpsten Film, den man denken kann.« (›Ein Briefwechsel‹. Hrsg. von Rolf Italiaander. Berlin 1968, S. 82) Der nicht verwendete Drehbuch-Entwurf jetzt in Dramen V, S. 152–182. Der Stummfilm, dessen Ausstattung Alfred Roller übernommen hatte, wurde am 10. Januar 1926, genau fünfzehn Jahre nach der Premiere der ›Komödie für Musik‹, im Dresdner Opernhaus uraufgeführt; Richard Strauss dirigierte das Orchester auch bei der Londoner Aufführung vom 12. April 1926.

Beauftragung des Völkerbundes: Burckhardt reiste im Auftrag des Internationalen Komitees vom Roten Kreuz für einen Monat in die Türkei, um die Befreiung und Rückkehr griechischer Kriegsgefangener zu erreichen. Seinen Bericht ›Kleinasiatische Reise‹ veröffentlichte Hofmannsthal in den ›Neuen Deutschen Beiträgen‹ (Zweite Folge, erstes und zweites Heft vom April 1924 bzw. Januar 1925); zugleich auch als »Sonderveröffentlichung« der Zeitschrift im Verlag der Bremer Presse (1925, zweite Auflage 1926).

Rodaun: 2. Juli 1923

Winterfeldt-Menkin: Joachim von Winterfeldt-Menkin (1865–1945), u. a. mit Rainer Maria Rilke befreundet, war Landesdirektor der Provinz Brandenburg. In der zu seinem sechzigsten Geburtstag erschienenen Festschrift (Berlin: Pontos-Verlag 1925) ist Hofmannsthal mit einem Textabschnitt aus der ›Aegyptischen Helena‹ vertreten. 145

Hugo Bieber: mit Bezug auf Bernhard von der Marwitz: ›Eine Jugend in Dichtung und Briefen an Götz von Seckendorff, Joachim von Winterfeldt u. a.‹. Hrsg. von Otto Grautoff (Dresden: Sibyllen-Verlag 1923; Deutsche Denkwürdigkeiten, Band 2). Zu diesem Beitrag kam es nicht. Hugo Bieber (1883–1950) war 1919 bis 1923 Literaturkritiker beim Berliner ›Tag‹. 146

Hellingraths letzten Vortrag: das erste Heft der ›Neuen Deutschen Beiträge‹ vom Juli 1922 hatte Norbert von Hellingraths (1888–1916) Rede ›Hölderlins Wahnsinn‹ enthalten (S. 83–125), einen Nachdruck aus: ›Hölderlin. Zwei Vorträge. Mit einem Vorwort von Ludwig Pigenot‹ (München: Bruckmann 1921).

Verkauf von Kunstsachen: vgl. Anmerkung zu S. 65. 147

Aussee: 9. August 1923

in Herrn Rosenauer: der Architekt Michael Rosenauer, Erbauer der Villa Strauss in Wien, Jacquingasse 10, beriet Hofmannsthal und Richard Strauss bei der Finanzierung des Film-Vorhabens. Der beigelegte Brief, vermutlich an den Berliner Juristen W. G. Regendanz, ist nicht erhalten. 147

Honorare: für die durch Barrett Clarks Vermittlung (vgl. S. 267) in Übersetzung publizierten Aufsätze ›Über die Pantomime‹ von 1911 (›English Review‹, Oxford, Band 36, 1923, S. 261–264) und ›Die Ironie der Dinge‹ bzw. ›Der Ersatz für die Träume‹ von 1921 (›The London Mercury‹, Band 9, Nr. 50 vom Dezember 1923, S. 175–180).

um einer Revolution willen: seit Reichskanzler Wilhelm Cuno am 13. Januar zum »passiven Widerstand« im Ruhrgebiet aufgerufen
* hatte (vgl. Anmerkung zu S. 140), kam es immer wieder zu schweren Zusammenstößen der Bevölkerung mit den französischen Besatzungstruppen; am 12. August 1923 erklärte sich der neue Reichskanzler Gustav Stresemann zum Einlenken bereit.

148 *Herrn von M.:* ein Mitglied der Berliner Bankiersfamilie von Mendelssohn.

allein in der Ramsau: eine Streusiedlung nördlich von Schladming. Zu dem Aufenthalt, der dem Abschluß des letzten ›Turm‹-Aktes galt, vgl. Rudolf Hirsch: ›Ein Brief Hofmannsthals an Alma Mahler‹ (›Hofmannsthal-Blätter‹, Heft 6, S. 459f.).

Rodaun: 12. November 1923

149 *im 1ten Heft der 11ten Folge:* dieses im April 1924 ausgelieferte Heft der ›Neuen Deutschen Beiträge‹ enthält: ›Liebesreime der deutschen Renaissance‹ (S. 7–12) – Eduard Stucken: ›Die Opferung des Gefangenen. Ein Tanzspiel der Indianer in Guatemala aus vorkolumbianischer Zeit, frei übersetzt und bearbeitet‹ (S. 13–24) – Rudolf Alexander Schröder: ›Vergils Georgika. Erstes Buch‹ (S. 25–40) – Carl J. Burckhardt: ›Aufzeichnungen über eine Reise in Kleinasien [I] (S. 41–82) – Walter Benjamin: ›Goethes Wahlverwandtschaften [I, II]‹ (S. 83–138) – Rudolf Borchardt: ›Nachwort zu einer Übertragung der Großen Trobadors‹ (S. 139–149). In die ›Anmerkung des Herausgebers‹ (S. 150–152) sind auch Stuckens Bemerkungen über sein westindisches Trauerspiel aufgenommen.

Hinterhör: 28. November 1923

das Zetterl: der Brief vom 12. November 1923 (S. 149). 149

Dora Michaelis: eine der Speyer-Schwestern. Hofmannsthal war Pate ihres zweiten Sohnes Andreas; vgl. Anmerkung zu S. 18. 150

Frau Rosenbaum: Regina Rosenbaum (1870–?), die älteste Mitarbeiterin S. Fischers und seit 1919 auch Prokuristin des Hauses, verwaltete von 1896 bis zu ihrer Emigration nach Palästina im Oktober 1933 die Honorarkonten der Autoren.

Oertel: vgl. Anmerkung zu S. 134.

Der zweite Act der Oper: ›Die Aegyptische Helena‹.

Hinterhör: 5. Dezember 1923

Alexander Beroldingen: Alexander Graf Beroldingen, ein Verwandter der Familie Degenfeld. 151

M.: vgl. die Eintragungen vom Jan. und 18. Feb. (S. 114 und 115).

Rodaun: 1. Februar 1924

Geschrieben am Abend des fünfzigsten Geburtstags. 153

Rodaun: 24. März 1924

Auf der Rückseite des Briefes befinden sich Entwurfsnotizen zur ›Aegyptischen Helena‹. 154

Die neue Rundschau: Friedrich Koffkas (1888–1951) Aufsatz ›Über Hofmannsthal‹ war in den ›Blättern des Deutschen Theaters‹, Berlin,

Jg. 7, Heft 6 vom Dezember 1920, S. 1–3 erschienen. Zu einer Würdigung für die von Rudolf Kayser (1889–1964) als Nachfolger von Oscar Bie seit Januar 1922 (bis Dezember 1932) redigierte Hauszeitschrift des Verlags S. Fischer kam es nicht. Das Februar-Heft der ›Neuen Rundschau‹ 1924 enthielt lediglich den Essay ›Hofmannsthal in unserer Zeit‹ von Rudolf Pannwitz (S. 139–143) und von Hofmannsthal ›Zwei Gedichte‹ [›Ein Knabe‹, ›Glückliches Haus‹] als Hinweis auf die ›Gesammelten Werke‹ (S. 143 f.).

Venedig ... Palermo: Hofmannsthal unternahm, begleitet von Gerty und Christiane, vom 18. April bis 15. Mai eine Italienreise; er traf Carl J. Burckhardt in Palermo.

Paris: 5. Februar 1925

154 *Paris:* Christiane war am 16. Januar 1925 in Paris angekommen, wurde dort von Sebastian Isepp am Bahnhof abgeholt und logierte zunächst in der »scheußlichen« Pension de l'Odéon, um nach wenigen Tagen in das (im November 1937 abgerissene) Hotel Foyot 33, Rue de Tournon am Jardin du Luxembourg zu übersiedeln. »Es sind 2 kleine Zimmer, ein Schlaf u. ein Arbeitszimmer, winzig aber genug Kästen und sogar ein Fauteuil, Aussicht aufs Luxembourg, kurz man spürt daß man in Paris ist. Es unterscheidet sich von der anderen Hotel-Pension nur dadurch, daß es wesentlich besser u. garnicht louche ist, daß man nicht da essen muß, was ein großer Vorteil ist. Es hat nettes Personal, etwa 20 Zimmer die bewohnt sind von ein paar Engländerinnen, Isepp und Rilke. Letzteren hab ich noch nicht gesehen« (an Gerty von Hofmannsthal, 24. Januar 1925). Drei Tage später berichtete sie der Mutter: 27. Januar 1925: »Heute hab ich von Rilke ein Brieferl bekommen. ... Ich traf einige Leute die ich schon von früher kannte, dann eine sehr häßliche Person, die komischerweise die Schwester vom Kessler ist [Wilma Marquise de Brion]; dann lernte ich [Paul] Géraldy kennen, der furchtbar freundlich und nett war, mich gleich nach Hause mitnahm und dann zu einer Schwester von ihm, wo wir gemütlich genachtmahlt haben, die Germaine [Lubin] ist in Lissabon. Dann beschloß er plötzlich ins Casino de Paris zu gehen,

wo eine herrliche Revue war, die Mistinguett (bissl ähnlich wie die Massary) mit wunderbaren Federn u. Pelzen etc. Nur dauert alles sehr lang. Gestern Montag hab ich vormittag übersetzt, mittags hier in einem kleinen Restaurant mit dem Kurt Vollmöller (der nach London reist) gegessen, dann bissl in der Stadt gewesen, gegen Abend zu Hause gelesen, dann ist der Isepp gekommen, wir haben uns ein halbes gebratenes Hendl gekauft, gutes Brot und Orangen und haben im Hotel gegessen.« Am 30. Januar heißt es: »Paris ist herrlich, ich bin schon vollkommen eingelebt und glücklich. ... Mit den Franzosen geht es langsam u. ich laß mir Zeit, auf die Bohème von Isepp hab ich keine große Lust. Zu Clémenceaus kann ich jeden Sonntag gehen, dort sieht man ja allerhand. Bei Kesslers Schwester bin ich nächsten Sonntag. Frag den Papa, ob er mir nicht eine Empfehlung an die Prinzessin Bibesco geben kann, sie hat ein so außerordentlich schönes Buch geschrieben: ›le perroquet vert‹ ich werds dem Papa schicken. Ich würde sie gerne kennen. Rilke traf ich auf der Stiege er war nett und milde wie immer und hat mir einen Strauß Anemonen geschenkt...«

mit meiner Arbeit: Pierre Victor Baron de Besenval (1721–1791), Adjutant des Herzogs von Orléans, Oberstleutnant des Schweizer Garderegiments, Befehlshaber der Truppen und Garnisonen der inneren Provinzen, wurde 1789 als Vertrauter der Königin Marie Antoinette inhaftiert, aber 1790 freigelassen. Seine ›Mémoires‹ gab Alexandre Vicomte de Ségur 1805–07 aus dem Nachlaß heraus. An Carl J. Burckhardt, der sich damals in Paris aufhielt, um seine angestrebte Dozentur für neuere Geschichte an der Universität Zürich vorzubereiten, schrieb Hofmannsthal am 12. Januar 1925: »Auch um Christianes willen ist es mir, wie ich es kaum sagen kann, wertvoll und lieb, daß Sie dort sind. Nicht daß ich meinte, Sie sollten dort auf sie aufpassen – und sie selber ist doch so bescheiden, daß sie es für möglich hält, sie werde Sie dort überhaupt nicht zu Gesicht bekommen – aber mir ist es unschätzbar, daß sie im Notfall Sie dort hat, und finden kann. Der Isepp ist ja auch dort, der bei einigen Defecten, sehr große Qualitäten hat – und so lasse ich sie gerne und leicht dorthin. Sie muß natürlich etwas zu tun haben, denn Müßiggang erregt ja eine ewige Erwartung und zerrüttet die Nerven. Ein Büro oder Ähnliches möchte ich nicht wieder – aber sie soll übersetzen. Ich möchte, daß sie den Besenval (der doch hoffentlich in der öffentlichen Bibliothek zu finden) durchliest und (eventuell mit Kürzungen) übersetzt. Einen Verleger dafür, wenn das Buch wirklich interessant, und dabei so unbekannt, finde ich natürlich ohne Mühe.« (Burckhardt, S. 169)

155 *St. Simon:* die zwischen 1694 und 1752 entstandenen ›Mémoires‹ des Herzogs von Saint-Simon (1675–1755) über das Hofleben unter Ludwig XIV. und während der Régence.

Lady into Fox: der 1922 erschienene erste Roman des Engländers David Garnett (geb. 1892): ›Lady into Fox. The Metamorphosis of Mrs. Tebrick‹ lag 1924 bereits in der siebenten Auflage vor; eine französische Übersetzung von Simone Bussy und André Maurois war soeben bei Grasset erschienen. Christiane hatte ihrer Mutter am 27. Januar 1925 mitgeteilt, daß sie den Übersetzervertrag mit Propyläen abgeschlossen habe; am 13. März heißt es: »Ich bin mit Lady into Fox fertig, muß es aber noch ganz fertig mit der Maschine abschreiben, es hat mit der Hand 200 Seiten, es ist eine ziemliche Arbeit.« Auch Rilke, der das Buch schätzte, nahm mit Vorschlägen für eine deutsche Fassung des Titels an dieser Arbeit Anteil (vgl. Rilke, S. 112, 240–242, 245); ihre Veröffentlichung unterblieb aus unbekannten Gründen. Das Manuskript ist verschollen. Die erste deutsche Übersetzung erschien in dem von Hans Reisiger und Maria von Schweidnitz besorgten Band mit zwei Erzählungen: ›Meine Frau die Füchsin und Der Mann im Zoo‹ (Hamburg: Rowohlt 1952).

156 *wenn Du kommst:* der Vater traf am Samstag, 21. Februar in Paris ein, um von dort aus auf Einladung der ›Compagnie Générale Transatlantique‹ und in Begleitung von Paul und Wanda Zifferer seine Reise durch Marokko anzutreten. An Gerty von Hofmannsthal schrieb Christiane am 25. Februar 1925: »Papas Ankunft war durch Carl sehr interessant gestaltet: Aus dem Telegramm: ›ankomme 7 Uhr besorget Zimmer‹ hat der Carl folgende 2 Gedanken herausgelesen: a) daß ich nicht mit auf die Bahn gehen soll, b), daß Papa sich vor dem Rilke fürchtet. Beides war falsch. So ging ich nicht auf die Bahn sondern

nur mit Carl ein Zimmer in dem reizenden Hotel Beaujolais nehmen ... Am Sonntag [22. Februar] holte ich ihn dann ab, wir waren im Louvre, wo ich plötzlich den Gauthier erblickte was mich bewog schnell in eine andere Richtung zu gehen. – Abends war ich mit dem Papa u. Carl im Theater, bei Lucien Guitry, es war sehr gut ... Dann waren wir am Montag abend [23. Februar] ziemlich verunglückt auf dem Mont-Martre, dem Papa hat es garnicht gefallen, und er ist mitten drin davon gelaufen u. war zu gar nichts mehr zu bewegen. Er stellt sich solche Sachen viel schöner vor als sie sind, Carl u. ich dachten gleich, daß es nichts sein wird. ... Heute geh ich mit Papa zu Pitoëffs: Henri IV. Wir werden sie auch nachher kennen lernen. – Gestern [24. Februar] war die erste Entrevue mit Haserl u. Paul [Zifferer] die schon ein bissl piquiert waren, daß Papa nicht gleich in ihre Arme gestürzt ist. Papa fand sie fürs erste Mal ein bissl enervierend. Hoffentlich geht die Reise gut.« Nach der Abreise am 2. März heißt es: »Die letzte Woche war ziemlich wild, weil es doch mit Papa immer viel Programm gibt, viel verfehlte Rendez-vous mit Carl, der lieb und träumerisch wie immer ist, sich aber sehr nett um den Papa gekümmert hat. Am Sonntag [1. März] war der Höhepunkt, da sollte Papa an einem Nachmittag zu Clemenceaus, zur Noailles und zu Pitoëffs. Das ging natürlich nicht, Pitoëffs blieben aus. Außerdem gab es Kofferschwierigkeiten, aber schließlich war alles gut.«

Carmen Hertz: Näheres nicht ermittelt.

Stück vom Bernstein: das neueste Drama von Henry Bernstein (1876–1953): ›La Galérie des glaces‹. Die Premiere hatte am 22. Oktober 1924 im ›Thèâtre du gymnase‹ stattgefunden.

Marseille: 4. März 1925

Hofmannsthal reiste am 2. März von Paris zunächst über Avignon 157
(3. März) nach Marseille (4. März), von dort schiffte er sich am 5. März ein, erreichte Tanger am 8. März, hielt sich in Casablanca (9.–10. März), Marrakesch (11.–15. März) und Rabat (16.–17. März) auf, besuchte Meknesch (18. März), reiste abermals nach Casablanca

und von dort nach Fez (21.–22. März). Über Marseille (29. März) traf er am 31. März wieder in Paris ein.

Kokoschka begegnet: auf der großen, vom Bahnhof zum alten Hafen hinabführenden Hauptstraße »La Canebière«. – Im Juni 1919 erwogen Richard Strauss und Hofmannsthal, Oskar Kokoschka für eine Berliner Inszenierung der ›Frau ohne Schatten‹ die Ausstattung unter der Bedingung zu übertragen, daß er sich an den Entwürfen Alfred Rollers für die Wiener Aufführung orientiere. Kokoschka lehnte dies ab. In seinen Erinnerungen heißt es, er sei Hofmannsthals »Annäherungsversuchen« immer ausgewichen (vgl. ›Mein Leben‹. München: Bruckmann 1971, S. 282).

Casablanca: 9. März 1925

158 *M. Pierre Viénot:* Hofmannsthal lernte Viénot (1897–1944), damals Mitglied des Stabes von Marschall Lyautey, während der Schiffsreise kennen; er ist mit »P. V.« in dem ›Gespräch in Saleh‹ gemeint. Viénot hatte in Heidelberg bei Ernst Robert Curtius und Arnold Bergstraesser studiert; als Sekretär des ›Deutsch-französischen Studienkomitees‹, dessen deutscher Vorsitzender Alfred von Nostitz war, hielt sich Viénot ab 1926 in Berlin auf.

Marschall Lyautey: der damalige Generalresident des französischen Protektorats ›Le Maroque‹, Louis-Hubert-Gonzalve Lyautey (1854–1934).

159 *richte Dir Dein Leben gut ein:* am 13. März 1925 heißt es in einem Brief Christianes an ihre Mutter: »Ich hab immer noch recht viel vor. Heute zu mittag war ich sehr elegant eingeladen bei den Brions, Kesslers Schwester, es war da die Anette Kolb und der Coudenhove Paneuropa aus Wien der ganz nett ist. Abends war ich gestern und heut mit Kurt Vollmöller. Gestern trafen wir in tiefer Nacht die Frau Lulu Albert-Lazard, erinnerst Du Dich, sie sah furchtbar wüst aus und ist angeblich eine berühmte Malerin geworden, sagt sie. – Sie laßt Dich grüssen, wenn Du Dich noch erinnerst. Nachmittag war ich bei

[Rudolf Alexander Schröders Nichte] Erika Voigt, die wunderhübsch ist, ganz kurze Haare, und eben ihren Bruder Peter erwartete. / Sonntag bin ich bei der Marquise Farinola wo Anette Kolb wohnt.«

Marrakesch: 13. März 1925

absolviere einige Besuche: so traf er u. a. am 3. April Rainer Maria Rilke zu einem Spaziergang (Rilke, S. 238); am 10. April reisten Hofmannsthal und seine Frau nach Basel. 160

Schönenberg: 13. April 1925

Aufsätze über Fez: der erste Teil des Essays ›Reise im nördlichen Afrika‹ entstand in Paris, unmittelbar nach der Rückkehr und erschien unter dem Titel ›Fez‹ gleichzeitig in den Osternummern des ›Berliner Tageblatts‹ und der ›Neuen Freien Presse‹ vom 12. April. ›Das Gespräch in Saleh‹ brachte die ›Neue Freie Presse‹ am 31. Mai 1925 (›Erzählungen, Erfundene Gespräche und Briefe, Reisen‹. Hrsg. von Bernd Schoeller in Beratung mit Rudolf Hirsch. Frankfurt am Main: S. Fischer 1979, S. 641–654). 161

inliegenden Briefen: nicht ermittelt.

Fürsten Bassiano: Roffredo Fürst Caëtani di Bassiano (1871–1961) und seine Gattin Marguerite geb. Chapin (1882–1963), die den Autorenkreis um die Zeitschrift ›Commerce‹ förderten und unterstützten. Bassiano hatte neben Kammermusik damals die Oper ›Hypathia‹ komponiert, deren Uraufführung er sich in Wien unter dem Dirigat von Franz Schalk erhoffte. Die Première fand schließlich unter lebhafter Teilnahme des ganzen Freundeskreises am 23. Mai 1926 im Nationaltheater Weimar statt. – Christiane hatte dem Fürsten ihre Unterstützung bei der Redaktion des deutschen Textbuches zugesagt (vgl. Rilke, S. 242 f.). An Gerty von Hofmannsthal heißt es am 22. April 1925: »Sonntag [19. April] war ich in Versailles bei den Bassianos, es war schönster Sommer und wir sind im Garten gesessen.

Es war herrliches Essen und sehr elegant ohne Tischtuch gedeckt, der Thankmar [von Münchhausen] war auch mit, dann waren noch die Géraldys und eine Menge von Amerikanern, Spaniern etc. Wir waren 11 Personen und acht verschiedene Nationalitäten. Er Bassiano ist sehr nett und ich helf ihm jetzt seinen deutschen Operntext zu korrigieren, dazu kommt er bis in mein kleines Zimmer geklettert wodurch ich gezwungen bin immer sehr schön aufzuräumen. Sie haben uns im Auto durchs Bois geführt wo es jetzt schon herrlich ist. Auch im Luxembourggarten ist es ganz sommerlich. Ich hab den Scheck von Papa bekommen und lass ihm schön danken.«

la divine Ludmilla: die russische Schauspielerin Ludmilla Pitoëff, Gattin des mit Rilke befreundeten Theaterleiters Georges Pitoëff (1888–1939).

Frau Bucher: wohl mit Bezug auf die später nicht veröffentlichte Übertragung von ›Cristinas Heimreise‹ von J. Bucher, die Hofmannsthal noch am 13. Januar 1928 als »stumpf« bezeichnet (Zifferer, S. 234).

du Bos: Hofmannsthal war Charles Du Bos (1882–1939), dessen Essaybände ›Approximations‹ er schätzte, während seines Pariser Aufenthaltes im Februar 1925 erstmals persönlich begegnet und beriet mit ihm eine Sammlung von ›Ecrits en prose‹, die Emma Herrmann übertrug. Der Band, 1927 mit einer Einleitung von Du Bos innerhalb der ›Editions de la Pléiade‹ (Paris: Schiffrin) erschienen, enthielt dann Übersetzungen folgender Arbeiten: ›Ein Brief [des Lord Chandos]‹, ›Über Charaktere im Roman und im Drama‹, ›Die Wege und die Begegnungen‹, ›Shakespeares Könige und große Herren‹, ›Unterhaltung über den ›Tasso‹ von Goethe‹, ›Die Briefe des Zurückgekehrten. Der Fünfte‹ [›Die Farben‹], ››Das Mädchen mit den Goldaugen‹‹, ›Das Gespräch über Gedichte‹. Zu einer geplanten weiteren Auswahl kam es nicht mehr. Vgl. dazu insgesamt Rudolf Hirsch: ›Zwei Beiträge zum Thema Hofmannsthal und Frankreich. Charles Du Bos / Paul Valéry‹. In: ›Wechselrede. Joseph Breitbach zum 75. Geburtstag‹. Hrsg. von J. Hellmut Freund und Wolfgang Mettmann. Frankfurt am Main: S. Fischer 1978, S. 292–324.

Groethuysen: Bernhard Groethuysen war damals für eine deutsche 162
Übertragung von Saint-John Perse' (1887–1975) Gedicht ›Anabase‹ im Gespräch; eine Aufgabe, die in Verbindung mit Rilke schließlich durch Hofmannsthals und Thankmar von Münchhausens Vermittlung Walter Benjamin übernahm (vgl. Rilke, S. 253–259).

Dieser Chardin: Hofmannsthal hatte schon am 9. August 1924 Leopold von Andrian gebeten, ihm die Bände seiner Ausgabe von Jean Chardins (1643–1713) ›Voyage en Perse et aux Indes orientales‹ auszuleihen (›Briefwechsel‹. Hrsg. von Walther H. Perl. Frankfurt am Main: S. Fischer 1968, S. 360). Die Reiseberichte dieses Hofjuweliers von Ludwig XIV. bilden eine Grundlage der gerade zu diesem Zeitpunkt auch für den ›Andreas‹-Roman herangezogenen ›Lettres persanes‹ von Montesquieu. Noch am 25. Oktober 1926 teilte Hofmannsthal Carl J. Burckhardt mit, Christiane fange »gerade an eine Auswahl aus Chardins Reisen zusammenzustellen und für einen Verlag zu übersetzen, um sich etwas Reisegeld« zu verdienen (Burckhardt, S. 234).

Rodaun: 25. April 1925

Schwierigkeit der Übersetzung: Hofmannsthal hatte im Dezember 162
1924 mit Anton Kippenberg eine Folge von Bänden mit ›Fremden Erzählern‹ beraten (vgl. Anmerkung zu S. 162) und ihm am 19. Dezember vorgeschlagen: »Meine Tochter liebt überaus den schönen Roman der Madame de La Fayette die ›Princesse de Clèves‹ und frägt mich, da ich von unseren Plänen erzählte, ob ich daran dächte, diese wirklich unvergleichliche Erzählung – le ›récit racinien‹ – an deren Entstehen ja der Freund der Verfasserin, der große Larouchefoucauld wohl eben so starken Anteil hat, als diese selbst, in unsere fremden Erzähler aufzunehmen. ... Ergibt sich, daß sie nicht opportun erscheint, so würde ich vielleicht doch veranlassen, daß meine Tochter die ›Princesse de Clèves‹ übersetzt und würde die Übersetzung natürlich aufs Sorgfältigste durchgehen, und würde diese Erzählung, mit leichten Kürzungen, an die Spitze des ersten französischen Bandes stellen...« Kippenberg erklärte sich bereit, den Text für ein

Honorar von 1000 Mark in die ›Bibliothek der Romane‹ aufzunehmen, sofern Hofmannsthal ein Nachwort dazu schreibe und schlug Christiane einen Übersetzeranteil von 750 Mark vor (Insel, S. 937f.). Am 16. Oktober 1925 heißt es: »Indessen hat meine Tochter die Übertragung der Princesse de Clèves abgeschlossen, u. ich gehe mit ihr die ganze Übersetzung durch um des Rhythmus willen, den einigermaßen wiederzugeben man erreichen muß; es ist ein mit Grazie eintöniger sehr dem XVIIten Jahrhundert eignender Rhythmus. Es ist und bleibt ein sehr schönes Buch.« (Ebd., S. 694) Der Verlag ließ den Plan der Anthologie ›Fremde Erzähler‹ wenig später fallen und schlug eine Veröffentlichung der ›Princesse de Clèves‹ innerhalb der ›Bibliothek der Romane‹ vor; trotzdem blieb das (verschollene) Manuskript Christianes unveröffentlicht und der Essay Hofmannsthals, zu dem Notizen vorliegen, ungeschrieben.

* *inliegenden Zettel:* nicht erhalten. Die Anthologie ›Fremde Erzähler‹ sollte zwei Bände mit französischen Texten enthalten (vgl. Insel, S. 944f.). Am 15. Mai 1925 teilte Hofmannsthal Anton Kippenberg mit: »Meine Auswahl der französischen Haupterzähler (ich griff bis auf den Anfang des XVIIIten zurück) habe ich an meine Tochter nach Paris gesandt u. durch sie einigen Herren aus dem Kreis der hohen Schulen (Sorbonne, Ecole normale) vorlegen lassen – um mich zu vergewissern, daß keine meiner Auslassungen einem cultivierten Franzosen anstößig oder schwer begreiflich erscheinen wird.«

Jacques Baruzi: gemeint ist der Kunsthistoriker Joseph Baruzi. In Hofmannsthals Bibliothek befindet sich dessen Werk: ›La Volonté de Métamorphose‹ (Paris: Grasset 1911), das er von Juli 1911 bis November 1916 wiederholt las und daraus exzerpierte. Vgl. Carlpeter Braegger: ›Das Visuelle und das Plastische. Hugo von Hofmannsthal und die bildende Kunst‹ (Bern/München: Francke 1979, S. 124f., 153, Anmerkung 137).

H. Lichtenberger: der französische Germanist Henri Lichtenberger (1864–1941).

eine Rede: zu dieser Ansprache an die Normaliens vom 26. Mai zum Thema ›Über Goethe oder über die Lebensalter‹ vgl. die Notizen in Reden und Aufsätze III, S. 575–579 und Rudolf Hirsch: ›Ein Zitat Hofmannsthals‹ (›Hofmannsthal-Blätter‹, Heft 6, S. 493 f.).

Jacques Sindral: das Pseudonym des Publizisten Alfred Fabre-Luce 163
(geb. 1899), ein Bruder von Madame Jenny de Margerie. Seinen Roman ›Attirance de la mort‹ (Paris: Grasset 1924) bewunderte auch Rilke (vgl. Rilke, S. 237).

Rodaun: Ende April 1925

meine Abende in Paris: ihrer Mutter Gerty berichtete Christiane über 163
diesen Aufenthalt am 25. Mai 1925: »Papa ist richtig angekommen und man hat gleich Einteilung gemacht, und jetzt stürzen die Leute so nacheinander auf ihn los, was meiner Ansicht nach nicht sehr viel Sinn hat. Am Samstag [23. Mai] waren wir mittag bei den Bassianos, die uns im Auto abholten, zu meinem Schreck waren schon etwa 20 Leute draußen dazu ärgster Südwind. Papa war aber verhältnismäßig munter, saß neben Paul Valéry und ich sah ihn von weitem sprechen [vgl. Reden und Aufsätze III, S. 578]. – Nach dem Essen wurde die Oper von Roffredo gespielt, die aber garnicht so schlecht ist auch dem Papa hat sie ganz gut gefallen. – Dann fuhr man in die Stadt, unter Gewitter und Regen. – Gestern Sonntag [24. Mai], wo der Empfang im Jardin Cahn sein sollte, ebenfalls Regen. Das war womöglich noch ärger, denn erst hatte uns Lichtenberger zu einem Frühstück in diesem Club eingeladen, in einen Raum wo 120 fremde Menschen (die uns nichts angingen) auch aßen. Du kannst Dir den Lärm denken. Papa hatte einen ganz roten Kopf. Dann fuhren wir im Auto nach St. Germain, wo es schüttete und um 5 h waren wir wieder in dem Garten, wo sich die Union Intellectuelle in Gestalt von vielen Greisen, einigen häßlichen Frauen, Herrn O. A. H. Schmitz etc. über uns ergoß. – Papa war direct bewundernswert, er blieb sogar länger wie ich und war abends noch bei Zifferers.« Am 3. Juni 1925 heißt es: »Papa ist gestern weggefahren, sein Aufenthalt war eigentlich ein langer Wehgesang über das Wetter, das aber auch wirklich sehr

schlecht war. Am Sonntag [Pfingsten, 31. Mai] war das vielbespro-
* chene und befürchtete Zusammentreffen mit Claudel, es lief aber sehr
gut ab. Claudel war anfangs zurückhaltend dann aber sehr nett. ...
Papa hat sich eher gegraust vor England, denn er hat hier wirklich
schon solche Unmassen von Menschen gesehen, daß ich begreife, daß
* ihm der Gedanke an neue gräßlich ist.« Hofmannsthal reiste auf
Einladung des P. E. N.-Clubs für einige Tage nach London.

Aussee: 11. Oktober 1926

*164 *das Bachofenbuch:* wohl der soeben erschienene Band: ›Der Mythos von Orient und Occident. Eine Metaphysik der alten Welt. Aus den Werken von J. J. Bachofen‹. Mit einer Einleitung von Alfred Baeumler. Hrsg. von Manfred Schroeter (München: Beck 1926).

Kassner: zu den Beziehungen zwischen Hofmannsthal und Rudolf Kassner (1873–1959) vgl. die Dokumentation von Klaus E. Bohnenkamp: ›Ein wenig bekannter Aufsatz von Rudolf Kassner über die Prosa des jungen Hugo von Hofmannsthal‹. In: ›Für Rudolf Hirsch. Zum siebzigsten Geburtstag‹ (Frankfurt am Main: S. Fischer 1975, S. 295–308).

Rodaun: 21. Juli 1927

164 *Gedenkblatt auf Kohnstamm:* mit Bezug auf: ›Seelenarzt. Erinnerung an Oskar Kohnstamm‹. Hofmannsthal hatte den Vorabdruck in der ›Frankfurter Zeitung‹, Nr. 300 vom 24. April 1927 gelesen; der Text bildet die Einleitung eines von Gustav Richard Meyer in Verbindung mit Rudolf Laudenheimer und Wolfskehl hrsg. Bandes mit Schriften Kohnstamms, der sich in Hofmannsthals Bibliothek erhalten hat: ›Erscheinungsformen der Seele. Arbeiten über Psychopathologie und Psychotherapie, Ausdruckslehre und über die Selbstbesinnung des Unbewußten in der Hypnose‹ (München: Reinhardt 1927). Der zu adressierende Brief an Karl Wolfskehl (1869–1948) stammt vom 17. Juli 1927; darin heißt es: »Das ist eine sehr freundliche Fügung,

daß ich seit einiger Zeit kaum eine Druckschrift aufschlagen kann ohne einer bedeutenden Äußerung aus Ihrer Feder zu begegnen ... so ist man durch das Geheimnis der Contemporaneität verbunden.« (›Haus der Bücher AG-Erasmushaus, Basel‹. Katalog der Auktion 61 vom 24.–26. Oktober 1984, S. 223 Nr. 1714).

Exemplar des »Turm«: die zweite Fassung des Trauerspiels war soeben bei S. Fischer erschienen.

auf die Mendel: bei St. Michael-Eppan, ein 1363 Meter hoher Paßeinschnitt mit berühmtem Rundblick auf das Bozener Unterland, die Dolomiten, Latemar und Ortler.

Aussee: 23. November 1927

Ich arbeite sehr viel: u. a. am ›Chinesischen Trauerspiel‹ und dem 164
Szenarium der Oper ›Arabella‹.

mit Hilfe einer Deiner Lehrer: Christiane hatte im Wintersemester 1927/28 folgende romanistische Vorlesungen und Übungen an der Universität Heidelberg belegt: ›Die französische Prosaliteratur des 16. und 17. Jahrhunderts‹ und ›Übungen über den Rosenroman‹ (Olschki), ›Quelques poètes contemporains‹ und ›Französische Übungen für Vorgerückte‹ (Jourdan), ›Kulturströme des letzten Jahrhunderts in Italien‹ und ›Italienische Übungen für Vorgerückte‹ (Pellegrini).

le dépit amoureux: Molières fünfaktige Verskomödie von 1656 geht teilweise auf eine italienische Vorlage (›L'Interesse‹ von Niccolò Secchi 1581) zurück und verbindet Anregungen u. a. von Plautus, Terenz und Lope de Vega. Hofmannsthal hatte den Stoff in der Erzählung ›Lucidor‹ und dem Libretto der Oper ›Arabella‹ aufgegriffen.

München: 29. Januar 1928

165 *die Première:* die erhoffte gleichzeitige Uraufführung des ›Turms‹ in Frankfurt »und einigen anderen Städten« (Zifferer, S. 239) kam so nicht zustande; es blieb bei gleichzeitigen Aufführungen in Hamburg (Deutsches Schauspielhaus, Regie: Otto Werther), München (Prinzregententheater, Regie: Kurt Stieler) und Würzburg (Stadttheater, Regie: Th. Boeckel).

München: 1. Februar 1928

165 *nach Degenershausen:* das Schloß der Familie Bodenhausen bei Quedlinburg am Harz; Hofmannsthal skizzierte damals einen nicht ausgeführten Beitrag für den Eberhard von Bodenhausen gewidmeten Gedenkband (vgl. Reden und Aufsätze III, S. 155–169, 640).

Berlin: 19. Februar 1928

166 *Exemplare des »Turm«:* vgl. Anmerkung zu S. 164.

Anga ... auch er: Hans Wilke Freiherr von Bodenhausen (1901–1937) war seit Mai 1925 mit Anga von Douglas (geb. 1900) verheiratet.

Frau von Boddien: Näheres nicht ermittelt.

Frau von Keudell: Anna von Keudell (gest. 1942), die Mutter Thankmar Freiherrn von Münchhausens (1893–1979). Münchhausen, u. a. mit Rilke, Franz Hessel, Carl J. Burckhardt und Walter Benjamin befreundet, hatte gemeinsam mit Erich Lichtenstein in Jena einen Verlag gegründet. Vgl. die ›Erinnerungen an einen Freund‹ von seinem gleichnamigen Patensohn (›Für Christiane‹, S. 93–100).

Die Massary: Fritzi Massary (1882–1969).

Mein letzter Abend: auf diesen Aufenthalt beziehen sich die Erinnerungen von Ludwig Curtius: »Er selbst war zwar durchaus gesprächig und mitteilsam, aber er sprach mit einer eigentümlichen vorsichtigen Bedächtigkeit, die so sehr von Milde erfüllt war, daß er, seine Worte sorgsam wählend, jedem scharfen Ausdruck auswich. Mir fiel auf, daß so viele Menschen und Ideen auch berührt wurden, er jedes verurteilende Wort vermied, um ja gerecht zu bleiben und alles Menschliche gelten zu lassen. Aber zugleich schien es mir, als kämen wir selber, aber auch die besprochenen Menschen und Dinge als solche ihm nur mehr halb nahe, als lebte er innerlich nur mehr mit den Symbolen des Lebens, nicht mehr mit diesem selbst...« (›Deutsche und antike Welt‹. Stuttgart/Berlin: Deutsche Verlags-Anstalt 1952, S. 379f.).

dieser alte Mayrisch: der luxemburgische Großindustrielle Emile Mayrisch (1862–1928); sein Wohnsitz Schloß Colpach war seit 1920 ein Zentrum der deutsch-französischen Verständigung. Mit Pierre Viénots Hilfe gründete Mayrisch 1926 das ›Comité franco-allemand d'Information et de Documentation‹.

die Andrée: Andrée (1901–1977), die Tochter von Emile und Aline Mayrisch-de Saint-Hubert (1874–1947), heiratete 1929 Pierre Viénot.

Alfred Weber: der Volkswirtschaftler und Soziologe (1868–1958) lehrte seit 1907 in Heidelberg. Christiane belegte bei ihm im Sommersemester 1928 ›Soziologische Übungen‹ (zweistündig, vierzehntägig).

Herr Bergius: der Chemiker Friedrich Bergius (1884–1949) erfand Verfahren zur Herstellung flüssiger Kohlenwasserstoffe und zur Umwandlung von Holz in Zucker. Gemeinsam mit Carl Bosch erhielt er 1931 den Nobelpreis.

Neubeuern: 5. März 1928

Dein »Freund«: Heinrich Zimmer (1890–1943) lehrte seit dem Som- 167
mersemester 1922 (seit 1. Februar 1926 als a.o. Professor) Indische

Philologie an der Universität Heidelberg. Vgl. seine 1943 verfaßten
* ›Notizen zu einem Lebenslauf‹ (›Merkur. Deutsche Zeitschrift für europäisches Denken‹, Stuttgart, Jg. 7, Heft 1 (59) vom März 1953, S. 39–54, 100).

Pineles: der Wiener Neurologe Dr. Friedrich Pineles (1868–1936); befreundet mit der Familie Lang.

mit Franz sprechen können: Franz von Hofmannsthal (vgl. Anmerkung zu S. 129) sollte nach einem erfolglosen Aufenthalt in Amerika nun eine Ausbildung im Berliner Hotel Continental beginnen. Vgl. auch Burckhardt, S. 304.

bei diesen Dreyfus: der Frankfurter Bankiersfamilie.

168 *Frl. v. Sprecher:* Barbara Sprecher von Bernegg (1891–1974).

Baby ist mit Julie: Ottonie Gräfin Degenfelds Tochter Marie Therese und Julie Baronin Wendelstadt.

Von Raimund: Raimund von Hofmannsthal war nach Aufenthalten in Paris und Hollywood auf dem Weg nach Hause. Vgl. Burckhardt, S. 282f.

Diana: Lady Diana Manners (1892–1986) spielte während mehrerer Reinhardt-Tourneen die Hauptrolle in Karl Vollmoellers Pantomime ›Das Mirakel‹.

Weinbg.: der Chauffeur Weinberger.

Zimmer ... aufzufordern: zu diesem vermutlich dem ›Turm‹ geltenden Beitrag in der ›Neuen Rundschau‹ kam es nicht. Heinrich Zimmer hatte bereits 1924 den Essay ›Von einem weißen Fächer. Ein Beitrag zum Problem der unbewußten Entlehnung‹ veröffentlicht (›Deutsche Rundschau‹, Berlin, Jg. 50, Band 199 vom Juni 1924, S. 295–309; Wiederabdruck in ›Hofmannsthal-Blätter‹, Heft 25, S. 44–65).

Leopoldskron: 20. Juni 1928

Christiane hatte Heinrich Zimmer am 14. Juni 1928 in Heidelberg geheiratet. 169

Baugrund: Hofmannsthal erwarb wenig später den Rohbau des Hauses Quinckestraße 18 in Heidelberg-Neuenheim.

Breitenstein: 10. Juli 1928

Hofmannsthal schrieb der Fürstin Marie von Thurn und Taxis über diesen Besuch im »Haus Mahler« in Breitenstein: »Vor ein paar Tagen war ich mit Gerty auf dem Semmering, weil ich die ewig feuchte gewittrige Luft herunten gar nicht mehr aushalten konnte – oben fanden wir Alma und ihren Freund, den Dichter Werfel. ... Es sind zwei Menschen die trotz ihres Altersunterschiedes gut zusammen passen (sie ist etwa 47, er 36) sie sind beide von einer wirklichen Lebhaftigkeit (etwas viel selteneres als man glaubt) ... und gar keine snobs, in keiner der vielen Weisen, die üblich sind, sondern natürlich, voller Irrtümer und allem zugänglich – und dabei au fond ernst, also wirklich angenehme Gesellschaft.« (›Hofmannsthal-Blätter‹, Heft 6, S. 460) Alma Mahler (1879–1964) und Franz Werfel (1890–1945) heirateten am 8. Juli 1929. 169

Rodaun: 12. Januar 1929

Andreas Zimmer: der zweite Sohn von Christiane und Heinrich Zimmer, geboren am 14. Mai 1930, trägt diesen Namen. 170

das Buch Unionismus: gemeint ist die Monographie ›Universismus. Die Grundlage der Religion und Ethik des Staatswesens und der Wissenschaften Chinas‹ (Berlin: G. Reimer 1918). Auf den Rang des holländischen Orientalisten Jan Jakob Maria de Groot (1854–1921) verweist Heinrich Zimmer in den ›Notizen zu einem Lebenslauf‹ (vgl. Anmerkung zu S. 167; hier S. 49).

Rodaun: 14. Januar 1929

170 *Dr Wimmer:* Obermedizinalrat Dr. Maximilian Wimmer, der langjährige Hausarzt der Familie in Rodaun.

171 *Useners Götternamen:* mit Bezug auf Hermann Usener: ›Götternamen. Versuch einer Lehre von der religiösen Begriffsbildung‹ (Bonn: Cohen 1896).

Bräuche, Riten, Mysterien: möglicherweise plante Hofmannsthal in seinem schon damals entworfenen Roman ›Philipp II. und Don Juan d'Austria‹ einen Abschnitt über die »westindischen« Kolonien des Königreichs Spanien. Vgl. ›Sämtliche Werke XXX: Roman/Biographie. ›Andreas‹, ›Der Herzog von Reichstadt‹, ›Philipp II. und Don Juan d'Austria‹‹ (Frankfurt am Main: S. Fischer 1982, S. 292).

Lévy-Bruhl: mit Bezug auf Lucien Lévy-Bruhls Schriften: ›Das Denken der Naturvölker (Les Fonctions mentales dans les sociétés inférieures)‹. Übersetzt von Paul Friedländer, hrsg. von Wilhelm Jerusalem (Wien: Braumüller 1921, 2. Auflage 1926) und ›Die geistige Welt der Primitiven (La Mentalité primitive)‹. Übersetzt von Margarete Hamburger (München: Bruckmann 1927). Erst 1930 erschien ›Die Seele der Primitiven (L'âme primitive)‹. Übersetzt von Else Baronin Werkmann [d. i. Elsa Bruckmann] (Wien: Braumüller).

Rodaun: 21. Januar 1929

171 *Auskünfte:* die Briefe von Heinrich Zimmer an Hofmannsthal sind nicht erhalten.

172 *Christoph:* Christoph Heinrich Hugo Zimmer, geboren am 7. Februar 1929, gestorben am 26. Juli 1931.

Schönenberg: 12. Februar 1929

über Nadler: Notizen zu dieser seit 1924 geplanten kritischen Arbeit 172
über Josef Nadlers 1928 in vier Bänden abgeschlossen vorliegende ›Literaturgeschichte der Deutschen Stämme und Landschaften‹ und zu ihrem »bedenklichen Determinismus« in Reden und Aufsätze III, S. 147–151 und 639. Notizen Heinrich Zimmers über Nadler sind ebenfalls erhalten.

diese Vierteljahresschrift: das Vorhaben, in der von Erich Rothacker und Paul Kluckhohn hrsg. ›Deutschen Vierteljahresschrift für Literaturwissenschaft und Geistesgeschichte‹ einen Essay zu publizieren, wurde nicht mehr verwirklicht. Eine entsprechende Anfrage Walther Brechts scheint die Herausgeber aber tatsächlich erreicht zu haben; Rothacker schrieb am 21. April 1929 an Kluckhohn: »Hofmannsthal freut mich sehr. Heft damit eröffnen.« (Vgl. Werner Volke: Hugo von Hofmannsthal und Josef Nadler in Briefen. In: Jahrbuch der deutschen Schiller-Gesellschaft, Stuttgart, Band 18, 1974, S. 37–88, hier 87.)

Rodaun: 21. Juni 1929

Originallithographie von Picasso: das Blatt ließ sich nicht mehr identi- 173
fizieren.

bei der Gundel: Christianes Freundin Gundel Degenhart-Krippel.

Rodaun: [14. Juli 1929]

Dieser Telegrammentwurf gehört neben Briefen an Carl J. Burck- 173
hardt, Dora Michaelis und Ottonie Degenfeld vom selben Tag zu Hofmannsthals letzten Aufzeichnungen. Über den Tod des Sohnes Franz heißt es gegenüber Burckhardt: »Gestern nachmittag ist ein großes Unglück über das Rodauner Haus gekommen. Während eines schweren dumpfen Gewitters hat unser armer Franz sich durch einen

Schuß in die Schläfe das Leben genommen. Die Ursache dieser schweren Tat liegt unendlich tief: in den Tiefen des Charakters und des Schicksals. Eine äußere Ursache war nicht. Wir hatten noch zusammen gegessen – lieb und gemütlich. Es liegt etwas unendlich Trauriges und unendlich Nobles in der Art wie das arme Kind aus dem Leben gegangen ist. Er konnte sich nie mitteilen. Auch sein Weggehen war schweigend.« (Burckhardt, S. 316)

Hugo von Hofmannsthal starb am Tag der Beisetzung seines Sohnes, dem 15. Juli 1929 abends, an den Folgen eines Schlaganfalls.

Register der Werke Hugo von Hofmannsthals

Personenregister

(Erwähnungen Hugo von Hofmannsthals sind nicht aufgenommen)

Die Vorlagen zu den vier Abbildungen
befinden sich in Privatbesitz.

Inhalt